中国人民大学国家发展与战略研究院
中 国 人 民 大 学 国 学 院
编

丝绸之路研究

Journal of the International Silk Roads Studies

第二辑

Volume 2

生活·讀書·新知 三联书店

图书在版编目（CIP）数据

丝绸之路研究. 第二辑 / 中国人民大学国家发展与战略研究院，中国人民大学国学院编. —北京：生活 · 读书 · 新知三联书店，2021.9
ISBN 978 - 7 - 108 - 06846 - 0

Ⅰ. ①丝… Ⅱ. ①中… ②中… Ⅲ. ①丝绸之路－文集
Ⅳ. ① K928.6-53

中国版本图书馆 CIP 数据核字（2020）第 073474 号

责任编辑 张 龙
装帧设计 薛 宇
责任印制 徐 方
出版发行 生活 · 讀書 · 新知 三联书店
（北京市东城区美术馆东街 22 号 100010）
网 址 www.sdxjpc.com
经 销 新华书店
印 刷 天津图文方嘉印刷有限公司
版 次 2021 年 9 月北京第 1 版
2021 年 9 月北京第 1 次印刷
开 本 880 毫米 × 1230 毫米 1/16 印张 11.5
字 数 285 千字 图 100 幅
印 数 0,001－1,000 册
定 价 150.00 元
（印装查询：01064002715；邮购查询：01084010542）

《丝绸之路研究》编委会

目录

关于罽毹*

段　晴　郑　亮（北京大学）

摘　要：“罽毹”是中国古代文献中一个颇为常见的词。唐代边塞诗人岑参的诗句，“高堂满地红罽毹，试舞一曲天下无”，写出了画面感，展现出罽毹的功能。那么，什么是罽毹？是否还有古代罽毹留存于世呢？近几年，经过反复琢磨、比对实物与文献，我们认为，现收藏在新疆维吾尔自治区洛浦县博物馆的几幅栽绒毯，就是古代所谓的“罽毹”。为了配合后期专业人员进行研究，我们认为，有必要发表目前已经获得的认识，首先澄清“罽毹”的概念。

关键词：于阗，罽毹，双毯技术，苏美尔语词源

一、罽毹的技术层面

什么是罽毹？仅仅是一块地毯吗？回答此问题，没有那么简单。因为生活习惯的差异，中原民族精于丝绸纺织，对于丝绸品种的定名，多依据纺织技术的不同，例如古代有绢、练、绫、罗、绸、缎。这林林总总的名称，归根结底，是因为纺织手段的不同。但对于栽绒类毛毯的辨识，反映在汉语中，却体现在功能方面，例如有“地毯”“挂毯”之不同。但在古代新疆的胡语文书中，例如尼雅出土的佉卢文文书，明显存在三种专有名词，皆指所谓栽绒毯一类的毛织物。以往的研究已经判断出，佉卢文文书中对品类不同的栽绒类毛毯的定名，是基于栽绒技术的差异。① 古代汉文献也有“氍毹”“罽毹”等不同的名词，只是在汉文化圈中，这些名词的真正含义从未得到技术层面的阐释。

罽毹在尼雅出土的佉卢文木牍文书中常拼写作koȷ́ava，又拼写作kośava。早在1936年，德国学者吕德斯已经指出，佉卢文 / 犍陀罗语的koȷ́ava是梵语著作《利论》里出现的kocava。②20世纪著名的法国汉学家伯希和则进一步比定出，汉语词“罽毹”事实上是koȷ́ava/kośava的音译词③，该词的意

* 本文是国家社科基金重大项目“敦煌与于阗：佛教艺术与物质文化的交互影响”（项目编号 13&ZD087）的阶段性成果之一。

① 段晴《酒、罽毹、氍毹与罽》（以下简称《罽毹》）一文，对佉卢文中出现的纺织物品种名词进行了探讨。本文仅针对“罽毹”概念。关于其他名词的解释，可参阅段晴、才洛太《青海藏医药文化博物馆藏佉卢文尺牍》，上海：中西书局，2016年，第53—68页。

② Heinrich Lüders, *Kleine Schrieften*, herausgegeben von Oskar von Hinüber, Wiesbaden: Franz Steiner Verlag GMBH, 1973, S. 5.

③ Pelliot, Paul. *Notes on Marco Polo*, ouvrage posthum, publié sous les auspices de l'Académie des Inscriptions e Belles-Lettres e avec le Concours du Centre national de la Recherche scientifique, Vol. 1-3, 1959-1973. 具体见第一卷，第492页。

义，唐代慧琳在其所著《一切经音义》做了释义，指出所谓氍毹，“毛锦”也。[①]佉卢文文书的kojava，巴利语拼写作kojava，多次出现在巴利语的注释文献中，例如《长部·三十二相》经的注释文本就有这个词。[②]因此，各种巴利语/英语词典皆收入该词并附有释义。巴利圣典协会出品的巴利语/英语词典给出的义项如下：a rug or cover with long hair，a fleecy counterpane，即“长毛毯，长毛床单”。

巴利语/英语词典对于kocava——“氍毹”的释义，指出了氍毹必然应具备的特点。依照英文释义，如果将氍毹与其他品类的毛毯相比较，那么氍毹应具备毛长的特点。或许正是因为kocava——“氍毹”是一块带长毛的栽绒织物，所以氍毹在巴利语文献中被描绘得非常柔软。究竟柔软到什么程度呢？巴利语的一则比喻使用到氍毹，特别形象。

简单说，巴利语三藏佛典之经部有五部，例如《长部》《中部》等，相当于汉传佛典的《长阿含》《中阿含》。但是，巴利语三藏佛典拥有的《小部》却在汉译佛典的传承中没有相对应的部类，尽管《小部》的一些经文也散见于汉译佛经，例如《法句经》等。自4世纪初流传下来的汉译《法句经》，其体系、偈句与巴利语《法句经》颇有差异，但仍可看出汉译与巴利语《法句经》应是同一部作品的不同传承。而事实上，巴利语佛经体系与汉传体系最大的差异在于注释文献。例如巴利语《法句经》有详尽的注释文献传世，而汉译《法句经》则没有相应的注释。巴利语《法句经》的注疏文本蕴含丰富的民间故事。例如第二章《不放逸》之前，有大篇幅的故事串。故事之一，讲到印度古代憍赏弥国有一富人，捡到一名王族的男婴，于是留下自己养。后来其正房妻亲生一子，于是富人决意害死养子，并多次设计陷害。有一次，他命令女佣将男童带到高山峡谷处，让女佣从山上扔下那孩子。但是那片山谷长满竹林，竹林上又覆盖着厚厚的甘草。所以当男童坠落后，安然无恙，被路人收养。巴利语有这样几句话，形容山谷里的竹林以及男童坠落的情形：

> Taṃ kho pana pabbatakucchiṃ nissāya mahāveḷugumbo pabbatānusāreneva vaḍḍhi, tassa matthakaṃ ghanajāto jiñjukagumbo avatthari. Dārako patanto kojavake viya tasmiṃ pati.

> 那山谷里有大竹林，长满山谷，其上是生长浓密的甘草层。当男童落下时，就好像落入氍毹一般。

这一段话，形象地展现了氍毹的柔软。本来男童被推下山谷，应有生命危险。但因为山谷长有竹林，而竹林之上还有浓密的甘草层。所以男童落下，如同跌入氍毹而安然无恙。从这一则比喻，可以知道氍毹的表面一定是厚密的，所以用来比喻那竹林上的甘草层。氍毹绝非今天人们眼中的地毯，仅有表面的栽绒，应该如英语释义所云，是一块“带有长毛的毯子”。

氍毹的长毛长在哪里？2017年5月，本文的作者来到新疆维吾尔自治区洛浦县博物馆，仔细观察了那几块毯。得到允许之后，我们将毯子翻过一角，反面朝上。此时见到的，是一层厚实浓密的长毛。

---

① 慧琳《一切经音义》：“氍毹……《考声》云：织毛为文彩，本胡语也。此无正翻。俗曰毛锦，即文罽也。”（CBETA, T54, No. 2128, 383）

② 例如出现在如下复合词中：kojava-kambala-paccattharaṇam，“氍毹、毛毯等铺盖”。见PTS 3, 924页。又见于Burrow T., *The Language of the Kharoṣṭhi Documents from Xinjiang*, Cambridge, Cambridge UP, 1937, p. 84。

图 1　洛浦县博物馆藏氍毹的背面

原来，在五彩斑斓的栽绒面的背后，还有一层毯，拉出很长的毛（图 1）。而且十分明显，背面的长毛色未经过漂染，使用的是杂色羊毛，分别来自白绵羊以及褐色的绵羊。表面是五彩线织成的栽绒，背面有纯色长毛，由此可以明确，所谓"氍毹"应是双毯制，两毯合一毯。而巴利语 / 英语的释义中所谓"带长毛"，真正应指栽绒毯背面的长毛。洛浦县博物馆的实物，也可帮助理解上面《法句经》注疏故事的比喻。这就是为什么那比喻非要强调长满山谷的竹林，而在竹林之上又有甘草层，因为氍毹是合二为一的。竹林好比是氍毹背面的长毛，甘草层则好比氍毹正面的栽绒。

事实上，氍毹的栽绒技术要求特殊的结扣法。新疆维吾尔自治区博物馆研究员贾应逸著有《新疆古代毛织品研究》一书①，对新疆维吾尔自治区出土的所有栽绒类毯进行了分析。她辨别出古代栽绒毯有三种结扣法：一是马蹄扣。新疆维吾尔自治区民丰县尼雅墓葬群出土的两件彩色龟甲纹地毯，正是以马蹄扣织造栽绒。②第二种是"U"字形扣。最为典型的是洛浦县博物馆藏五件毯，全部使用"U"字形扣法栽绒，与尼雅出土地毯的织造技术明显不同。如此栽绒技术，如贾应逸所述，是"以纬浮长线覆盖于织物表面。织物形成后，用剪刀将绒纬割断，再经过一定的整理加工后形成毛绒，与现在的纬起绒织物相似。这种栽绒法编织的毯类，绒纬稠密，柔软性和保暖性较好"（贾应逸 2015，186），所以又叫作"天鹅绒栽绒法"。除了上述两种，还有第三种扣法——伊朗扣法。这三种扣法，在尼雅出土的佉卢文文献中均有体现。

关于氍毹，至此可以做一圆满释义。"氍毹"，古有慧琳的定义，所谓"织毛为文彩五色，或作鸟兽人物，即毛布也"（CBETA，T54，711）。我们认为，氍毹应是双毯合一毯，表层使用"U"字形扣法栽绒，底毯拉出长毛。表层用来再现纹样，底毯的长毛用来增加柔软度。

二、尼雅遗址出土佉卢文文书所反映的氍毹

氍毹频繁出现在尼雅出土的佉卢文经济类木牍文书中，或者作为纳税的份额上交，或者作为买卖的支付手段。总体看来，栽绒类纺织物在当时算作高档物品，价值颇高。上文提及，佉卢文文书明显区分三种名词，言指三种毯，差异在于栽绒技术的不同。这三种分别是：

kośava（koǰava）　氍毹

tavastaǵa　毾㲪，马蹄扣栽绒毯。与德语 Teppich 为同源词，下文统称"地毯"。③

arnavaji　一种栽绒毯，从字面看，或许是所谓伊朗扣栽绒毯。

这三个词，分别代表了不同品质的栽绒毯，价格自然不同。但是，佉卢文文书反映出，"地毯"

① 贾应逸《新疆古代毛织品研究》，上海：上海古籍出版社，2015 年。

② 详见贾应逸《新疆古代毛织品研究》第七章的描述。但笔者这里所述，是贾应逸研究员亲口讲述的。

③ 详见《氍毹》，第 61 页。

往往强调尺幅，每次估价必然以其尺幅大小而论。但氍毹似无尺幅的差异，所记载的每一笔上交的氍毹，只以件数论，而完全没有关于尺幅的记录。先看“地毯”的尺寸与价格。对此，大英博物馆的汪海岚发表有细致入微的研究。以下结合她的统计研究，略作介绍。①

“地毯”的尺幅有多种。即使同样是来自古代的文书，也有时代的先后。而时代的先后往往是价格变动的因素。因此，我们的观察限制在3世纪的几件文书。以下提及的几件文书均书写于安归伽王在位的年代，该王大约在245年前后继位，至少统治了38年。如佉卢文文书KI 431-432②，记载家主交纳了一块13尺（约3米）的“地毯”③，给前来索要一块金币的王后。又例如KI 579，提到“地毯”13尺，价值12铜钱。④另有“地毯”，其尺幅分别是8尺、6尺、4尺等。最能说明问题的是KI 583，涉及一桩骆驼买卖，其中交易用物品，包括两幅“地毯”，一块4尺，一块6尺。同时作为交易物品的，还有一件于阗的氍毹，并未言其尺幅。总而言之，提及“地毯”时，往往特别注明尺幅。

至少有10件以上的佉卢文文书提到氍毹，或者作为纳税用物品，或者作为买卖支付的手段。凡是有提及，一概只论件数，不论大小尺幅。一些文书显示，至少在马伊利王之前⑤，在3世纪时，氍毹的价格基本上以5铜钱为准。例如KI 327，涉及人口买卖，买方给了一块氍毹，价值5铜钱。⑥佉卢文文书KI 549是一件十分重要的佉卢文文书，因为这件文书首次提及一位鄯善国王，叫作Roṃgraka——“罗格落伽”。这个名字一直被误读⑦，近期才得以纠正。⑧林梅村认为这个仅两次见于佉卢文文书的国王应是安归伽的爷爷辈。现在依据KI 549可以修正林教授的观点。Roṃgraka——“罗格落伽”应是安归伽之前的王，并且在位时间不长。⑨由此看来，KI 549的书写年代至少在245年之前。那是一件关于土地买卖的文书，购买土地一方，给付了一块特殊的于阗氍毹，原文Khotaniya alena koǰava——“于阗的alena氍毹”⑩，以及5弥利码的粮食，总价为15铜钱。

KI 222之佉卢文木牍，书写于马伊利王的第22年，相当于4世纪的初10年前后。大主簿索哲伽购买了一块地，也用一块氍毹换购。此时，他的氍毹价值10个铜钱，是之前氍毹的一倍。这或许是因为，索哲伽的身份特殊，所以他的氍毹价高。但不排除随着时代的变迁，氍毹的价格也在增长。

依据能够找到的十多件例证，尼雅佉卢文文书反映出的氍毹应有固定尺寸，且其尺幅不大。这

---

① Helen Wang, *Money on the Silk Road, the Evidence from Eastern Central Asia to c. AD 800*, London: the British Museum Press, 2004（以下简称Wang 2004），p. 68.

② KI = A. M. Boyer, E. J. Rapson, E. Senart & P. S. Noble, *Kharoṣṭhī Inscriptions, Discovered by Sir Aurel Stein in Xinjiang,* Oxford: Clarendon Press, reprinted in 1997.

③ 详见《氍毹》，第63页。

④ 汪海岚认为，佉卢文的muli可能指一枚铜钱。详见Wang 2004, 68。

⑤ 关于鄯善王马伊利，一般认为他在283年到289年间继位。

⑥ 需要说明的是，KI 327只提到某王治下第23年，该出现王名的地方破损。但是，该木牍提到一名证人，名曰Karaṃtsa，即“伽罗泽”。此人当生活在安归伽时代。可参阅《氍毹》，第31页。

⑦ 误读作Toṃgraka——“童格罗伽”。参阅林梅村《佉卢文时代鄯善王朝的世系研究》，《西域研究》1991年第1期，第39—50页，详见第43页。

⑧ 段晴《精绝、鄯善古史钩沉》，《欧亚学刊》新7辑，2018年。

⑨ 这样推断，一方面因为，属于罗格落伽王的佉卢文文书数量有限。另一方面，在KI 549上有Karaṃtsa“伽罗泽”的名字，而此人活跃在安归伽王的年代。

⑩ 关于什么是alena，因为只出现一次，所以暂时不能确定。但是从词源看，应源于类似梵语ālaya-、ālīna一类的词，表示“居所”等。

是对比“地毯”类的价格所得出的结论。“地毯”类，如果达到13尺（约合3米），其价格在3世纪七八十年代至少可以抵一块金币，或者12铜钱，而氍毹仅相当于5铜钱。

本文此处强调指出，检索佉卢文文书，未发现氍毹出售、上交时有尺幅的标记。这说明，除了栽绒技术以及拉长毛等特点，氍毹应有固定的尺寸。这令我们想到收藏在洛浦县博物馆的几幅氍毹。其中尺幅大的两件，1号毯尺寸为256 cm × 150 cm，2号毯220 cm × 119 cm。这两幅毯，虽然符合氍毹的特点，使用“U”字形扣栽绒，底毯拉长毛，但尺寸并不统一。我们认为，不能以这两幅大毯作为氍毹的规格。这是因为，目前已经明确，两幅毯上的人物形象是神的形象。周边几近几何图案的纹饰，是格里芬捕鹿的图案，象征吉祥守护。[①]织入中间的形象皆是接受祈请的神灵。这两幅毯，当初必然是为了特定的宗教仪式而制作，不是为了世俗的用途，因此不能代表惯常的规格。另外，贾应逸书中提到的营盘墓地出土的狮纹栽绒毯是仅存7件“U”字形扣栽绒毯之一，其尺寸也大，“长312厘米，宽178厘米”。[②]营盘墓地这一幅，出土时覆盖在彩绘木棺之上，明显是为丧葬而定制的物件，不能说明日常生活之用途，因此其尺幅也不能用来为日常用氍毹的尺幅定性。

除了两幅大毯，洛浦县博物馆同时收藏了3幅小毯，规格118 cm × 118 cm。这3幅小毯制作与两幅大毯有直接密切的联系，同样是为了一次宗教仪式而织就的。但是，3幅小毯有统一的尺寸，正方形。考虑到13古尺，约合3米的古代“地毯”价格，规格118 cm × 118 cm的毯，如果按照一汉尺约合24厘米计算[③]，约合5古尺。13古尺是5古尺的2.6倍，几乎相当于12铜钱与5铜钱的倍数（2.4）。这里我们倾向于认定洛浦县博物馆的3幅小毯的尺幅，应是氍毹的定制。但仍然需要说明，这3幅毯虽然使用“U”字形扣栽绒，却并无拉长毛的底毯。这3幅毯的底毯，是附加的一块毛毡。或许为底毯配置毛毡，也是氍毹的一种，仍然算是双毯合一。

三、氍毹是于阗故地的特产

氍毹是于阗故地的特产，我们认为已经没有必要再讨论。最明确的记载来自玄奘。当记述于阗一地的特产时，他这样写道：

> 瞿萨旦那国周四千余里，沙碛太半，壤土隘狭，宜谷稼，多众果。出氍毹细毡，工纺绩絁䌷，又产白玉、瑿玉。[④]

上文已说，最早是伯希和辨认出，“氍毹”是汉语音译词，正是基于佉卢文/犍陀罗语的koǰava或者kośava。那么，该词的词源当是何种语言？这一词在印度一脉的各个语言中呈现不同的拼写，甚至同一地方出土的佉卢文文书中，也有两种拼写方式。印度古代有著名的梵语著作《利论》，其中提到氍毹，梵语词拼写作kaucapa。[⑤]而巴利语拼写作kojava。同一词在印度西北方言（犍陀罗语）以及

---

① 参阅段晴《神话与仪式——以观察新疆洛浦博物馆氍毹为基础》，《民族艺术》2018年第5期。

② 贾应逸2015，第186页，图、引文见第176页。

③ 如此计算，以犍陀罗语一hasta“尺”大约23厘米或者24厘米为基础。具体依据可参阅《氍毹》，第63页。

④ 玄奘著，季羡林等校注，《大唐西域记校注》，北京：中华书局，1985年修订版，第1001页。

⑤ 朱成明《〈利论〉译疏——导言、译文，疏正》，北京大学2015年博士学位论文，第90页。

在各个方言中的拼写也不尽相同，显示该词并非来自印度语言家族。

koʃava 或者 kośava，应是于阗词。印度语系的 -ja-，佉卢文拼写作 -ʃa-，转入于阗语变为 -śa-。例如梵语的 dhvaja（幢，旌旗），入于阗语拼写作 daśa'-；梵语的 tejas（能量，威力），于阗语作 ttīśa'-。由此看来，佉卢文文书的 koʃava 是对于阗语原本应作 *kośa'va- 的模拟。但是，不无遗憾的是，迄今，我们未能在于阗语中找到相应的词。尽管和田地区出土了颇为丰富的于阗语经济类文书，例如斯文·赫定带回瑞典的一批文书①，其中一些记述了纺织物品的征税情形，所涉及年代在8世纪的后30年到9世纪的初10年。有些于阗语文书甚至提到类似唐代的织户，专门从事丝织品的生产，上交𫄨绸或者锦作为税品。但在所有这些文书中，未见任何一件列出氍毹作为纳税的物件。② 对比尼雅出土文书所列纳税物品，其中的差异不言而喻。时代发生了变化，纳税的物品也起了变化，氍毹显然不是于阗王国征税的品种，至少在8世纪末至9世纪初30年间，未作为纳税的物品，也未见作为支付手段。

探讨 koʃava/kośava 的词源，已经排除这一词来自印度语系的古代语言，因为未能在梵语、巴利语找到源头。考虑到氍毹本是于阗古代的特产，顺其自然，首先应在伊朗语系的古代语言中寻觅该词的词源。或许是因为留下来的古代伊朗语的词汇有限吧，我们既未能在代表古代东伊朗语支的阿维斯塔的词汇当中，也未能在古波斯语的词汇当中找到源头。但是，想到洛浦县博物馆的氍毹反映了来自远古苏美尔文明的神话，甚至于阗语女神的名字 būjsaṃjā-/būjsyajā- 都或可追溯到苏美尔语③，于是起念，或许“氍毹”一词也同样古老，可追溯其源头到苏美尔语。结果令人惊喜。

以下是相关苏美尔语词：

kuš，kus → skin，animal hide，leather，“皮，兽皮，皮革”。

kuš-amar → calfskin，“羊羔皮”。

kušum$_4$，kušu → herd of cattle or sheep；livestock④，“畜群，羊群，家畜”。

koʃava/kośava 像是复合词，前词的源头追溯到苏美尔 kuś“兽皮”，追溯到 kušum$_4$，kušu（畜群，羊群）。而后词恐含了一个表示“羊毛”意义的词。于阗语有 pe'ma-，波斯语有 pašm，皆表示“羊毛”。总之，原词应具备“用羊毛织成”的意义。虽不能明确，但可以发现，唯有苏美尔词呈现了相对的一致。

撇下词源不论，却发现印欧语系相对新的语言中，依然保留了 koʃava/kośava 的遗踪，不过已经转义。英语形容词 cozy（舒适，柔软，温馨），以及德语形容词 kuschelig（温暖，舒适），事实上皆来自最初表示氍毹的那个词。

氍毹应该是古老的塞种人创造的栽绒类毯，曾为世世代代的中亚人民带来舒适和温暖。如今，天下人已不记得氍毹为何物，但是，氍毹带来的温暖却牢固存留在语言当中。

---

① 斯文·赫定的于阗语文书主要收入于 H. W. Bailey, *Khotanese Texts* 4, Cambridge University Press, 1961。

② 详见段晴《于阗丝绸，于阗锦》，《第五届“伊朗学在中国”会议论文集》，待刊。

③ Duan Qing, “Greek Gods and Traces of the Sumerian Mythology in Carpets from the 6th Century”，《丝绸之路研究》第1辑，北京：生活·读书·新知三联书店，2017年，第1—17页。具体见第13页。

④ 这些词及其释义引自 *Sumerian Lexicon*, edited, compiled and arranged by John Alan Halloran, Los Angeles, 2006。分别见 153a，以及 154a。

Rugs with Long Hair

Duan Qing & Zheng Liang (Peking University)

Abstract: The five Carpets of Lop Museum are actually *kośavas* or *kojavas*. In *the Pali Text Society's Pali-English Dictionary*, *kojova* is explained as "a rug or cover with long hair". The present paper is about some new knowledge achieved through analysis based on Kharoṣṭhī documents from Niya and archaeologically unearthed pieces of carpets which show that neither patterns of design, nor material, nor purpose of usage did determine the terminology for carpets, but different technics applied in knotting have given birth to varied terms, and *kośava* or *kojava* designates one type of carpets.

According to Xuan Zang "氍毹" kośava is the most striking tradition from Khotan. The five carpets of Lop Museum are the best evidence from this tradition. As proven, all knots of these carpets are tied in U form. This makes up of one of the two conditions that *make the type of carpets to be named kośava* or *kojava*. The second one which has led to the explanation of the *Pali-English Dictionary* is that the carpets are with long hairs, however, it is to be noticed that they are tufted to the backside.

Searching the etymology of *kośava* we have come to a series of Sumerian words which show a possible etymological connection with *kośava*. They are *kuš*, *kus* 'skin, animal hide, leather', *kuš-amar* 'calfskin', *kušum*$_4$, *kušu* 'herd of cattle or sheep; livestock'. It seems that *kośava* or *kojava* may be a compound word of Sumerian *kuś* 'animal hide' with the foregoing word of Khotanese *pe'ma-* and Persian *pašm*, both of which mean 'wool'. Whatever the etymology is, it is quite for certain that *kośava* or *kojava* has retained itself in modern languages, from which English word cozy and German word kuschelig are derived.

Key words: Khotan, *kośava*, *kojava*, knotting technics, Sumerian etymology

新疆维吾尔自治区博物馆藏四件佉卢文木牍研究*

范晶晶（北京大学）

摘　要：本文对新疆维吾尔自治区博物馆所藏四件佉卢文木牍进行释读。其中两件为法律文书，内容分别为判决两个儿子的归属问题以及借粮纠纷。一件税收记录，一件账目记录，记录中出现了数字的新写法，可能是 1.5 与 2，本文一并对其进行考证。

关键词：佉卢文；木牍；尼雅；离异；税收

新疆维吾尔自治区博物馆藏有一批佉卢文木牍，由北京大学段晴教授带领团队进行释读研究。本文刊布其中的四件，两件法律文书、一件税收记录、一件账目记录。一件法律文书是判决男女分别拥有二子归属权的问题，字迹基本上都很清晰。另一件法律文书是关于借贷粮食的问题，损毁严重，只能粗略估计其大致情节。两件记录的内容本身并无特别之处，值得注意的是出现了新的数字符号，可能是 1.5 与 2。

转写部分的符号示意如下：

[ ]　受损严重的字或不确定的释读

(*)　重构的字

〈* 〉　文书中省略的字

.　无法辨识的字的一部分

?　无法辨识的字

+　一个缺失的字

〔 〕　文末添加注释的序号

木牍一：关于二子归属的法律文书

XB6954 是一份法律文书，关于两个儿子的归属问题。形制为矩形简牍（又称尺牍），但封简已

* 本文为段晴教授主持国家社科基金重大项目“新疆维吾尔自治区丝路南道所遗存非汉语文书释读与研究”（项目编号：12&ZD179）的阶段性研究成果之一。在写作过程中得到了段晴教授的悉心指点，相关问题经与姜一秀（现为莱顿大学在读博士生）深入讨论，颇受启发，特此致谢。此外，还要感谢新疆维吾尔自治区博物馆的工作人员授权研究释读这些木牍。

遗失，仅剩底牍。[①] 底牍长 14.5 厘米，宽 6.8 厘米。

1. saṃvatsare 20 maharayatiraya（*s̲a mahanuava maharaya jiṭu-）

2. ga mahiri devaputras̲a mas̲e 3 divas̲e 3 iśa kṣ̄unaṃmi a-

3.（*ri ku）tǵeya stri cimiǵaae〔一〕saṃgarahitaṃti〔二〕cimiǵaa-

4. e putrāna praceya je（*ṭha̱）pu（*tra）vi[sma] naṃma cimiǵaae

5. tanuv́aǵa huda bhiti ca maṃśa[ra] naṃma ari kutǵeyas̲a tanuv́a-

6. ǵa huda aja kṣ̄una uatae ari kutǵeyas̲a stri cimiǵa-

7. ae vaṃti nasti dānagrana asaṃna na gaṃdavo〔三〕pacaṃ bhuya

译文：

1. 兹于 20 年，大王中王、大鄯善大王侍中

2. 马伊利天子治下，3 月 3 日。此地于本朝，

3. 长者库伽耶（Kutǵeya）与女子至弥伽（Cimiǵa）起诉：

4. 关于至弥伽诸子，长子名为毗斯摩（Vi[sma]），归至弥伽

5. 自身所有。次子名为玛沙罗（Maṃśa[ra]），归长者库伽耶自身

6. 所有。自今日此刻起，对长者库伽耶与女子至弥伽而言，

7. 无有与取，此后不可再公堂对簿。

注释：

〔一〕关于此诉讼的背景——长者库伽耶与女子至弥伽是何关系，为何要起诉两个儿子的归属问题——文书中并未明确交代。在文书 No. 39 与 No. 45 中有名为 Cimika 的女奴（dajhi），通过断案的主簿可推测也处于马伊利王后期，但无法判断是否与这里的 Cimiǵa 为同一人，或者只是同姓名或姓名相近。[②] 此处至弥伽名字前标示身份的词汇 stri 也很笼统，泛指女性。[③] 如果二者为同一人，那么她后来是否获得了自由，还是依然保持女奴的身份？库伽耶是她两个儿子的生父，还是她之后的主人——在 39 与 45 号文书中，Lýipeya（黎贝耶）是 Cimika 的主人——抑或二者兼有？如果二者不是同一人，她是否为库伽耶离异的妻子，所以需要分割两个儿子的所属权？若是后一种情况，长子归母、次子归父的决断值得注意，透露出母权的地位很高，显然与汉地宗法制下强调嫡长子在父系家庭中的继承权迥异。不过，由于封简遗失，文书又过于简洁，无法得出确切的结论。Kutǵeya 是佉卢文文书中很常见的名字，而两个儿子的名字 Vi[sma] 和 Maṃśa[ra] 此前似乎没有出现过。

〔二〕在佉卢文法律文书中，提起诉讼可用动词 garahitaṃti（过去时第三人称复数，意为指

---

① 矩形简牍往往是法律文书或官员间的往来信件。关于矩形简牍的形式特点与内容功用，参见 Stein, M. Aurel, *Ancient Khotan: Detailed Report of Archaeological Explorations in Xinjiang*, Oxford, Clarendon Press, 1907, pp. 351-355，Duan Qing, "Deed, Coins and King's Title as Revealed in a Sanskrit Document on Cloth from the 6th Century", *Eurasian Studies*, IV, 2016, pp. 182-195，以及关迪《古鄯善国佉卢文简牍的形制、功用与辨伪》,《西域研究》2016 年第 3 期，第 84—93 页。

② 本文所引文书编号（这里的 No. 39 与 No. 45 以及下文等），均指 Boyer 等 *Kharoṣṭhī Inscriptions Discovered by Sir Aurel Stein in Chinese Turkestan* 一书中的编号。Burrow 在讨论音变时曾举例：元音间的 k 浊化，进一步变成 ǵ，如 avaǵaj́a=avakāśa 等。参见 Burrow, T., *The Language of the Kharoṣṭhi Documents from Xinjiang*. Cambridge, Cambridge UP, 1937, p. 6。

③ 佉卢文中对女性的各种称谓，参见 Agrawala, Ratna Chandra, "Position of Women as Depicted in the Kharoṣṭhī Documents from Xinjiang", *The Indian Historical Quarterly* 28, 1952, pp. 327-341。

控），但前面加上前缀 saṃ 的用例比较少见。文书 No. 437 底牍第 5 至 6 行中有类似表达：suǧiya maṣḍhiǵeyaṣa ca saṃmu[kha] garahitaṃti。saṃmukha 意为当面，前缀 saṃ 可表示一起、共同之意。

〔三〕判决生效后，不可再纠缠翻供，最后一行是套话式表述①。

木牍二：关于借粮纠纷的法律文书

XB6953 也是矩形简牍，封简与底牍俱存，内容是关于借贷粮食的纠纷问题的法律文书。前后历经两地，并经过两位书吏之手，情形似较复杂。可惜的是残损严重，完整的情节经过难以具知。

封简长 14.6 厘米，宽 8.8 厘米，正面的字迹几已磨灭不可见。

通常而言，封简正面的印章上方会有文书提要与接收人，但此处已磨灭殆尽。印章下方官员的署名部分依稀可见，经过仔细辨认，并参照一般的格式，隐约可读出以下内容：eṣa mutra paṃcina（*ṣa），意为般支那之印。

底牍长 21 厘米，宽 8.6 厘米。中间折断，以致有几行的内容极难辨认。

① 关于最后一行套话的详细语法分析，参见吴赟培《和田博物馆藏佉卢文尺牍放妻书再释译》，《西域研究》2016 年第 3 期，第 75—83 页。

1. saṃvatsare 4 4 1 mahanuava maharaya jiṭuga vaṣmana devaputrasa maṣe 4 1 divaṣe 20 2 iśa kṣ̄u-

2. naṃmi maṃnuśa lýipǵa nama maǵenaṣa paride aṃna aḿamicae giḍa milima 1 khi 4 1〔一〕ṣoṭhaṃga lýipeyaṣa〔二〕pu-

3. raṭha tatra sakṣ̄i jaṃna asti tasuca paṃcina〔三〕parvati〔四〕kikhita karidhau suḡita edi jaṃna sakṣ̄i iśa

4. kvaniyaṃmi〔五〕ṣa aṃna diti iśe[va] sadha ayoǵena vyoṣitavya yadi caḍotaṃmi aṃnaṣa muli lýipǵa da-

5. syati viśpasta maǵenaṣa gi〈*ni〉(*davo) caḍotaṃmi i[chi]ta lýipǵa aśpa 1 viya〈*la〉deyanae yadi caḍotaṃmi a-

6. śpa na syati ṣa aṃna iśa va tina sadha ayoǵena vyo(*ṣitavya) eṣa(*lihida) ǵa li[hi]〈*ta〉ma(*hi) divira cǵi(*to)

7. jaṃ(*na) edeṣa lýi(*pǵa su) ḡi(*taṣa) ajeṣaṃnena ? ? ? ? [rsa] ? ? ? ? ? ? [leyā ṣa] suḡita aṃna e[ṭha]

8. [tha] ? gi ? ? [yo] ?(*mi) lima 1 khi 2 ? [se] aṃna ? ? ? [mi] na [tehi khi] 10 4 ayoǵe〔六〕ṣadha

9. iśa khvaniyaṃ(*mi vyo) ṣidavo ayoǵena ṣadha eḿaṃ ca sa(*kṣ̄i) guśura asuraǵa śe vasu ya[phǵu]

10. + + + + + + (*e) ṣa lihitaǵa tasuca paṃcinaṣa muṃ(*tra) ṣa suḡita maǵenaṣa ca ajeṃṣaṃnena

11. + [ǵ]e .e + + (*lihi) taǵa ma(*hi) tivira b(*u) dhila〔七〕

译文：

1. 兹于九年，大鄯善大王侍中元孟天子治下，五月二十二日。此地于本朝，

2. 一位名叫黎伯伽（Lýipǵa）的男子，从摩伽那（Maǵena）处借贷粮食 1 弥利码 5 khi，当着供给长黎贝耶（Lýipeya）的面。

3. 那里有证人：祭司般支那（Paṃcina）、山民基齐多伽哩陶（Kikhita Karidhau），以及苏吉多（Suḡita）。这些人是证人。这里，

4. 在扜泥城，粮食已给出。就在这里，连同利息应被偿还。如果在精绝，黎伯伽给出粮食的价值，

5. 无疑，摩伽那会接受。在精绝，黎伯伽想给一匹野马。如果在精绝，

6. 没有马，粮食就在这里连同利息应被偿还。我，书吏羯多（Cǵito）写下这份文书。

7. 受这些人，黎伯伽与苏吉多委托。……苏吉多……粮食在此

8. ……1 弥利码 2 khi ……粮食……连同利息 14 khi。

9. 这里在扜泥城应被偿还，连同利息。如此，证人宰臣（guśura）阿修罗伽（Asuraǵa）、库吏耶夫古（Ya[phǵu]）。

10. 这份文书乃是祭司般支那之印，受苏吉多与摩伽那委托。

11. ……文书，我，书吏菩提罗……

注释：

〔一〕关于 1 弥利码 5 khi 大约等于多少斤粮食，可以进行简单的换算。根据段晴教授的研究，1 弥利码约合 20 公斤①，而 20 khi 为 1 弥利码，则 1 khi 约合 1 公斤。也就是说，所借粮食 1 弥利码 5

① 段晴《元孟八年土地买卖楔印契约》，载段晴、张志清《中国国家图书馆藏西域文书——梵文、佉卢文卷》，上海：中西书局，2013 年，第 185—186 页。

khi 约为 25 公斤。

〔二〕ṣoṭhaṃga，之前译为税吏或税监。段晴教授指出：在马伊利王的时代，这一官职主司酒务并负责支出，故译为“供给长”。[①]黎贝耶从马伊利王二十一年起担任精绝供给长（No. 576），直至此件文书中的元孟王九年。借贷者名为 Lẏipǵa，其类似的形式 Lẏipǵaa 或 Lẏipǵo 在 132 号文书中出现过，其人生活于长者 Kutǵeya 所管辖的百户（śada）之下。放贷者摩伽那的名字还出现在 80、165 与 513 号文书中。在 80 号文书中，他是一位十户长；在 165 号文书中，他被家族长（ogu）Kirtiśama 委派送信与礼物给主簿 Kranaya 与供给长 Lẏipeya；513 号文书是一份名录。不过，很难判断这几份文书中说的究竟是同一人，还是同名的不同人员。

〔三〕tasuca，林梅村教授翻译为祭司，认为其职似与祭祀活动有关。[②]Paṃcina 也是佉卢文文书中常见的名字，音译为般支那，意译为老五。不过，任职 tasuca 的 Paṃcina 在此前的文书中还未出现过。

〔四〕parvati，山民。学者们目前认为，山地部落位于精绝以南的昆仑山区，出产黄金制品。林梅村教授甚至推测他们或许是汉代戎卢国的遗民。在文书中，他们可做证人，有时还担任官吏的助手，不过总体来说地位比较边缘化。[③]

〔五〕kvaniyaṃmi（kvaniya 的位格形式），第 9 行作 khvaniyaṃmi。该词对理解这件文书的情节至为关键。一般而言，kvani 既可指鄯善国一带的都城扜泥城[④]，也可指各地的中心要塞。从整个叙述来看，kvani 与精绝（caḍota）对举，似乎应该指国都扜泥城比较合适。也就是说，给出所借粮食的地点是在扜泥城，其间借粮者黎伯伽曾想在精绝以野马抵偿粮食，但似乎由于某种原因并未实现，于是这份文书要求他依然在扜泥城偿还粮食与利息。

〔六〕这里的利息似乎是 14 khi，但由于上下文不是特别清楚，无法确定这 14 khi 是否就是所借 1 弥利码 5 khi 粮食的利息。若是如此，利率便是 50% 左右。一般而言，根据所贷品种的不同，利率从 50% 到 200% 不等。[⑤]

〔七〕此处又出现了一位书吏的名字。是否说明这件借粮纠纷案曾经两审，所以第二位书吏在第一位书吏的文书之上再作补充？由于文书残损之处太多，无法做出准确的结论。第 4 行与第 9 行扜泥城的写法不一：分别为 kvaniyaṃmi 与 khvaniyaṃmi，或许也透露是出自两位书吏之手？第一位书吏 Cǵito 之名出现在 634 与 688 号文书中，本文书第 6 行的最末音节据彼构拟。在 634 号文书中，他被王子功德力派遣，向萨迦牟云征酒及其他物什；在 688 号文书中，他作为十户长出现。第二位书吏 Budhila 之名则出现在文书 419 与 569 号中。在 419 号文书中，他是沙门 aṭhamoya 之子，作为安归伽王二十八年一桩买卖葡萄园案的卖主；在 569 号文书中，他是委托书写马伊利王十三年养子纠纷案牍的沙门。

① 段晴《酒、氍毹、毾㲪与罽》，载段晴、才洛太《青海藏医药文化博物馆藏佉卢文尺牍》，上海：中西书局，2016 年，第 54—57 页。

② 林梅村《新疆尼雅发现的佉卢文契约考释》，《考古学报》1989 年第 1 期，第 132 页。

③ Atwood, Christopher, “Life in Third-fourth Century Cadh’ota: A Survey of Information Gathered from the Prakrit Documents Found North of Minfeng (Niya)”, *Central Asiatic Journal*, 35, 1991, p. 169. 以及林梅村《犍陀罗语文书地理考》，《传统文化与现代化》1997 年第 6 期，第 33 页。

④ 林梅村《新疆佉卢文文书释地》，《西北民族研究》1989 年第 1 期，第 73—76 页。

⑤ Burrow, T., *A Translation of the Kharoṣṭhī Documents from Xinjiang*, London, The Royal Asiatic Soceity, 1940, p. 26. 以及 Atwood, Christopher, “Life in Third-fourth Century Cadh’ota: A Survey of Information Gathered from the prakrit Documents Found North of Minfeng (Niya)”, *Central Asiatic Journal*, 35, 1991, p. 187。

在本文书的借粮纠纷案中，苏吉多也起到了重要作用。他不仅作为第一阶段的证人出现，而且参与了两次委托书写文书的工作：第一次与借贷者黎伯伽一起，第二次与放贷者摩伽那一起，委托书吏记录案牍。在佉卢文文书中，苏吉多也是一个很常见的名字，故而很难确认其身份。第二批证人中的宰臣阿修罗伽，其名（Asuraǵa）在318号文书中也出现过，彼处其头衔为家族长（ogu）。

木牍三：税收记录

XB6937是账目记录，形状是不规则的长方形。[①] 大致长26.8厘米，宽5.2厘米，左侧有小孔，或许是用来将同类型的账目记录编缀在一起。[②] 正面共分6栏，前5栏均为5行，最后一栏2行。反面有1行记录，提到十户长与总数，故而推测这是一份税收记录。

第一栏：krayas̱a khi 1.5 / caṣǵeyas̱a khi 1.5 / śakhas̱a khi 1 / larsus̱a khi 2 / opiṃtas̱a khi 1.5

第二栏：koñitas̱a vacarina / muchaḍhas̱a khi [1] / ari sug̃itas̱a khi 1 / sug̃akos̱a khi 1 / yitayas̱a khi 1

第三栏：motekas̱a khi 1 / saceyas̱a khi 1.5 / koñayas̱a vacarina / kaṃjakas̱a khi 2 / vakiṃtes̱a khi 1

第四栏：ṣayaṃmas̱a khi 1.5 / budhaśura 〈*s̱a〉 vacarina / pǵi[ta]s̱a khi 1.5 / koṃḍhalas̱a vacarina / sucaṃmas̱a khi 1.5

第五栏：kusalas̱a khi 1.5 / cimoyas̱a vacari[na] / paṃñaṣana〈*s̱a〉khi 1 / baguleyas̱a khi 1.5 / svacǵas̱a khi 1.5

第六栏：kunas̱ena[s̱a khi] 1.5 / sug̃itas̱a khi 1

正面记录的格式比较整齐划一，人名（以表所属关系的第六格 s̱a 收尾）、计量单位、数目。

daśavita khara matśarsas̱a aṃ 〈*na〉 mili 〈*ma〉 1 khi 10 2

十户长喀罗摩磋娑，粮食1弥利码12 khi。

反面的税收总数同时体现了税收的品类，即粮食。十户是鄯善王行政管理与征收赋税的基层单位，大约与《摩奴法论》中所载印度的基层管理制度类似。[③] 根据Padwa对所有涉及十户账目文书的统计，十户长所辖户主均数为10.6，贴近理想的整数10。[④] 但从本文书的缴税人员名单来看，人数达27位之多，情况特殊。

① 同类型的账目文书在N. xv. 遗址出土了一大批，参见Stein, M. Aurel, 1907, pp. 357-358。

② 参见林梅村《沙海古卷》，北京：文物出版社，1998年，第155页。

③ 对daśavita的讨论，参见Stein, O., "The Numerals in the Niya Inscriptions", *Bulletin of the School of Oriental Studies*, Vol. 8, No. 2/3, 1936, pp. 766-773。并参见林梅村《犍陀罗语文书地理考》，第33页。

④ Padwa, Mariner Ezra. *An Archaic Fabric: Culture and Landscape in an Early Inner Asian Oasis (3rd-4th Century C.E. Niya)*, Ph.D. diss., Harvard University, 2007, pp. 85-89.

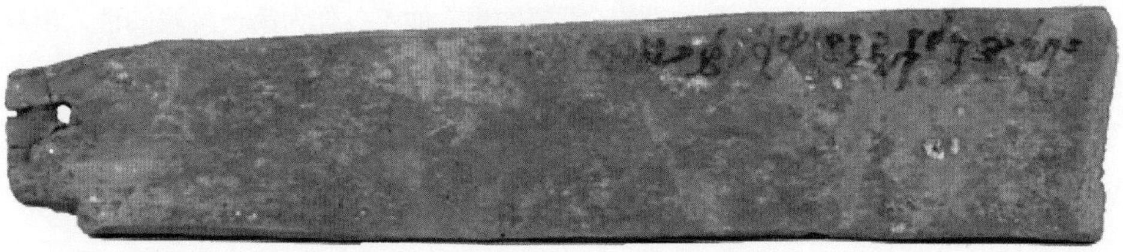

这件木牍还有两点值得注意：一是计量单位 vacarina。Thomas 通过分析其用例，认为 vacari 表示的是 1 杯或 1 罐的量。[①]Agrawala 进一步指出，在有些文书中，1 vacari 包含 1 khi 或 4 khi 的量。[②]从目前这份文书来看，由于最后给出的总数是 1 弥利码 12 khi，也就是 32 khi（1 弥利码 = 20 khi），说明 vacarina 与 khi 之间确实存在某种换算关系。

二是数字字符：，Rapson 将其视为 1 的变体，并推测了理由：原来的 1 与 na  形似，为了将二者区分开来，于是发展出这一变体。[③]但这一推理无法解释：为何在同一件文书中，会出现两种形式的 1？而且在这件文书中，1 和 na 的区别还是非常明显的：1 的笔锋比较僵直，而 na 则有些弧度，整体从右往左边飘，尤其是落笔的一撇向左边倾斜。故而我们推测：这一字符可能是表示 1.5。[④]

木牍四：账目记录

XB6940 也是账目记录，形状不规则。大致长 16 厘米，宽 2.6 厘米，左侧有小孔。正面分为两栏。

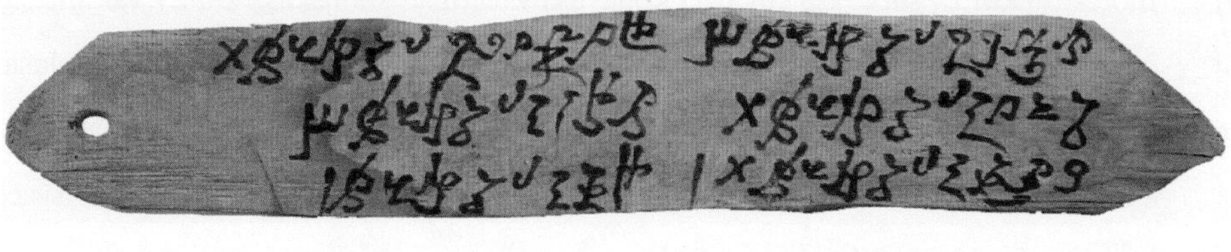

第一栏：kircoae masu giḍa khi 3 / rutrayaṣa masu giḍa khi 4 / arkaṃtǵaṣa masu giḍa khi 4 1

第二栏：priyaśrṛyaae masu giḍa khi 4 / kopeṃnaṣa masu giḍa khi 3 / pitǵaṣa masu giḍa khi 1

Kirco 取走了 3 khi 酒，Rutraya 取走了 4 khi 酒，Arkaṃtǵa 取走了 5 khi 酒。

Priyaśrṛya 取走了 4 khi 酒，Kopeṃna 取走了 3 khi 酒，Pitǵa 取走了 1 khi 酒。

通过姓名可知，这里有两位女性：Kirco 与 Priyaśrṛya。此处的酒是否作为薪酬发放，还是所放债务？由于信息不足，不可得知。

反面也分为两栏。

第一栏：ṣularaṣa aḍi（ni）khi 2 / kutǵeyaṣa khi 1

---

① Thomas, F. W., "Some Notes on the Kharoṣṭhī Documents from Xinjiang", *Acta Orientalia*, 13, 1935, pp. 56-57.

② Agrawala, Ratna Chandra, "A Study of Weights and Measures as Depicted in the Kharoshṭhī Documents from Xinjiang", *The Journal of the Bihar Research Society* 38, 1952, p. 363.

③ Boyer, A. M., E. J. Rapson, E. Senart, and P. S. Noble, *Kharoṣṭhī Inscriptions Discovered by Sir Aurel Stein in Xinjiang*, Oxford, Clarendon Press, 1920-1929, repr. in New Delhi, Cosmo Publications, 1997, pp. 321-322. 并参见 Glass, Andrew, *A Preliminary Study of Kharoṣṭhī Manuscript Paleography*, MA Thesis, University of Washington, 2000, p. 139。

④ 这一推测是姜一秀在课堂讨论时提出，特此致谢。

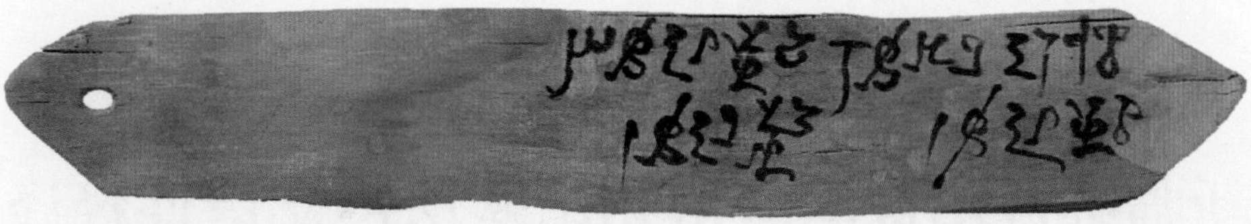

第二栏：svacǵeyasa khi 3 / taṃcǵoasa khi 1

Ṣulara 谷物 2 khi，Kutǵeya 1 khi。

Svacǵeya 3 khi，Taṃcǵoa 1 khi。

关于这份账目，能得到的有效信息并不多。反面笔迹与正面一致，根据正面的内容，或许可以推测：反面记录的是四人所得粮食，而非所缴之粮。值得注意的是数字符号的新写法：笔者推测是数字 2 的变体。Glass 总结了数字 2 目前所知的三种写法：① 由于数字 2 经常由两笔构成，而这件文书上没有出现数字 2，故而这里推测为 2。但是否确实如此，还有待更多材料的发现与证实。

Four New Kharoṣṭhī Documents Kept in the Xinjiang Uygur Autonomous Region Museum

Fan Jingjing (Peking University)

Abstract: In this paper are presented four new Kharoṣṭhī documents kept in the Xinjiang Uygur Autonomous Region Museum. Two of them are legal transactions, respectively about custody rights over two sons and food loan dispute. The other two are a tax list and a payroll or account list. The peculiarity of the two lists is the new writing style of the numbers, presumably 1.5 and 2.

Keywords: Kharoṣṭhī, wooden tablet, Niya, divorce, tax

① Glass, Andrew, *A Preliminary Study of Kharoṣṭhī Manuscript Paleography*, pp. 139-140.

新疆维吾尔自治区博物馆藏佉卢文信件释译*

姜一秀（北京大学）

内容提要： 这件未曾发表的佉卢文文书是一封旨在报告财产纷争的信件，本文对这件文书进行了转写、翻译以及注释。这件文书表现出的特殊语言现象，或许可以看作是犍陀罗语佉卢文文书“梵语化”的一个例证。而“kula”（家族）这个关键词在文书中再三出现，也可助益于深入地了解古代鄯善的社会结构。

关键词： 佉卢文文书；尼雅；犍陀罗语

此件佉卢文犍陀罗语文书藏于新疆维吾尔自治区博物馆，未曾有释读发表。

此文书为矩形单检，长 47.5 厘米，宽 5 厘米，双面有字，正面 1 行，背面 5 行，字迹清晰。

这件文书具体的出土地点不详。文书的内容可以提供一些地理方面的线索。首先，收信人黎贝耶（Lýipeya）的住所应为尼雅遗址 N. I①，但总体而言，以克罗那耶（Kranaya）与黎贝耶为收信人的文书出土于尼雅各处遗址②，并不能由文书的收件人推断此件文书可能的出土地点。至于文书中屡次提到的山区（parvata）的具体位置，也有待更深入的调查，根据林梅村教授的《犍陀罗语文书地理考》，佉卢文文书中所谓“山区”可能位于民丰县城以南的昆仑山区。③

虽然文书并未直接记载其书写日期，但通过作为文书收信人的两位鄯善国高官的名字可以推断此文书大致的写作时间：主簿（cozbo）④克罗那耶以及供给长（ṣothaṃgha）⑤黎贝耶的名字频繁出现于大王马伊利（Mayiri）时期的诏书、信件与账簿中，其中黎贝耶冠以供给长的头衔最早始于马伊利王

* 本文为段晴教授主持国家社科基金重大项目“新疆维吾尔自治区丝路南道所遗存非汉语文书释读与研究”（项目编号：12&ZD179）的阶段性研究成果之一，感谢段晴教授在文书释读过程中给笔者的帮助和指导。同样感谢新疆维吾尔自治区博物馆的工作人员，特别是李达老师提供的帮助。

① Mariner Padwa, *An Archaic Fabric: Culture and Landscape in an Early Inner Asian Oasis (3rd–4th Century C.E. Niya)*, Ph. D. Dissertation, Harvard University, 2007, p.130.

② 收件人为 Kranaya 与 Lýipeya 二人的文书出土于尼雅各处遗址，例如 K19(N. i)、K88(N. iv)、K192(N. vi)、K243(N. xv)、K403(N. xvii)、KI502(N. xxiii) 等等，在此不详述。KI 为 *Kharoṣṭhī Inscriptions, discovered by Sir Aurel Stein in Xinjiang* (A. M. Boyer, E. J. Rapson, E. Senart & P. S. Noble, 1929, Oxford: Clarendon Press) 的缩写，下同。

③ 林梅村《犍陀罗语文书地理考》，《传统文化与现代化》1997 年第 6 期，第 33 页。

④ 段晴、才洛太《青海藏医药文化博物馆藏佉卢文尺牍》，上海：中西书局，2016 年，第 38—41 页。

⑤ 同上书，第 54—55 页。

二十一年，最晚出现于元孟王（Vaṣmana）七年①，这件文书的写作时间也应在此期间或略早、略晚于此，即约 4 世纪前期。②

这件文书虽然缺乏一些典型的信件套语，如 vyalidavo（亲启），但通过形制（矩形检）以及大量寒暄语判断③，文书仍应归类于信件。

转写系统：

[ ]　不清楚或不完整的字符，含义不确定

（*）　缺失或无法辨认的字符，根据平行文本或其他渠道推测补充

◊　文书中原有的空格

一、拉丁字母转写

a. 正面：

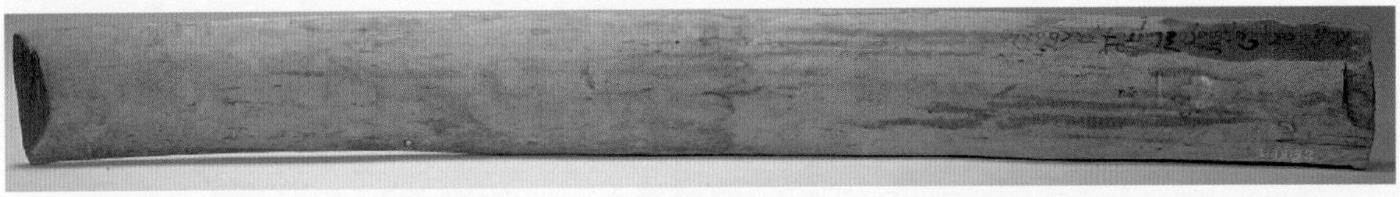

1 eṣa lihitaǵa parvati maṣḍhiǵeyas̱a vacanena iṃthu maṃtrita ahaṃ janami

b. 背面：

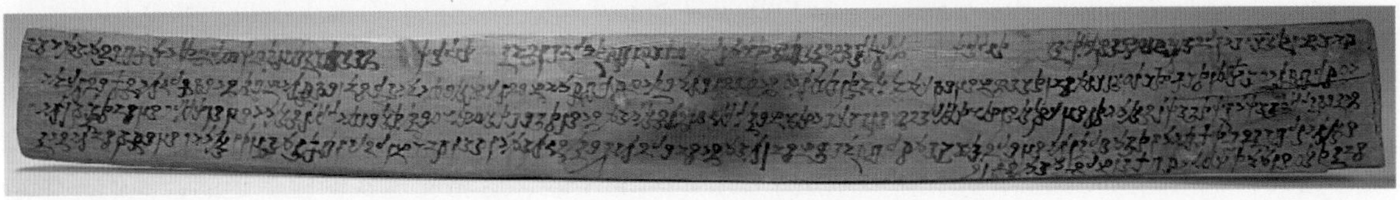

1 bhaṭaraǵana pracakṣ̄a devatana mahacozbo kranaya ṣothaṃgha lýipeyas̱a ca ◊ padamulaṃmi ◊ lýimsu pulnaṃbhayae s̱aca [śirṣa] piḍeṃti [1] namasaṃti yatha rayāna [2] śakra [3] prāhamu [4] devana iṃdras̱a ◊ padamulaṃmi ◊ evaṃ ca（*śi）ras̱a [5] viñaveyāmi yo mahi pitare iśa ahaṃti vaṃti [6] tatu[ṭa] [7]

2 tayā [8] kulaśukra [9] nitaya sakṣ̄iyena puraṭha puraneya [10] jaṃna janati uṭa 1 paṃcavarṣaǵa aṃña aśpa motirḍhi jiṃtrapraṃna virini[yaya] [11] eta stri ahuno aniti as̱i tayā kulaśukra titaǵa ahuno mogheci ayita [12] trita [13] vyāla uṭe 1 aśpa kṛnitaǵa as̱i eta aśpa imade nita iṃthu ahuno matrita

3 etas̱a aśpas̱a muli parvataṃmi tenāmi parvataṃmi ne iṃci tita punu aṃña mogheci aṃna giḍa milima

① A. M. Boyer, E. J. Rapson, E. Senart & P. S. Noble, 1929, p. 323.

② 林梅村《佉卢文时代鄯善王朝的世系研究》,《西域研究》1991 年第 1 期，第 45—50 页。

③ 关迪《古鄯善国佉卢文简牍的形制、功用与辨伪》,《西域研究》2016 年第 3 期，第 90—91 页。

20 10 eta aṃnaṣa samovata giḍaǵa aṣi muli deyamnae ne iṃci titaṃti eta aṃna purva avamiciya giḍaya aṣi pac̄e anavita muli ne iṃci tita aṃña aṃna milima 10 aṃña uṭa putǵebha [14] 1 nita

4 achinita [15] naṃmaśuraṣa hastaṃmi thavita tena parvati śaṃmaṣena nita aṃña amahu dhiḍu [16] smarati kulaśukra trevarṣaǵa uṭa 1 nitaṃti eta uṭa amahu nidavo aṣi ede nitamti tena kaṃraṃna bhaṭaraǵana mahadvana vistirna divya ñanena [17] ciṃtitavo aṃña akratsa uṭa nita edaṣa

5 uṭaṣa praceya aṃna titemi milima 10 kaśa [18] thavaṃnaǵa mahi giṭaṃti hastana [19] 10

二、汉语译文

此文书根据山区的玛氏芝洁亚（Maṣḍhiǵeya）的口述而写，由此，我得知：（a1）

拜伏在主人、如众神下凡的大主簿克罗那耶以及供给长黎贝耶的脚下，林苏（Lýimsu）以及普南帕耶（Pulnaṃbhayae）顿首致敬，正如拜伏在众王中的帝释天、尊贵众神中的因陀罗的脚下一般。（b1）

我叩首通告我的父母所说的、关于那匹已经被光氏（Śukra）家族带走了的骆驼一事。（b1-2）

有证人在场，正如之前人们所知，那是一匹五岁的骆驼。（b2）

另外，还有一匹马已经被莫提尔芝（Motirḍhi）卖给了绮命（Jiṃtrapraṃna）。（b2）

这女人带来了（这匹马），却被光氏家族拿走了。（b2）

现在莫盖支（Mogheci）来了，第三次，（她）买了野骆驼和一匹马。（b2）

她将马匹从此带走，并且如此说："我会在山区给出这匹马的钱"，但她根本没在山区给出（这钱）。（b2-3）

并且，莫盖支拿了 30 弥利码的粮食。（b3）

（关于）这粮食已有契约，应该给钱，（她却）根本没有给钱。（b3）

之前借出的粮食，人家已经给出了；之后，她被要求了钱，（她却）根本没给。（b3）

此外，她还带走粮食 10 弥利码，还有 Putǵebha 骆驼 1 匹，都放到了名勇（Naṃmaśura）的手中。（b3-4）

因此在山区沙门军（Śaṃmaṣena）拿走了（这些）。（b4）

另外，我们的女儿回忆，光氏家族拿走了三岁的骆驼 1 匹，这骆驼是我们应带走的，他们却带走了。（b4）

因此，请主人、高官用神圣的智识考虑此事。（b4）

此外，一匹未驯化骆驼被带走了，针对这匹骆驼，我已给出了粮食 10 弥利码。（b4-5）

他们拿走了我迦舍草（制作的）平纹罽 10 尺。（b5）

三、注释

【1】śirṣa piḍeṃti

从字形上判断，第二个字母由于上半部分并没有封口而近似于 rga。然而，从词义上推断，这里读为 śirṣa 更佳。第二个字母上半部分左侧弧线的缺损或许是由于墨迹的磨损，参考本文书背面第四行 trevarṣaǵa 中的"rṣa"（见右图），除了左上端的弧线闭合外，字形与此字母大体一致。Śirṣa 和梵语 śīrṣa 同源，意为"头颅"。

Piḍeṃti 可能与梵语词根√pīḍ 同源，本义为挤压、伤害，引申为磕头致敬的动作，参见 Böhtlingk 与 Roth 所编德梵辞典中 ni-√pīḍ 词条引用《诃利世系》的例句："mātuśca śirasā pādau nipīḍya"（Hari V 4776）。①

另外，编号为 KI133 的文书第一行的词组"śirṣa poḍeṃti"可能与本文书中的词组"śirṣa piḍeṃti"为同样的寒暄语，布洛根据 KI 的转写"śirṣa poḍeṃti"而将此词组译为"挠头"②，实际上，KI133 的语境与此文书非常相似，都是信件开头，很可能"po"为转写方面的讹误，KI133 中也应为"śirṣa piḍeṃti"（磕头）。由于 IDP（国际敦煌项目）没有收录 KI133 的照片，我们无从切实得知 KI133 的转写是否正确。

【2】rayāna

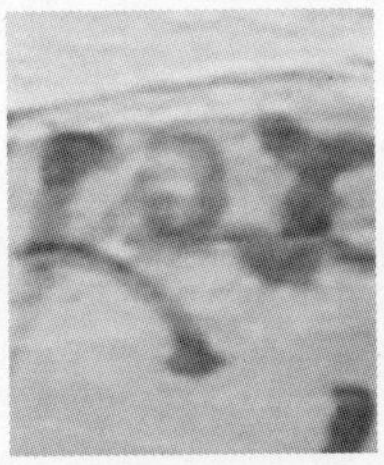

字母"ya"之下表示长音 ā 的一撇拉得较长，易与字母"kra"相混淆，但根据文意，这里显然为 rayāna，即 raya 的复数属格，"众王中的"。

【3】śakra

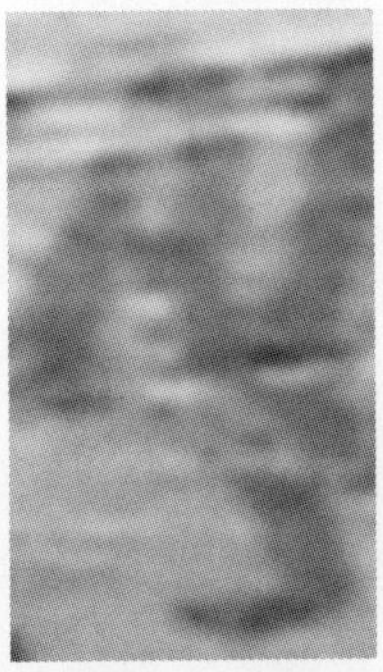

参照上一个注释，虽然字母"kra"与"yā"较为相似，但由于此件文书中表示辅音群中后辅音 r 的一撇在尾端会向下一勾，此字母即为典型，因此，可判断这个字母为"kra"。

① Otto Nikolaus Böhtlingk, Walter Rudolf Roth, *Sanskrit-Wörterbuch*. Vol. 4. Petersburg, 1865, p. 740.

② T. Burrow, *A Translation of the Kharoṣṭhi Documents from Xinjiang*, James G. Forlong Fund, Vol. XX, London: The Royal Asiatic Society, 1940, § 133.

Śakra 意为帝释天，即印度教与佛教之中因陀罗神（Indra）的别号。除这件文书外，尼雅出土的佉卢文文书中只有 KI511 提到因陀罗即帝释天这位印度文化中重要神祇，并且，这件文书世俗色彩浓厚，而 KI511 则是浴佛仪式使用的祷文。① 可以说，这是我们第一次在尼雅世俗文书中发现提及“因陀罗”这一重要神祇。

因陀罗作为众王之王，并且与“帝释天”之名混用，常见于佛教、印度教文献，参见如《杂阿含经》第 20 卷：“尔时，帝释说偈答言：‘我实于一切，世间大小王，及四护世王，三十三天众，最为其尊王，故悉来恭敬’。” ② 又如印度史诗《摩诃婆罗多》中，也经常提起因陀罗众神之王的身份以及他“帝释天”的别称，如《初篇》第 65 章 20 颂“众神之主天帝释”③,《斡旋篇》第 9 章 7 颂也直接将帝释天与因陀罗等同。④

由于，一方面，尼雅出土过佛教文献如《解脱戒》（KI510）等，世俗文书中也常提及僧人及僧团；另一方面，尼雅也有《摩诃婆罗多》残片（KI523）出土，世俗文书中亦数次出现“婆罗门”等衔（如 KI554），因此这一段寒暄语的宗教色彩不易判定。但是无论其宗教意味为何，这一段寒暄语都体现了作者对印度教以及佛教文化的高度熟悉。

【4】prāhamu

根据上下文，此词疑为“prāmuha”之讹误，prāmuha 与梵语 pramukha 同源，意为“第一”“最上”。

【5】śiraṣa

第一个字母有涂改的痕迹，因此难以辨认，从字形上，略近于“kṣi”。但根据文意，可以确定此处应为 śiraṣa，即“头”“首”之意，参考尼雅佉卢文文书 KI89、KI97、KI341、KI541，可知“evaṃ ca śiraṣa viñaveyāmi”为佉卢文尺牍的套语，意为“我顿首通知如此”。

【6】yo mahi pitare iśa ahaṃti vaṃti

这句话存在的疑问较多。笔者认为有两种可能的读法，然而一种从语法角度看存在问题，另一种从转写角度看存在问题，均未臻于完善。

单独从字形角度来看，此处应为“yomahipitareiśaahaṃtitaṃti”，由于 ahaṃ 以及 titaṃti 是佉卢文文书词频很高的词汇，因而断句为“yo mahi pitare iśa ahaṃ titaṃti”，然而此种读法在语法上有不可忽视的问题：动词 titaṃti 是第三人称复数，它要求的主语也应是复数，尼雅所使用的犍陀罗语复数基本不区分主格宾格，那么 pitare 很可能是这个动词的主语，而 ahaṃ 与梵语 ahaṃ 同源，为第一

① 刘文锁《沙海古卷释稿》，北京：中华书局，2007 年，第 286—289 页。

② CBETA, T02, No.99, p. 293, a22.

③ ［印］毗耶娑《摩诃婆罗多》（一），黄宝生等译，北京：中国社会科学出版社，2005 年，第 170 页。

④ ［印］毗耶娑《摩诃婆罗多》（三），黄宝生等译，北京：中国社会科学出版社，2005 年，第 118 页。

人称单数主格，在佉卢文文书中未见有作为其他格出现的情况[①]，因此，若如此断句，此处的 ahaṃ 就必为主格或者属格，这种语法形式出现的可能性并不大。这种读法意为“这是我的父母于此带给我的”。

又或者，此处可读为“yo mahi pitare iśa ahaṃti vaṃti”。“Ahaṃti”与梵语词根√ah 同源，词根√ah 在古典梵语中变化形式不完全，在尼雅出土的佉卢文文书中却似乎被纳入了 -ati 的变位的体系，如 KI345 中的“ahati”。Ahaṃti 是第三人称现在时陈述语气复数，意为“他们说”。整句句意为“这是我的父母于此告知的”。这种读法的问题是，虽然佉卢文文书中“taṃ”“vaṃ”两个字母的字形比较容易混淆，但此件文书字迹清晰，确实可知，根据这个书吏的笔迹，此处字形更接近“taṃti”。另外，介词 vaṃti 前多接属格名词[②]，和此处语境不符。

另外，值得一提的是，林苏正是供给长黎贝耶之子[③]，但可惜的是，这个事实并未帮助笔者成功理解这句话的句意。这份文书中人物（提及名字者多达 10 人）之间错综复杂的亲属关系以及上下级关系还待发掘，或许可以帮助我们更好地理解这件文书的内容。

为照顾上下文，此处暂读为 yo mahi pitare iśa ahaṃti vaṃti。

【7】tatuṭa

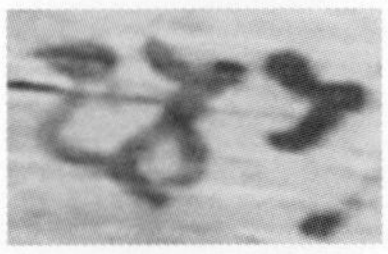

这三个字母殊为难解，暂时未有一种解释可以在字形上和字义上均达到完善。

第一个“ta”易于确认，第二个字母从字形判断或许第一个辅音是“t”，底下的元音并不清晰，或许为“u”，但由于字迹断续，也有可能是一个复辅音的一部分，最后一个字母从字形上来看，非常接近于“v́a”。

从字义上来看，这里应是某种物品，那么在常见的名词中，唯有 ta rotaṃ（茜草）或者 tanuv́a（所有物）在字形上较为接近，但是对比此件文书中其他“nu”，如背面第三行“punu”的“nu”（见右图），可知这种释读较为牵强。

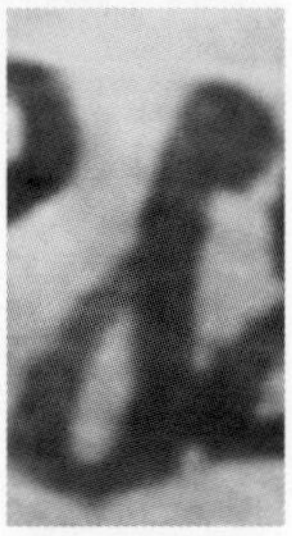

还有一种可能，即此处存在连声（saṃdhi）或复合词（可能为属格依主释“tatpuruṣa”[④]）现象。并且，由于这个词位于第一行最后，空间有限，有可能导致“ṭa”略微变形，写得较接近“v́a”。因此，这里可读为 tatuṭa，即 tat uṭa。这种释读在语法和字形上都略牵强，只根据下文“sakṣ̄iyena puraṭha puraneya jaṃna janati uṭa 1 paṃcavarṣaǵa”，推断此处此词很可能与骆驼有关，暂定为 tatuṭa。

① T. Burrow, 1937, § 78.

② 同上书，§ 92。

③ KI, p. 368; Mariner Padwa, “An Archaic Fabric: Culture and Landscape in an Early Inner Asian Oasis (3rd–4th Century C.E. Niya)”, p. 326.

④ 尼雅佉卢文文书使用犍陀罗语中的属格依主释见 T. Burrow, § 138。

【8】tayā

根据布洛，tayā 是尼雅犍陀罗语中的第三人称代词阴性单数属格形式（梵语 tasyāḥ）①，但实际上这种形式极为鲜见，只有 KI383 中的“tayā dhitu puṅġebha 1”一例。此词在本文书中出现过两次，后面都接 kulaśukra，并且语境前后未必有对应的阴性名词，因此在这里很可能并非第三人称代词的阴性单数属格。但其具体含义无法断定，或许为某种形式的代词。

【9】kulaśukra

根据第四句“kulaśukra trevarṣaġa uṭa 1 nitaṃti”，kulaśukra 做主语时所用的动词形式是复数，可知 kulaśukra 并非一人。这个词可拆为 kula-śukra，或许与梵语 kula（家族）、śukra（纯洁）两个词同源，表示一个姓氏为 śukra 的家族（现在印度尚有“Shukla”这个姓氏，śukla 为 śukra 的后期形式②）。Śukra 含义较丰富，有“纯洁”“光耀”“金星”等义，本文译为“光氏”主要是为了与犍陀罗语词源的人名意译这一原则保持统一，这个词汇作为姓氏的具体含义难以直译。

另外，梵语的 kula 在尼雅所出佉卢文文书中还有一个同源词，写作 khula，表示牧群、兽群。布洛也注意到，kula 在印度俗语（Prakrit）以及巴利文中的同源词均仍为 kula，khula 的变化十分特殊。③尼雅出土的数百件佉卢文文书中未曾出现 kula 的形式，但是大犍陀罗地区出土的佉卢文佛教文书却存在 kula 这个词，例如在邵瑞琪教授释读的犍陀罗语佉卢文 Anavatapta-gāthā 中，这个词意为“家族”④。或许 kula-śukra 这一词汇正体现了梵语的直接影响；抑或梵语的“kula”在尼雅使用的犍陀罗语中一分为二，khula 专指牧群，而 kula 专指家族，具体为哪种情况还要待更多出土资料印证。

【10】puraneya

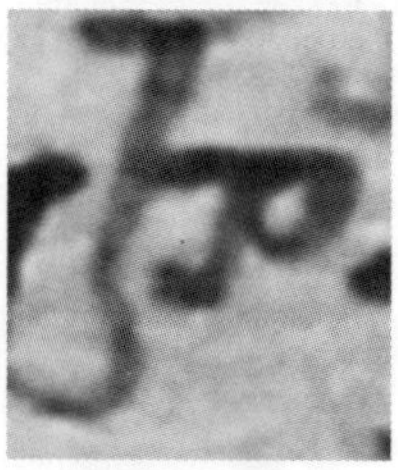

此处“pu”字母的写法比较特殊，文书中出现 6 次“pu”，其中 5 次表示元音“u”的标志都是在字母底端的圆圈。这种特殊的“pu”写法也见于中国国家图书馆藏佉卢文文书，见段晴教授《佉卢字符表》（见右图）⑤。

① T. Burrow, § 80.

② M. R. Jain, “Hindi Names”, *Libri*, 22(3), 1972, p. 225.

③ T. Burrow, p.86.

④ Richard Salomon, *Two Gāndhārī Manuscripts of the Songs of Lake Anavatapta (Anavatapta-gāthā): British Library Kharoṣṭhī Fragment 1 and Senior Scroll 14. Gandhāran Buddhist Texts*, Volume 5. Seattle: University of Washington Press, 2008, p. 427.

⑤ 段晴、张志清主编《中国国家图书馆藏西域文书——梵文、佉卢文卷》，上海：中西书局，2013 年，第 229 页。

【11】viriniyaya

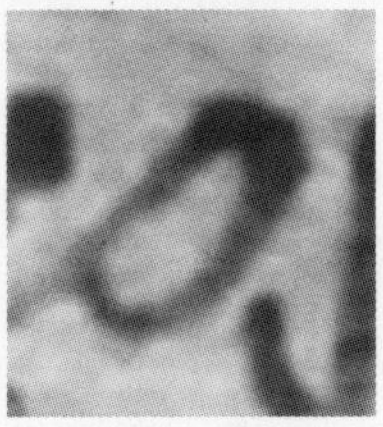

这一组字母的转写与翻译均无法确定。最后两个字母的字形非常少见，暂将后两个字母的读法定为“yaya”，但参考同一件文书中 ya 的字符，如第二行中的“ya”（见右图），可以发现明显不同，这样字形的字母也未见于 A. Glass 总结的佉卢文字形研究中①；虽然根据注释【8】以及注释【11】可知这件文书中同一个字母常有多种写法，但这样的“ya”实属少见。

此词的含义也因此难以确定，根据这件文书的叙事结构，这里很可能是一个动词的独立式。因此暂将此词读为 vi-√krī（卖出）的独立式，即 vikriniyaya 的讹误或者音变。根据布洛，辅音组“kr”在尼雅出土佉卢文文书使用的犍陀罗语中十分稳定②，因此不能断然确定此词是vikriniyaya的变体，或许有更好的读法。

【12】ayita

一般来说，佉卢文文书中表示元音“i”的一竖是上下贯穿的，这里却似乎上下分离，但这件文书中没有其他的“yi”可供参考，因此这个字母暂定读为“yi”。Ayita 为过去分词，与梵语词根 ā-√i 同源，意为“他（她）来了”。

【13】trita

这个词可能是 triti 的讹误，在佉卢文文书中，书写者遗漏了“i”元音标志的情况为数不少③。triti 与梵语 tṛtīya 同源，即“第三次”。

【14】putǵebha

本文书中有大量修饰骆驼的形容词。关于佉卢文中骆驼种类名词的总结，可参考皮建军硕士论文《精绝社会中的骆驼——基于尼雅出土佉卢文书》④。依此论文，本文将 vyāla 译为“野”，akratsa 译为

① Andrew Glass, *A Preliminary Study of Kharoṣṭhī Manuscript Paleography*, M.A. thesis, University of Washington, 2000.

② T. Burrow, §37.

③ Andrew Glass, *Four Gāndhārī Saṃyuktāgama Sūtras: Senior Kharoṣṭhī Fragment 5. Gandhāran Buddhist Texts*, Volume 4. Seattle: University of Washington Press, 2007, p. 104.

④ 皮建军《精绝社会中的骆驼——基于尼雅出土佉卢文书》，北京大学硕士学位论文，2015 年，第 16 页。

“未驯化”，而 putǵebha 暂未见合适的译解，暂留为原文。

【15】achinita

这个词为过去分词形式，词根与梵语 ā-√cchid 同源，意为“从……带走”“侵吞”。

【16】dhiḍu

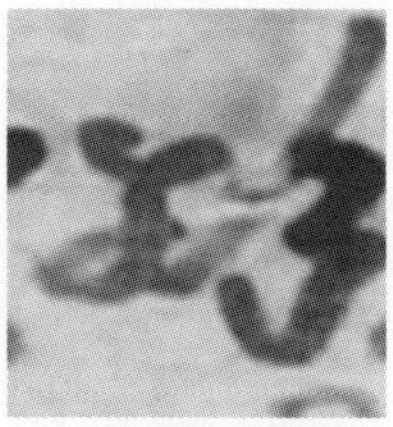

第二个字母值得注意，参考同一文书中的“ḍa”的写法（见右图），仅从字形角度考虑，第二个字母确实应读为“ḍu”，但从字义角度考虑，这个字母显然应为“du”，因为这个词应为 dhidu（女儿），与梵语 duhitṛ 同源。一般来说，尼雅所出佉卢文文书中齿音组与卷舌音组相混淆的情况较为少见，比如在 KI 的六七百件文书中，均没有 dhidu 写成 dhiḍu 的情况，这里的“ḍ”可能是由于被省略 ṛ 的影响而形成的，阿富汗出土的犍陀罗语佉卢文佛教文书中也有类似的音变现象，如《杂阿含经》中，paṭikula 与梵语 pratikūla 同源①，Anavatapta - gāthā 中也有齿音受到前面 r 的影响而变为卷舌音的例子②，均是由于前一音节中原有的 r 的影响而由齿音变为卷舌音。又如常见于犍陀罗语佉卢文文书中“rth”变为“ṭh”的现象③，或者流音与卷舌音组互换的现象④，这些齿音到卷舌音的变化均与 r 有关。

【17】ñanena

这里两个“n”字母的写法与该文书中其他处“n”的写法均不一致，两个“n”上方均有一个小圈。文书中其他的“n”都十分标准，例如同一行的“na”（见右图），上方均非小圆圈，而是几道小的弯曲。由于资料不足，难以判断写作者这里的“n”的处理是否有特殊的意图。

---

① Andrew Glass, *Four Gāndhārī Saṃyuktāgama Sūtras: Senior Kharoṣṭhī Fragment 5. Gandhāran Buddhist Texts*, Volume 4, p. 116.

② Richard Salomon, *Two Gāndhārī Manuscripts of the Songs of Lake Anavatapta (Anavatapta-gāthā): British Library Kharoṣṭhī Fragment 1 and Senior Scroll 14. Gandhāran Buddhist Texts*, Volume 5, p. 113.

③ Timothy Lenz, *Gandhāran Avadānas: British Library Kharoṣṭhī Fragments 1–3 and 21 and Supplementary Fragments A–C. Gandhāran Buddhist Texts*, Volume 6, Seattle: University of Washington Press, 2010, p. 32.

④ Richard Salomon, *A Gāndhārī Version of the Rhinoceros Sūtra: British Library Kharoṣṭhī Fragment 5B. Gandhāran Buddhist Texts*, Volume 1, Seattle: University of Washington Press, 2000, p. 92.

"tena kaṃraṃna bhaṭaraǵana mahadvana vistirna divya ñanena ciṃtitavo"（因此，请主人、高官用神圣的智识来考虑）是佉卢文尺牍的套语，类似的句式见于KI247、KI288、KI585，但均略有不同。

【18】kaśa

根据KI460，可知在某些语境"kaśa"是"aṃna"（粮食）的修饰词，具体含义不详。于此处应是thavaṃnaǵa的修饰词。或与梵语kāśa同源，是一种可用于编织的草（迦舍草），但并不确定。

关于"thavaṃnaǵa"译为"平纹罽"，参见段晴教授对尼雅佉卢文文书中织物的讨论。[1]

【19】hastaṇa

由于空间不够，这几个字母的间距较小，因此作者将"sta"表示"t"的一横延伸到前面的字母ha之上，并非"ha"本身有横穿的一横，因此此处读为"hastana"（尺）。

四、结语

这件文书语言上极具特点。

首先，文书中保留了大量长音ā。此件文书中的第一人称单数陈述语气现在时动词多以"-āmi"形式结尾（viñaveyāmi、tenāmi），复数属格使用了"-āna"格尾（rayāna）等。而犍陀罗语的一大语音特点即长短音同化[2]，例如，本次释读的新疆维吾尔自治区博物馆所藏近40件文书中只有本件和另外一件多次出现长音ā。[3]

再如，通过语义可知，śiras̱a这个词的形式为单数具格，格尾为"-a"。参考梵语"śiras"的单数具格为"śirasā"，而尼雅佉卢文文书中的单数具格，无论尾音为何，格尾通常均按"-ena"处理。[4]可以得知这里的śiras̱a一词的变格也不是非常标准的尼雅佉卢文文书使用的犍陀罗语变格，而更接近于梵语变格。

这几处拼写都体现了梵语的影响。

而另一方面，在叙述纠纷详情时，文书使用的语言梵语痕迹则较浅。

例如，动词方面，文书后半部分，书写者连用5次"as̱i"，as̱i是词根√as的未完成时第三人称单数，在这件文书中用在陈述语气动词（aniti）、被动分词（giḍaǵa）、独立式（giḍaya）、必要分词（nidavo）后表示过去，这种用法，参考佛教混合梵语中的类似现象[5]，证明了其中古印度语（MIA）特征。

又如，名词变格方面，同样是复数属格，第一行的寒暄语有"rayāna"这个词，格尾"-āna"，更接近于梵语；而最后一行陈述纠纷时所用的复数属格名词则是"hastana"形式，格尾"-ana"；同样

[1] 段晴、才洛太《青海藏医药文化博物馆藏佉卢文尺牍》，第66页。

[2] Daniel Boucher, "Gāndhārī and the Early Chinese Buddhist Translations Reconsidered", *Journal of the American Oriental Society* 118.4 (1998), p. 476.

[3] 待刊。

[4] T. Burrow, § 54.

[5] Franklin Edgerton. *Buddhist hybrid Sanskrit grammar and dictionary. Vol. 1. Grammar.* Yale University Press, 1953, § 41.1.

是单数具格，“sakşi” 与梵语 “sakşin” 同源，梵语中它的单数具格应为 “sakşinā”，本文书中此词的形式为 “sakşiyena”；而上文提到的 “śiras” 一词的单数具格形式则接近于梵语形态的 “śirasā”。

可见，这件文书中一部分语言受到梵语的强烈影响，这种影响主要体现在套语、寒暄语中，而文书后半部分较为口语化。或许寒暄语体现的是某种梵语公文传统的传承，而后半部分更多地体现了尼雅使用的犍陀罗语的真实特征。犍陀罗语佛教文书的梵语化现象（sanskritization）已经得到比较充分的研究（即“形态学以及语法方面主体上具有犍陀罗语特征，但是在特定词汇的拼写方面有着接近梵语的特征”的现象）①。犍陀罗语世俗文书中部分用语特别是套语、寒暄语存在的语言现象或许也可借用这个词汇来描述。

最后值得注意的是，文书出现三次“kula”（家族）这一词汇，如前文已指出，根据笔者所掌握的资料，这个词汇在目前尼雅发掘的佉卢文文书中应是第一次出现。

古代鄯善的社会结构特别是当时的血缘关系与地缘关系，一直是一个广受关注的问题。比如，kilme 这个涉及血缘和地缘两方面的词汇已有多篇论文加以讨论，最早有布洛②、F. W. Thomas③ 对于 kilme 一词词源的探讨和释义，根据布洛的观点，kilme 的词源应为吐火罗语，是“分封给王国贵族的采邑或者庄园”④。近有Padwa的博士论文，他认为kilme指通过婚姻关系联系在一起的一个族群⑤。前年，段晴教授在其著作中也对 kilme 对译“封地”进行了论证⑥。综合这些论文，我们知道，kilme 及其形容词 kilmeci 的本义还是更偏重地缘一层的关系，而非血缘或是婚姻关系。如此一来，kula 一词的发现便补充了古鄯善的一个重要概念，即血缘关系的直接体现——家族。

从本文书可知，Kulaśukra 在经济上可被视为一个整体，他们或许共同拥有财产；另外，这件文书屡屡提及“parva-”（山区），可能这个家族在地缘上与山区有着密切的联系。希望这件佉卢文文书的发表能推动对此问题更深入的探讨。

① Mark Allon and Richard Salomon, “Kharoṣṭhī Fragments of a Gāndhārī Version of the Mahāparinirvāṇasūtra”, in Jens Braarvig, ed., *Buddhist Manuscripts, Volume I. Manuscripts in the Schøyen Collection, I*, Oslo: Hermes Academic Publishing, 2000, pp. 268-271.

② T. Burrow, “Tokharian Elements in the Kharoṣṭhī Documents from Xinjiang”, *The Journal of the Royal Asiatic Society of Great Britain and Ireland*, No. 4 (1935), pp. 673-675.

③ F. W. Thomas, “Some Notes on the Kharoṣṭhī Documents from Xinjiang.”, *Acta Orientalia* 12 (1934), p. 63.

④ 翻译引自段晴、才洛太《青海藏医药文化博物馆藏佉卢文尺牍》，第 43 页。

⑤ Mariner Padwa, “An Archaic Fabric: Culture and Landscape in an Early Inner Asian Oasis (3rd–4th Century C.E. Niya)”, pp. 204-211.

⑥ 段晴、才洛太《青海藏医药文化博物馆藏佉卢文尺牍》，第 43 页。

A Previously Unpublished Kharoṣṭhī Manuscript in Xinjiang Uygur Autonomous Region Museum

Jiang Yixiu (Peking University)

Abstract: This previously unpublished Kharoṣṭhī wooden tablet served as a letter reporting on some trade disputes. This article includes transcription, Chinese translation, and notes of this manuscript. The language of this unpublished manuscript could be seen as Sanskritized or hybridized Gāndhārī. Also, this manuscript offers new evidence about ancient Shan-Shan's kinship structure.

Keywords: Kharoṣṭhī manuscript, Niya, Gāndhārī language

粟特文《善恶因果经》中的字

杨　帆（北京大学）

摘　要：本文以敦煌藏经洞发现的粟特文《善恶因果经》写本为切入点，通过整理与分析写本中粟特字母的词首、词中、词尾三种书写形式，制作出完整的"粟特文《善恶因果经》字母表"。此外，以此字母表为基础，笔者列表对比了具有相似发音的粟特、回鹘、老蒙古文和满文字母的词首形式，揭示了它们彼此间的承继源流：粟特文促成了回鹘文的出现，回鹘文为老蒙古文之渊薮，满文的创制以老蒙古文为依托。笔者还通过对满文字法中"符号点"之来源和作用的梳理，补足辛姆斯-威廉姆斯对粟特文字母之阿拉米文前世与满文今生的论述。

关键词：粟特文《善恶因果经》；满语；佛教粟特语语法

一、《善恶因果经》研究史回顾

汉文《善恶因果经》全名为《佛说善恶因果经》，又称《因果经》《佛说因果经》和《菩萨发愿修行经》，作者不详。此经最早见于文献记载，是在《大周刊定众经目录》中。称其：

> 右件经古来相传皆云伪谬，观其文言冗杂，理义浇浮。虽偷佛说之名，终露人谟之状。迷坠群品，罔不由斯。故具疏条列之如上。①

《大周录》断定这部经为伪经，并且批评其误导信徒。《开元释教录》②和《贞元新定释教目录》③，也都沿袭此说。

《善恶因果经》在今日不少寺庙的法物流通处依然能见其身影，它虽为伪经，在民间却有着持续的影响力。在历史中，此经曾以多种语言在不同地区流行过。敦煌发现的《善恶因果经》拥有汉文、藏文和粟特文等不同语种写本。张小艳博士在《汉文〈善恶因果经〉研究》一文中厘清了该经的汉文本研究状况，提出该经见于佛教目录虽在695年，然而隋仁寿四年（604）的敦煌写本《优婆塞戒》

① 中华电子佛典协会《大周刊定众经目录》；中华电子佛典协会《（CBETA）电子佛典集成》，2005年，《大正新修大藏经》第55卷，2153号，第472页。

② 中华电子佛典协会《开元释教录》；中华电子佛典协会《（CBETA）电子佛典集成》，2005年，《大正新修大藏经》第55卷，2154号，第677页。

③ 中华电子佛典协会《贞元新定释教目录》；中华电子佛典协会《（CBETA）电子佛典集成》，2005年，《大正新修大藏经》第55卷，2157号，第1022页。

卷末题记中已有该经踪影。[1]604年可以作为《善恶因果经》成立史上的一个坐标。对于藏文本《善恶因果经》的文献学研究与释读，萨仁高娃、陈玉、任小波等藏学研究者在此方面，已经取得不少成果。[2]任小波在其2016年新出版的《吐蕃时期藏译汉传佛典〈善恶因果经〉对勘与研究》一书中，详细论述了记载在藏文目录中，由法成与释迦光二人依据汉文《善恶因果经》所翻译的两部藏译本[3]在用词与表意上的细节不同。[4]

《善恶因果经》的粟特文本目前只发现一件，是汉文和粟特文双语写本，于1908年由伯希和在敦煌藏经洞获得（P. 3516），也即是本文的研究对象。该写本被伯希和带回法国后，受到学界的广泛重视。1920年伯希和与高梯奥（Gauthiot）合作，前者将汉文经文翻译为法语，后者根据伯希和的翻译破译了粟特文写本中的粟特词汇含义并转写和翻译了粟特文。高梯奥的弟子邦维妮斯特（Benveniste）随后又为粟特文《善恶因果经》做了进一步注释。三人的成果以及粟特文《善恶因果经》的写本图版，在1920年至1928年间一并由法国热内出版社（Geuthner）出版。[5]随着《善恶因果经》"汉、法、粟特"三文集成本的面世，扎克（Zach）[6]等语言学家对书中汉语以及粟特语词汇进行了诸多讨论。[7]1970年，英国学者麦肯齐（Mackenzie）再次转写了粟特文《善恶因果经》写本，并将其翻译成英语。[8]相继问世的法文本和英文本对粟特文《善恶因果经》的翻译和注释，引起了诸多学者的关注。哲世维（Gershevitch）、汉贝克（Humbach）、麦斯特尔（Meisterernst）和杜尔肯（Durkin），都以书评的形式，再次探讨了该经的文本翻译与解读。哲世维讨论了经文中的粟特词汇用法[9]，麦斯特尔与杜尔肯详察了粟特文《善恶因果经》对古代汉语中被动句的翻译方式[10]。以恒宁（Henning）与辛姆斯-威廉姆斯（Sims-Williams）为代表的学者，细致区分了粟特文文献中对 x 与 γ 的写法异同，并将《善恶因果经》粟特文转写中的 rm 纠正为 'M。[11]2013年，伊朗学者立足前人的成果，依据全新的转写规则，出版了波斯文的《善恶因果经》。[12]

以上是对流通于国内与国外，对于汉、藏、粟特文三本古老的写本，学者的翻译和研究状况。除了以上几种语言，《善恶因果经》还应当存在蒙古文本与满文本。检验蒙古文《甘珠尔》目录[13]，有两

---

① 张小艳《汉文〈善恶因果经〉研究》,《敦煌吐鲁番研究》2016年第16卷，第59—88页。

② 萨仁高娃、陈玉《藏文〈佛说善恶因果经〉研究》,《中国藏学》2009年第3期，第104—108页。

③ 即 D^k354（P^k1023，T^k217）与 D^k355（P^k1023）。

④ 任小波《吐蕃时期藏译汉传佛典〈善恶因果经〉对勘与研究》，北京：中国藏学出版社，2016年。

⑤ Gauthiot R, Pelliot P, "Le Sûtra des causes et des effets du bien et du mal / édité et traduit d'après les textes sogdien, chinois et tibétain par Robert Gauthiot et Paul Pelliot", *Tome I, Fac-similé des textes sogdien et chinois*, Paris: Geuthner, 1920.

⑥ E. von Zach, "Einige Bemerkungen zu Pelliot's Sûtra des Causes et des Effets", *T'oung Pao*, Second Series, 1928,25 (5), pp. 403-413.

⑦ Pelliot P, "Encore un mot à propos du Sūtra des causes et des effets et de l'expression siang-kiao", *T'oung Pao*, Second Series, 1928, 26 (1), pp. 51-52; Gaspardone E. Robert Gauthiot, "Paul Pelliot et Emile Benveniste: Le Sūtra des causes et des effets du bien et du mal", *Bulletin de l'Ecole française d'Extrême-Orient*, 1930,13,pp. 161-162.

⑧ Mackenzie D. N. *The "Sutra of the causes and effects of actions" in Sogdian*, Oxford: Oxford University Press, 1970.

⑨ Gershevitch I. Review of D. N. MacKenzie, "The Sūtra of the Causes and Effects of Actions in Sogdian, Sims-Williams N. *Philologia Iranica*", Wiesbaden:Reichert, 1985, pp. 52-54.

⑩ Meisterernst B., Durkin-Meisterernst, "Some Remarks on the Chinese and Sogdian Sutra of the Causes and effects", Weber D., *Languages of Iran, Past and Present. Iranian Studies in Memoriam David Neil Mackenzie*, Wiesbaden: Harrassowitz Verlag, 2005, pp. 121-127.

⑪ Meisterernst B., Durkin-Meisterernst, "Some Remarks on the Chinese and Sogdian Sutra of the Causes and effects", 2005, p. 115.

⑫ Hassan Rezaei Gharibidi. دار ول ع و هٔع و (سُغدي زبـان بـه بودايـي متـني). Teheran:[s. n.], 2013.

⑬ 乌林西拉《蒙古文甘珠尔、丹珠尔目录》(下)，北京：远方出版社，2002年，第1826—1877页。

条经目似与《佛说善恶因果经》相对应。然而碍于笔者并没有阅读蒙古文《大藏经》的能力，该条目以下之内容是否为《善恶因果经》则尚未可知。笔者仅能依据蒙古文《大藏经》的藏文来源①，以及日本学者森安孝夫对蒙古文本《善恶因果经》的呼吁②，推测该经实际有蒙古文本存在。此外，根据满文《大藏经》的汉语来源，笔者推测《善恶因果经》也以满文的形式流传着。③满文本《大藏经》④目录下亦有两条与《善恶因果经》相类⑤，只因笔者未找到满文《大藏经》原文，不能断言其内容是否全部对应于汉文《善恶因果经》。

二、粟特文《善恶因果经》及其研究意义

本文所研究的粟特文《善恶因果经》（P. 3516），原件现藏于法国国家图书馆，笔者制作“字表”所依据的写本图片来自1920年法国出版的粟特文《善恶因果经》全部图版。如下图所示：

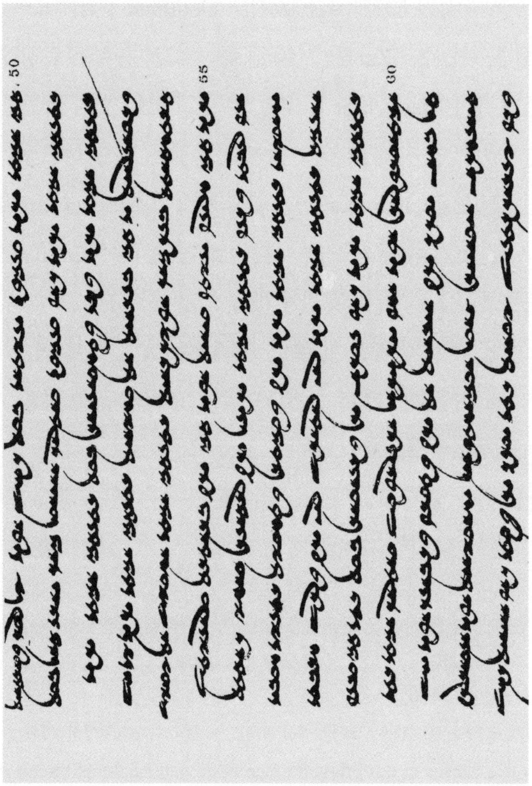

图1　粟特文《善恶因果经》图版示例，此为经文50—63⑥

---

① 勒·霍尔勒巴托尔、阿拉坦巴根《藏文〈甘珠尔〉、〈丹珠尔〉及其在蒙古地区的传播》,《内蒙古社会科学》1990年第2期，第92—99页。

② 任小波《吐蕃时期藏译汉传佛典〈善恶因果经〉对勘与研究》，第3页。

③ 翁连溪《乾隆版满文〈大藏经〉刊刻述略》,《故宫博物院院刊》2001年第6期，第61—65、98—99页。

④ 吴元丰《满文与满文古籍文献综述》,《满族研究》2008年第1期，第99—128页；Marcus Bingenheimer, *Catalog of the Manchu Buddhist Canon.*, 2011[2018-04-10]. http://buddhistinformatics.ddbc.edu.tw/manchu/catalog.php。

⑤ sain ehe i weilen karulan be foyodome cincilara nomun，直译为：有关善恶业报的经文；fucihi nomulaha sain ehe be deribure be ilgame faksalara nomun，直译为：佛陀说果报出自善恶行为。

⑥ Gauthiot R, Pelliot P. Le Sûtra des causes et des effets du bien et du mal / édité et traduit d’après les textes sogdien, chinois et tibétain par Robert Gauthiot et Paul Pelliot.PL. Ⅵ, 1920.

粟特文《善恶因果经》写本中的每一列均有编号，其首列写有“题为因果经一卷”①，是为标题列，编号为0，稍有磨损。经文正文有571列，编号为1—571，后文使用的粟特经句前的数字即是此编号。经文中，除去1—3列有所损坏，261—279列书写稍显潦草之外，整部经文书写整洁、用笔连贯。571列中，序分、正宗分、流通分，三分通备。经文1—62列为序分，交代了佛陀说法的时间与地点。在序分中，阿难向佛陀虔诚发问，希望能得到佛陀关于众生之中何以有美丑、强弱等等不同状态的解说。63—550列是正宗分，其主体由佛陀对于善恶因果前缘的解说构成。551—571列为流通分，叙说众人听闻经文后得到的现时果报并将经文“欢喜奉行”。

虽然粟特经文确是对汉文《善恶因果经》的翻译，但其依据的底本与当今通行的汉文《善恶因果经》是否相同还待另说。笔者参照《大正藏》中的汉文经文，逐句对比了汉文与粟特文经文，发现粟特文《善恶因果经》中337—347列中所表达的意思，汉文本里没有与之相对的内容。此外，笔者还发现粟特文对汉文的翻译并非机械地复制。在行文中，粟特文表达的语意与汉文经文在细节处常有不同。笔者推测造成该差异的原因一是翻译《善恶因果经》为粟特文的人，他依据的汉文底本与今日流传的《善恶因果经》不同；二是翻译人在翻译过程中，不断地加入自己的理解和创造以使经文更便于没有汉语储备的人去阅读②。

除了版本学和佛经翻译史上的研究意义，书写《善恶因果经》的粟特文本身也值得探索。经文中的粟特文清晰连贯，以此为资源去整理和分析粟特文字母的字体形态，可以制作一份精准的“佛教粟特文字母表”。

笔者即在检阅文中所有字符的基础上，集中在37—74、92—106以及560—571列，按照“词首—词中—词尾”三个不同位置截取了粟特文《善恶因果经》中的字母，制成了“粟特文《善恶因果经》字母表”。笔者处理方式的不同之处在于：

一、在“竖写”还是“竖读”的问题上，笔者认为《善恶因果经》的粟特写本，写手本身便采取垂直书写的方式来誊抄此经（由上而下，由左而右），一如今日之满族书写满文，今日之蒙古族书写蒙古文。粟特文为蒙古文、满文之渊薮，沿波讨源，粟特文之书写方式足见一斑。此外日本学者吉田丰也曾作专文③论证粟特文——尤其是被用来书写佛教文献的粟特文——在5世纪后半叶其书写方式大多已由水平横写转变为垂直竖写。按照伯希和对于文本的解读，《善恶因果经》的抄成时间为7—8世纪间，正是在粟特文垂直书写的时段。④

二、笔者参照蒙古文和满文的字母学习方式，一一列出写本中所见粟特文字母及其相应的词首、词中、词尾形式，以方便读者观察和了解每个字母在不同位置的用笔和书写方式，有利于现代人学习。

三、此外，笔者还以粟特字母的发音为参考，找出回鹘文、蒙古文和满文中拥有类似发音的字母的词首形式，并将四者的词首形式纳入同一张表格进行对比和分析。这一做法的意义在于能“于比较中见个性”：四种文字的比较让每个粟特字母的个性特征变得突出。比如在区分粟特文里写法相近的t

① ’krtyh ’nβ’nt ptwry ’yw prw’rt.

② 例如编号23中的rty ms ’sty š’w ptxwrk’-cšm’，现代汉语直译为“黑色而充满诱惑的眼睛”对应《大正藏》里“有青黑而婉媚”。翻译人没有机械地将“青黑”翻译成green-black，而是黑š’w；并且对于汉文里省略的“眼睛”，粟特文补充上了。

③ Yoshida Y. “When did Sogdians Begin to Write Vertically”, *Tokyo University Linguistic Papers (TULIP)*, 2013, 33, p. 375.

④ Pelliot , P. *Mélanges d’indianisme*. Paris:[s. n.], 1911, pp. 341-343.

和 m 时，回鹘文提示笔者 t 的写法较 m 更为圆润。其次能“于比较中见共性”。四种文字之间有着亲缘关系，即粟特文为回鹘文之渊薮，回鹘文被蒙古人借用以书写蒙古语，老蒙古文又为满文创制之蓝本。四种文字的共性，是它们之间“血缘关系”的有力证明，说明了粟特文在中国的使用痕迹从未消失。

笔者还将通过分析满文中“符号点”的由来和使用方法，说明粟特系字母如何向着“所写即所读”的精准记音体系发展，即四种本自一脉的文字，通过使用“符号点”来不断明确每个辅音和元音的书写形式：回鹘文开始用字符左边的一点区别辅音 n 和元音 a，蒙古文 na/ne 同形的现象使得蒙古文“所写非所读”，而这一问题在满文中通过字符右边“符号点”的添加得到解决。辛姆斯 - 威廉姆斯曾作文论证粟特文的前世今生[①]，然而他虽述说了粟特文字之阿拉米文（Aramaic）前世，却并未论及满蒙之粟特文今生。笔者将在第五部分论述“符号点”在满文书写中发挥的作用，并通过探讨对“符号点”使用最为充分的满文字法，展示由回鹘文到满文的文字创用者改进前人文字书写方式的一个办法。

三、粟特文《善恶因果经》字母表

笔者将集中在粟特文《善恶因果经》37—74、92—106 以及 560—571 列中所包含的字母，按照其“词首—词中—词尾”三个不同的位置，截取并罗列出，制成“粟特文《善恶因果经》字母表”如下。

表 1　粟特文《善恶因果经》字母表

转写	词首	词中	词尾	备注
’				读作 ə，双写则表示长元音 ā，但 ā 没有词尾形式，落尾的它，用 h 来表示。ə 在词尾的时候与词首和词中形式不同，有很长一“尾”，ə 左上方的一撇是区分经文中 ə 与 n 的锁钥。
β				表示唇音 b、v。经文中，β 的词尾形式只在外来词中出现，比如 264 句中的 pwtysβ 是对梵文 boddhisatva 的音译。
γ, x				麦肯齐全部读为 γ，波斯本时而转写为 x 时而为 γ。然而笔者对着写本细细检验，实在看不出波斯本转写为 x 与 γ 处，此字符的区别。因经文中，这个字母所在的词汇，与梵文喉音浊音所在的词汇常为同源词，笔者依旧把它读作 γ。
h				表示 ā，转写作 h，只有词尾形式。根据辛姆斯 - 威廉姆斯的说法，h 的用法从阿拉米文来。
w				表示 w 或者 v。w 词首和词中形式笔画圆润且顺滑，显为从左起笔经右上方回笔而一气写就。w 的词尾形式与它的词首和词中形式不同，是由词头形式逆时针旋转 45° 而成。

① Sims-Wlilliams N.，“From Aramaic to Manchu: Prehistory, life and after life of the Sogdian script”，荣新江、罗丰《粟特人在中国：考古发现与出土文物的新印证》，北京：科学出版社，2016 年，第 414 页。

续表

转写	词首	词中	词尾	备注
z				z 和 n 的区别非常细微。二者词首和词中形式几无参差，只似于 z 的右上方有一分明之棱角，带有藏锋之感。z 的词首、词中、词尾形式无差别。
y				发音为半元音 j 或者复合元音 ē，形同一个“√”，极易辨认，y 的词首、词中和词尾三种形式无差别。
k				k 与 r 在词首处，均似有一交叉。然而，k 字母的主体笔画，相较于 r，有着更大的弧度。k 在词尾处的呈现形式，也与 r 不同。
L; δ				根据它在文中翻译的梵文词，δ 还可以表示 l（在翻译外来词时，l 都用 δ 来转写。比如 δwky，就是梵文的 loke）；大写的 L 表示阿拉米借词，用以构成否定词。
m				m 与 t 相比，更有棱角，似由两个笔画构成。它的词首、词中和词尾形式没有差别。
n				n 和’与 z，在写法上虽然非常相近，但是看笔顺和用笔走向，z 伴随着一个提笔的暗劲，’比 n 多一细微的“撇”。
s				s 为一闪电形加一尾。
p				在写本中，虽然字母 p 和字母 w 都有一个回旋的“圈”，但字母 p 的主体部分（除去回旋），比 w 更长且有弧度。p 的词尾形式以及 k、n、c、t 的落尾形式可以放在一起参看，五者在词尾处，均有一个向左上方的运笔。
c				在用 c 转写的词中，c 对应梵文的腭音清音 c。c 的辨认锁钥，在左边一个竖折，与其他字母有明显差别。
r				r 和 k 的区别在字母表里不明显。但如果放在文中，就会发现 k 的整体字符弧度大于 r。
š				卷舌音 š 的写法形似英文字母“c”。
t				t 与 m 的区分在写本中不太明显。笔者的感受是，如果参校蒙古文和满文对 m 与 t 的写法，就会发现 m 比 t 要有棱角，尤其是在字符的右上方处。

以上是由从粟特文《善恶因果经》写本中截取的字母所构成的字表。由表中可见，大部分字母之间的差异明显，但仍存在写法近似的字母，比如 z 与 n，t 与 m，γ 与 n。

四、粟特文和回鹘文、老蒙古文、满文的字母比较

老蒙古文或者满文的字形特征与书写方式，往往可以成为解读粟特字母形态的钥匙。笔者依据经文中的粟特字母，选取了与之具有相同或者类似发音的回鹘文、老蒙古文以及满文字母的词首形式，

并在下列表格中简单地比较了四种文字的字母词首形式，以期直观地展示四者之间的相似性。[1]

在列出表格之前，首先要明确的是：

（1）四种文字所承载的语言，并不出于同一语系。粟特语属于印欧语系，后面三种文字所承载的语言虽然都属于阿尔泰语系，但是所属的语族也不一样。所以四种语言在发音上和在字母数量上均不一样。下表的各个字符，仅仅以《善恶因果经》粟特文写本中出现的发音为基准去截取。

（2）回鹘文、老蒙古文和满文，会把全部元音写入字中。

（3）四种文字各有其习用的字母转写体系，在讨论不同文字时笔者将使用相应的转写。

表 2　粟特文和回鹘文、老蒙古文、满文的字头对比表

词首发音	粟特文	回鹘文[2]	老蒙古文[3]	满文[4]
,[5]				
β[6]				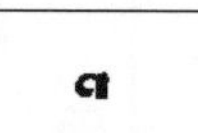
γ[7]				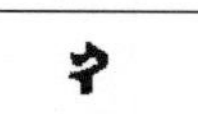
w			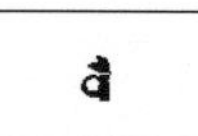	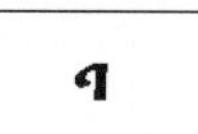
z				
y[8]			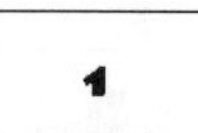	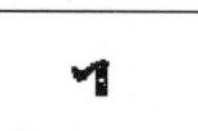
k				
l; δ[9]				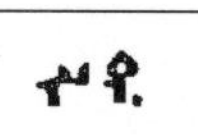
m[10]			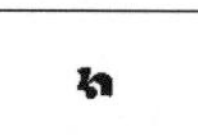	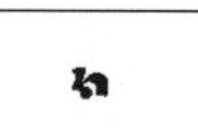
n[11]			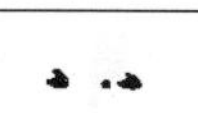	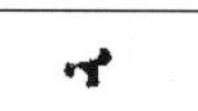

① 因为哪怕是同一种文字，在不同时期和不同地域，根据书写人的不同，也会有不一样的书写模式。就满文而言，达海改进的新满文与额尔德尼创制的老满文之间的区别非常大。表格中“不求甚解”的展现方式，如果能令排列在一起的四种文字，使人产生“原来它们真的相像”的感觉，就达到了它的目的。

② 回鹘文字母从冯·加班的《古代突厥语语法》一书中截取；A. von Gabain, *Alttürkische Grammatik*. Lepzig: [s. n.], 1950, p. 17。

③ 老蒙古文字母从《蒙古文语法》一书中截取；Hambis L., *Grammaire de la langue mongole écrite*. 1st ed., Paris, Adrien-Maisonneuve, 1945, p. 111。

④ 满文字母从安双成《满汉大辞典》一书中截取；安双成《满汉大辞典》，沈阳：辽宁民族出版社，1993 年，第 17 页。

⑤ 起始元音，在回鹘文和老满文中表示 ā 或者 ɔ，满文里只表示 ɔ，满文的 ā 另有表现形式。

⑥ 表示 v 的字符，单独有了其他形式，亦即粟特字母之 w。β 这种写法，也近乎消失。

⑦ 在回鹘文、老蒙古文里，依据各自正字法，γ/x 被鲜明区分。

⑧ 在回鹘文、老蒙古文和满文中，写法上没有任何变化。

⑨ 回鹘文中，δ 与 l 的写法就分开了。老蒙古文和满文中 l 的写法，继承了回鹘文。

⑩ m 的变化非常大。在回鹘文中，它从一个圈，变成了向下的一条“尾巴”。为什么回鹘文会把粟特字母里面的圈变成尾巴呢？笔者认为，这个变化不是回鹘文的创造，而是在粟特字母里已经酝酿了胚芽。细细观察经文中粟特文 m 的写法，笔者发现 m 右上角确实有提笔的走势。

⑪ 回鹘文里，n 边上的一个点，让 n 容易辨认。

续表

词首发音	粟特文	回鹘文	老蒙古文	满文
s				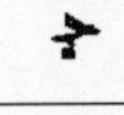
p[1]				
c[2]				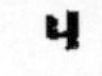
r				
š				
t[3]				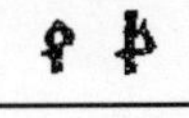

粟特人虽然已经消失在历史中，但是粟特文的影响，在当代社会依旧存在着。从上表的对比中，粟特文、回鹘文、蒙古文和满文，四者的亲缘关系一目了然，事实上，粟特文是回鹘文的前身，回鹘文为老蒙古文之渊薮，而满文的创制又以老蒙古文为依托。接下来笔者将分别论述四种文字的创制和流传过程，以此展现四者在历史发展中的关系。

1. 粟特文的创制和使用

粟特语属于印欧语系伊朗语族，是粟特地区之人所操的语言。今乌兹别克斯坦境内的撒马尔罕（Samarkand）是粟特人当年的文化活动中心。[4]撒马尔罕出土的实物考古资料虽多，文献资料却不如中国境内的敦煌吐鲁番等地[5]，国内内蒙古以及甘肃，也有粟特文献出土。本文中所讨论的粟特文《善恶因果经》写本，即出自国内敦煌藏经洞。

粟特人一开始并没有文字，他们使用的文字是阿拉米文（Aramaic）的变体。[6]阿拉米文是通用于公元前6世纪到公元前4世纪阿契美尼德王朝（Achaemenian Empire）的文字。[7]阿拉米字是一种辅音文字，在行文书写中不标明元音，从阿拉米文字衍生的粟特文同样也是辅音文字。信仰不同宗教的粟特人会选择不同的字体来书写宗教文献，生活在吐鲁番绿洲说粟特语的基督教徒，使用埃斯坦吉罗文字（Estranghelo）来书写他们大部分的宗教文献。[8]摩尼教徒所使用的摩尼文，则是叙利亚帕米拉（Palmyra）人使用的一种草体文字。[9]不过使用最广泛的还是粟特通用字（National script）[10]，通用字被

---

① 几乎没有任何变化。

② 写法一致，字母发音产生变化。

③ 满文中有两个t的原因在于，第一个t与阳性元音拼合，第二个t与阴性元音拼合。

④ Etienne De La Vassiere, *Sogdian Traders A History*, J. WARDER, tr. Brill, Leiden-Boston, 2005, p. 298.

⑤ Reck C., "The sogdian Buddhist Fragemnts of the Berlin Collections: A survey on the result of the Catalogue Work"，荣新江、罗丰《粟特人在中国：考古发现与出土文物的新印证》，第381—388页。

⑥ 黄振华《粟特文》，载中国民族古文字研究会《中国民族古文字》，天津：天津古籍出版社，1991年，第175页。

⑦ Sims-Williams N., "From Aramaic to Manchu: Prehistory, life and after life of the Sogdian script", p. 415.

⑧ L'Ubomir Novák, *Problem of Archaism and Innovation in the Eastern Iranian Languages*. Univerzita Karlova v Praze, 2013, p. 12.

⑨ Sims-Williams N., "From Aramaic to Manchu: Prehistory, life and after life of the Sogdian script", p. 414.

⑩ Sims-Williams N., "From Aramaic to Manchu: Prehistory, life and after life of the Sogdian script", p. 415.

信仰各种宗教的粟特人广泛应用于文学、宗教、医学等各个领域。

如果从时间的角度去梳理粟特通用字，则有三种类型的字体。第一种是敦煌以西出土的粟特文古信札中使用的字体，这种字体属于非草体的一种，字母之间有着清楚的区别且大部分彼此不连写，被认为是最古老的粟特体。辛姆斯 - 威廉姆斯把信札中的字体称为粟特文古体（Archaic 或者 early Sogdian）。第二种是佛教经典中所用字体，被称为粟特文正体（formal），出现在 5 世纪左右。① 正体中，字母之间开始连写，这导致了部分字母之间的字形区别消失。比如在粟特文《善恶因果经》中的字母 z 和 n，在句中的表现形式几乎没有任何差别（参前字母表）。第三种是粟特文草体（cursive），于 7—8 世纪间定型。② 这种字体广泛应用于世俗文书和碑铭文献材料中，还有少部分 8—10 世纪的摩尼教文献也使用草体粟特文。值得一提的是，回鹘文里继承的粟特字母，正是肇始于斯。

2. 在粟特文基础上发展而来的回鹘文

粟特人所长期活跃的河中地区，以及后来的西域、河西走廊一带，一直是中原文化、波斯文化、印度文化、希腊文化等多元文化荟萃之地。回鹘人借助粟特人善于经商的才能以及长期从事丝绸贸易的经历，与中亚各国不断产生联系。回鹘文，或者说生活在中国古代新疆地区的突厥人使用的文字，一开始与粟特文没有区别。根据日本学者吉田丰的观点③，这是因为给回鹘人带来书写技术的正是突厥化的粟特人，至少是突厥 - 粟特的双语粟特人。他们生活并融入古代突厥人的世界并且用粟特文来书写宗教与世俗文献。在他们的带动下，回鹘人开始自觉使用粟特文。换言之，回鹘人选用粟特文书写自己的语言，并不是刻意的行动而是水到渠成的结果。

无论吉田丰的论断是否正确，粟特人与回鹘人关系极为紧密却是不争的事实。在我国史书记载中，中原人同回鹘人的第一次成功接触就有赖于一位来自安国的粟特人，粟特人的语言优势让他们在丝路沿线畅通无阻：

> 太祖遣酒泉胡安诺槃陀使焉。其国皆相庆曰："今大国使至，我国将兴也。"④

粟特人与突厥人通婚的情况屡见不鲜。比如安禄山曾自言：

> 我父是胡，母是突厥女。⑤

在长期的密切交往中，粟特人跟回鹘人开始变得不分彼此。这一过程，类似于粟特人融入在华生活的过程。⑥ 在二者的密切交往中，佛教粟特文、摩尼教粟特文以及基督教粟特文这三种文字都曾被

① Sims-Williams N., "From Aramaic to Manchu: Prehistory, life and after life of the Sogdian script", p. 415.

② Sims-Williams N., "From Aramaic to Manchu: Prehistory, life and after life of the Sogdian script", pp. 415, 417.

③ Yoshida Y. Turco-sogdian Features, Sundermann W., *Exegisti Monumenta: Festschrift in Honor of Nocolas Sims-Williams*. Wiesbaden: [s. n.], 2009, pp. 571-585.

④《周书》，北京：中华书局，1971 年，第 908 页。

⑤ 姚汝能《安禄山事迹》，上海：上海古籍出版社，1986 年，第 71—82 页。

⑥ 荣新江《中古中国与粟特文明》，北京：生活·读书·新知三联书店，2014 年，第 143—145、159 页。

信仰不同宗教的回鹘人分别接纳和使用。佛教粟特文在回鹘人中只被用来书写佛教文献。① 而摩尼教粟特文和基督教粟特文，二者合并在回鹘文中，准确地说，应该是活跃在中国西北的古代突厥人所使用的文字中，被称为回鹘体的一种文字书写方式。②

西方研究古代突厥语的学者冯·加班（A. von Gabain）的著作《古代突厥语语法》（*Alttürkische Grammatik*），至今仍然是研究回鹘语的学人绕不开的重要参考。在书中，冯·加班将古代突厥人使用过的字体分为四种，分别是突厥文鲁尼体（die türkische Runenschrift）、突厥文回鹘体（die uigurische Schrift）、突厥文粟特体（die sogdische Schrift）以及突厥文婆罗迷体（die Brāhmī-Schrift）。③ 在生活于中国古代新疆的古代突厥人中，被最广泛接受和使用的是回鹘体。回鹘体是在粟特体的基础上改进而成，比如通过加点的方式，回鹘体区分了字母 q、x、γ，q 在左前方加两点表示，x 在左前方加一点表示，而 γ 则不加点。回鹘体在表示 n 的字符左边加了一点，在表示 s 的字符右边加了两点以表示 š，来区分两个字母。④

我国回鹘文研究领域，冯家昇、耿世民先生等先驱们珠玉在前，回鹘文青年学者杨富学等继轨在后⑤，在回鹘文领域积累了大量研究成果。然而具体涉及回鹘文字的专著和论文却并不多见。李经纬《回鹘文的字形与字体》一文对回鹘文的字母进行了较为全面的分析和解读，他将回鹘文字体分为楷书（写经体）、草书、木刻体和模拟体四类。⑥

3. 老蒙古文以回鹘文为蓝本

本文中所说的老蒙古文，相对于今蒙古国使用西里尔（Cyrillic）字母拼写的新蒙古文，指的是回鹘式蒙古文。收录在《中国民族古文字图录》中道布的《回鹘式蒙古文》，对回鹘式蒙古文的创制发展，以及回鹘式蒙古文文献作了详细的介绍。⑦

史书中，最早介绍老蒙古文来源的是《元史·塔塔统阿传》。根据列传记载，1204 年，蒙古贵族正式用回鹘文为“国书”：

> 以畏兀字书国言。⑧

“畏兀”文字即回鹘文。回鹘式蒙古文在使用之初，目的是用回鹘文字母来拼写蒙古语，是一种纯粹的“借来”行为或者说“拿来”行为。回鹘式蒙古文拼写法基本上沿用回鹘文的规则。不但字母

---

① Hambis L., *Grammaire de la langue mongole écrite*. p. 28.

② A. von Gabain., *Alttürkische Grammatik*. p. 15.

③ A. von Gabain., *Alttürkische Grammatik*. pp. 7-12.

④ A. von Gabain., *Alttürkische Grammatik*. pp. 16-17.

⑤ 杨富学《回鹘文源流考辨》,《西域研究》2003 年第 3 期，第 70—77 页。

⑥ 李经纬《回鹘文的字形与字体》,《喀什师范学院学报》1988 年第 4 期，第 49—64 页。

⑦ 其余比如匈牙利学者卡拉·捷尔吉的专著《蒙古人的文字与古籍》以及海西希的《蒙古文文献及其古体字》、包力高和道尔基的《蒙古文字发展概述》和贾晞儒的《蒙古文字的演变及其改革》三篇论文，均曾系统论述过蒙古文字的发生发展史，介绍了蒙古族人民用作书写的载体和工具，简单评论了具体文献中古体字以及蒙古族在历史上使用过的多种文字及其优缺点。

⑧《元史·塔塔统阿传》，北京：中华书局，1976 年。

在不同位置的变体基本一致，就连行款、程式等等也都一样。[①] 包力高和道尔基对回鹘文字母表和早期回鹘体蒙古文字母表进行了对比研究[②]，发现初期回鹘体蒙古文只是在个别字母读音和书写形式上对回鹘文进行了一些细微的改动。根据现存回鹘式蒙古文文献看来，回鹘式蒙古文最突出的特点是 a、n、ng、d、g 等字母词尾形式末笔笔画是向下直写的竖笔，因此被称为“立式字尾蒙古文”或“竖式字尾蒙古文”[③]，其运笔与书写方式同粟特文《善恶因果经》中的 h 别无二致。

老蒙古文的产生和使用，承继于回鹘体回鹘文，并在字母连接方面，对回鹘文进行了一些改进。[④] 不过老蒙古文依旧是“形不对音”，也就是眼睛看到的文字，不能准确地对应到它的发音。比如说写作 humun（人）的蒙古文词，发音却是 hūn。而且在元音区分上，对于蒙古文的 na/ne、ba/be、wa/we 等，只能见一个词就记住一个词的发音，以记忆来区别 na/ne 等。碍于 *nabi 与 *nebi、*wabi 与 *webi（如果真的存在这些词）的书写形式完全一致，单纯从写法上，人们并不能将其区分开来。拼写蒙古文的长元音需要记住很多繁复的规则，蒙古语母语者固然可以通过长年累月的积累掌握老蒙古文正字法并且信手拈来地应用，但对于将蒙古语作为第二语言来学习和使用的人来说，蒙古文正字法就成了学习和使用老蒙古文过程中的障碍。无怪乎母语不是蒙古语，却尝试使用蒙古文来书写自己民族语言的满族人要另外对它实行改造。

4. 满文在蒙古文的基础上改制创新

满语在清代也称清语，它属于阿尔泰语系满 - 通古斯语族满语支。[⑤]16 世纪末，建州女真人的首领努尔哈赤统一了女真各部。女真社会的经济文化有了很大的发展，统治者认为用蒙古文字已不能适应本族的政治、文化发展需要，于是着手创制满文。努尔哈赤本人精通女真、蒙古、汉三种语言。万历二十七年（1599），努尔哈赤敕命额尔德尼、噶盖二人创制满文[⑥]，此时的满文也被叫作老满文。然而，老满文的影响力并没有迅速扩大。据《清太祖武皇帝实录》记载：“时满洲未有文字，文移往来，必须习蒙古书，译蒙古语通之。”[⑦] 在满文创制 20 年后，蒙古文的影响，仍无减弱。天命四年（1619），朝鲜人李民寏在《建州闻见录》中称：“胡中只知蒙书，凡文簿，皆以蒙字记之，若通书我国时，则先以蒙字起草，后华人译之。”[⑧] 达海在老满文的基础上，对满文书写方式进行了革新。改进后的满文即“加圈点满文”，亦即新满文。[⑨] 本文中所说的满文，并非额尔德尼与噶盖创制的“无圈点”老满文，而是达海改进之后的新满文。从蒙古文到满文，或者说满文对老蒙古文最大的改造，就在于充分使用符号“点”和“圈”来区分老蒙古文里读音相同却写法一致的不同音节，并且改变了长元音的书写方式。

---

① 包力高、道尔基《蒙古文字发展概述》,《内蒙古社会科学》1984 年第 3 期，第 62 页。

② 包力高、道尔基《蒙古文字发展概述》，第 63 页。

③ 李琴《粟特回鹘系文字发展史略》，中央民族大学 2016 年硕士学位论文，第 50 页。

④ 包力高、道尔基《蒙古文字发展概述》，第 63—65 页。

⑤ 我国作为满族和满语的发祥地，得天独厚的优势使得满学研究成果颇为丰硕，尤其在满文的创制与发展上，国内学者有着极大的发言权。周澍田和王明志的《论满族语言文字的演变》、赵志强的《老满文研究》、庆丰的《满文》，于鹏翔的专著《满文形体学原理》及其相关论著，都对满文从形体学上进行了分析。

⑥ 爱新觉罗・乌拉熙春《满语语法》，呼和浩特：内蒙古人民出版社，1983 年，第 86 页。

⑦ 李民寏校释《栅中日录校释、建州闻见录校释》，沈阳：辽宁大学历史系，1978 年，第 72 页。

⑧ 李民寏校释《栅中日录校释、建州闻见录校释》，第 63 页。

⑨ 按：季永海先生在《满语语法》一书中使用的“加圈点满文”这个说法并不完全准确，因为在满文创制之前，老蒙古文和回鹘文就已经开始用“符号点”来区分辅音了。准确的说法应当是“加圈增点”。

从粟特文到回鹘文再到老蒙古文和满文，满文的创制者给这一谱系的文字赋予了最彻底的变化。他们创新了长元音的表达方式，彻底明确了全部元音和辅音：满文通过符号“圈”“点”的添加与增加，使得每一个字母都能精确记音，实现文字的“所写即所读”。满文之所以能做出如此巨大的改变，有一重要原因就是创制者们看到了这套文字的改进趋势——像回鹘人一样加点并且丰富元音在书写中的形式表现。

辛姆斯 - 威廉姆斯曾作文解释粟特文从阿拉米文字而来①，并影响了回鹘文。然而辛姆斯 - 威廉姆斯却止步于此，没有继续讨论在从蒙古文到满文的革新过程中粟特文和回鹘文所扮演的角色。笔者将为辛姆斯 - 威廉姆斯一文做补充，详细论述满文中“符号点”所发挥的明辨辅音以及区分元音的作用。充分使用“符号点”去区分每一个辅音和元音的满文，实现了粟特文这一系文字的“所写即所读”。

五、粟特文的今生——兼论满文中“点”的由来和使用

满语属于阿尔泰语系“满 - 通古斯”语族，“元音和谐”是阿尔泰语系最大的特点。满语的元音有六个，分别是 a\e\i\o\u\ū，其中阳性元音为 a\o\ū，阴性元音②e，i\u 为中性元音。所谓的元音和谐即指一是同性元音相和谐，比如男人 haha、女人 hehe；二是阳性、阴性元音分别同中性元音相和谐，比如花朵 ilha、尖端 dube。但是极少数的情况下，一个词中也会同时出现由阳性元音和阴性元音分别构成的音节，比如小 ajige、阿哥 age。在达海创制的新满文字法中，“符号点”不仅可以像在蒙古文中一样区别辅音，也可以将阴性元音 e 与阳性元音 a 区分开来，中性元音 u 与阳性元音 o 区分开来。虽然阴性元音 e 与阳性元音 a，中性元音 u 与阳性元音 o 在写法上只有右边“‘一点’之差”，但就是这一个“符号点”的存在，帮助满文成为记音精准的文字，实现了满文的“所写即所读”，解决了老蒙古文中 a/e、u/o 两对元音在书写中“同形异音”的情况。

从“点”没有被明确和统一使用过的粟特文到固定了“点”的作用的回鹘文与老蒙古文，最后到满文，字母与发音之间对应关系的模糊性被不断削弱，字母表音的能力越来越强。从无到有，从粟特文到满文，“符号点”明辨字母的作用一目了然。从这个角度出发，满文是粟特文这一系字母的最终成熟形式。

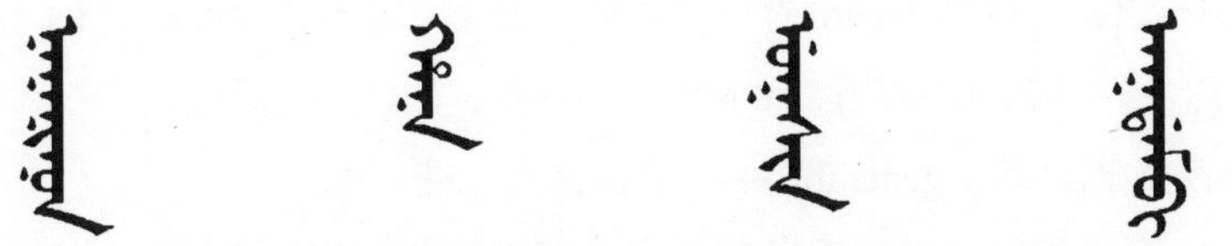

图 2　点在词汇的左边，用以区分辅音
（从左而右依次读为 nananinon、hana、uksin、akdambi）

1.“点”在词汇的左边

指示辅音 n 的词头、词中、词尾（特殊）形式，以及辅音 k 在词中且下无元音的情况。

左边一个“点”，以“n”开头的单词：

na ᠨᠠ，名词，大地。但是当词中的 n 下无元音或 n 落尾时，左边的“点”要消失，比如

① Sims-Williams N.,“From Aramaic to Manchu: Prehistory, life and after life of the Sogdian script”, p. 414.

② 季永海《满语语法》，北京：民族出版社，1986 年，第 86 页。

banjibumbi 使生长[1]、nahan 炕、anagan 等。

其他元音与 n 拼读，书写规则同 na，见表 3：

表 3　n 的单独书写形式

na	ne	ni	no	nu	nū

左边两个“点”：

当辅音 k 位于词中且下无元音，或在词末其上面元音又恰好是 a\e\o\u 时，比如：

akdambi ，动词，信赖；teksin ，形容词，平整的；okto ，名词，药。

图 3　点在词汇右边，用以区分送气辅音和不送气辅音
（从左向右依次读为 katarambi、gatarambi、tatarambi、datarambi）

当把字母 n 上的一小“点”，放入“粟特文—满文”的演变历史中，就会发现它的趣味性和创造性所在。邦维妮斯特在《粟特语研究》中曾论述过 n/a 常难以区分一事，认为 n 与 a 之间难以区别不仅给识读造成了巨大困难，还间接影响到了对词源的探索。回鹘文和老蒙古文字法实现了对 n\a 的准确区别，但二者却用一个形式表示 na\ne 两个读音。用“点”区分阴性元音和阳性元音，是满族人民的创造。

2.“点”位于词汇的右半部分

位于词汇右边的“符号点”既可以明辨辅音也可以明辨元音。明辨辅音，主要体现在它能区分辅音是否送气；明辨元音，主要体现在它能精准区分写法相近的 a\e、o\u。

“点”在词汇的右边，可以具体表示所在辅音是否送气。比如小舌音音节 ka 与 ga：

kabangga ，形容词，成对的；gakarambi ，动词，张开嘴。

kengse ，副词，断然地；genembi ，动词，去、往。

这里的“点”区别送气辅音 k 与不送气辅音 g 而不区分元音。由阳性元音 a 构成的音节 ka\ga，与由阴性元音 e 构成的音节 ke\ge 的区别体现在写法的不同上。此理同样适用于 ko\go 与 ku\gu。加在右边的“点”只指示辅音是否送气而不区分元音 o\u，ko\go 写作“方帽子”，ku\gu 写作“圆帽子”。这个变化过程对于由舌尖中音 t\d 构成的音节 ta\da、te\de 一样适用。

“点”在单词右边，用以区分元音：

比如在 a\e、o\u 之间。“点”使元音的阴阳中性在词中表现得更为显扬，元音和谐表现得更加明显。在满文书写中，对于元音阴阳性的区分有两种方式：第一种需要依靠“符号点”的添加，第二种

① 满语是从左向右，从上到下来阅读的，之所以这里的满文词汇产生了逆时针旋转，在于文章里采用的是水平排版模式。

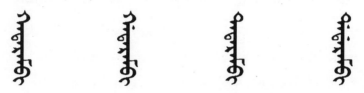

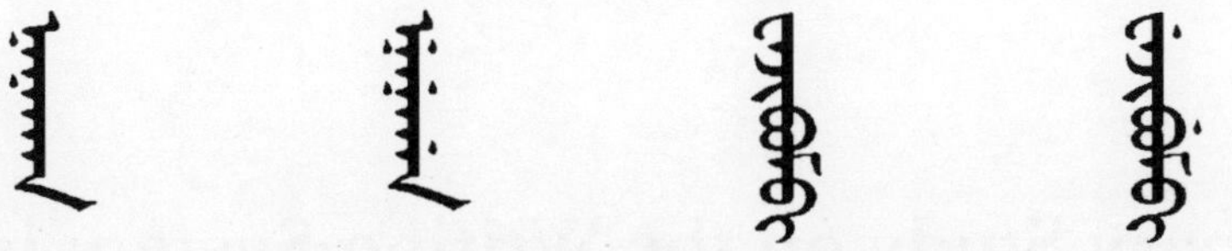

图 4　点在词汇右边，用以区分 a/e，o/u
（从左向右依次为 nanakan、nenegan、wajibombi、wejibumbi）

要依靠满文字母的字形变化，比如 ka/ke。当词形一致时，通过“符号点”的不同添加方式，元音的阴阳中性能得以区分。这就解决了老蒙古文词汇中“同形异音”的问题。

综上所述，从粟特文到满文，从“点”的出现到明辨字母作用的最终确立，经历了相当长的时间。从回鹘文到蒙古文，“点”都只是区分辅音而不具备区别元音的功能，满文中，“点”在词汇左边可以标明辅音 n、k，在右面可以区分辅音是否送气，以及区分阴性元音和阳性元音。满文解决了存在于粟特文、回鹘文、老蒙古文字母中“同形异音”的表达缺陷，终于实现了粟特文这一系字母的“所写即所读”。

六、结语

前文通过分析粟特文《善恶因果经》写本中粟特字母书写形式，制作出完整的字母表，可供今后对读之用。这份字母表仅仅是根据《善恶因果经》一个写本制作，此经文中的字母与摩尼教粟特字母、基督教粟特字母有什么区别，甚至与其他佛教粟特写本中的字母之异同，还有待进一步梳理。

在分析字母书写形式的基础上，笔者将具有相似发音的粟特、回鹘、老蒙古文和满文字头列表对比，以直观展示四者之间的承继源流：粟特文直接促成了回鹘文的出现，回鹘文为老蒙古文之渊薮，而满文的创制又以老蒙古文为依托。

通过对满文中“符号点”之来源和作用的梳理可以发现，从粟特文经回鹘文、蒙古文最终到满文，“符号点”从无到有，从区分辅音到兼区分元音，它令粟特文一系的书写符号系统从表音模糊最终演化为“所写即所读”的精确记音体系。

A Preliminary Study on the Writing System in the Sūtra of the Causes and Effects of Actions in Sogdian

Yang Fan (Peking University)

Abstract: This paper focuses on the writing system in the *Sūtra of the Causes and Effects of Actions* in Sogdian.

The author briefly reviews the research history of this Sūtra at the beginning, and introduces its significance and the approach of this paper.

Then the author mainly deals with the complete set of the alphabet of the Sogdian letters in the Sūtra on the account of their writing forms in the initial, internal and final position. Besides, through the compilation and simple comparison among the initial forms of some specific Sogdian, ancient Uighur, old Mongolian and Manchu letters, the author displays directly the relationship among the writing system of them. The Sogdian writing system contributes to the appearance of the ancient Uighur, which is the proto-origin of the old Mongolian writing system, which inspires the creation of the Manchu script. In addition, by sorting out the sources and the functions of the "symbolic dot" in the Manchu script, this paper complements the dissertation composed by professor Sims-Williams which discussed the appearance and the effects of the Sogdian script.

Keywords: the *Sūtra of the Causes and Effects of Actions* in Sogdian, Manchu, Buddhist Sogdian grammar

中国与南亚之间的丝绸之路

——以唐代取经僧人的记录为中心

孟宪实（中国人民大学）

摘　要：丝绸之路开辟之后，佛教僧人前往中国传教，中国僧人也纷纷出国取经，构成了丝绸之路的特别景观。中国僧人只有因为佛教才远赴他国，佛教成了吸引中国僧人的唯一原因。由此，也凸显了中印交往的特殊性，中国与其他国家的交往都远不如与印度，印度成为中国与外界交往最为深入的地区。僧人的西域求法记录，是当时丝绸之路留下来的珍贵文献，成为我们今天研究丝绸之路非常重要的原始资料。前往印度的中国僧人，除了瞻仰圣迹之外，服务于当时的中国，是求法僧人的主要目的。经过求法僧人的努力，中国一改以往被动接受佛教的局面，僧人主动前往中国，为佛教中国化做出很重要的贡献。

关键词：丝绸之路；佛教；僧人；中印交往；求法记录；佛教中国化

丝绸之路是贯穿欧亚大陆的交通孔道，在前近代发挥着联络世界、沟通文化、传递文明成果的重大作用。当时中国与世界的联系，几乎都是通过丝绸之路（陆上、海上）完成的。中国的文明成果（如四大发明等）与世界分享，中国接受来自域外的文明结晶，在促进文化发展、世界文明交融方面，丝绸之路做出了主要贡献。

一、中国与印度关系的特殊性

在古代世界的重要文明体系中，如果从其他文明体的视角来看，中国最为遥远，与中国的联系也最为薄弱。如果以中国代表东亚，印度代表南亚次大陆，剩下的就是北非和西亚，以及地中海北岸的古希腊、古罗马。如果从西方的视角，北非、西亚和地中海北岸都是环地中海地区，历史上也以这个地区的联系最为密切。因为在苏伊士运河开凿之前，北非与西亚的联系并不困难。所以若环地中海可以看作一个更大的文明区域，则南亚次大陆与东亚就成为相对遥远的文明所在。

从地中海东岸的两河流域向东，毗邻地区就是伊朗高原，波斯帝国兴起之后，两个地区的联系加强。不仅如此，因为伊朗高原与中亚的联系，中亚与南亚次大陆的联系并不困难，所以波斯帝国的征服不仅有向西的方向，也有向东的方向，最后波斯帝国的御道直接修建至印度河流域。通过伊朗的居中联络，地中海地区与印度的联系建立起来。有关印度古史，传说中还有更早的雅利安入侵。此后，印度遭受的最著名的入侵来自亚历山大（前 327—前 325 年），以及后来的塞琉古一世（前 305 年左右）等。军事征服和战争的范围，与文化交流的范围通常是一致的，印度遭受征服的历史证明印度与地中海区域有着比较紧密的关系。

在印度与地中海地区往来频繁的时候，不论是地中海周边的文明体还是印度，对于更东方的中国都所知甚少。印度用“支那”称呼中国，这个习惯在亚历山大东征印度的时候已然存在，所以学者推测中印之间的往来和了解，在此之前应已存在。[①]这种推论，与张骞见到筇竹杖推测中印的往来存在是一样的。现在，考古学界越来越多的资料证明，前张骞时代中国与西域的联系是普遍的，交通路线的存在也是理所当然的。但是，在亚历山大东征的时代，地中海周边的人们不知道有中国的存在，这是一个基本状况。对于中国，直到罗马帝国时代，西方才有了相对准确的知识。

张骞出使西域，作为世界联络大动脉的丝绸之路完成开辟，中国与世界的联系终于建立[②]，从此，因为丝绸之路的功能，世界具有了整体意义。丝绸之路开辟之后，一方面，中国与世界的联系加强，交流程度不断加深。另一方面，中国与当时世界各个地区的联系并不平衡。受地理因素的影响，交通便利的区域之间联系更密切，而相对于西亚、欧洲，与中国联系更为密切的是南亚地区。对此，唐人的认识已经很清晰，杜佑在《通典·海南序略》中写道：

> 海南诸国，汉时通焉。大抵在交州南及西南，居大海中洲上，相去或三五千里，远者二三万里。乘舶举帆，道里不可详知。外国诸书虽言里数，又非定实也。其西与诸胡国接。元鼎中，遣伏波将军路博德开百越，置日南郡。其徼外诸国，自武帝以来皆献见。后汉桓帝时，大秦、天竺皆由此道遣使贡献。及吴孙权，遣宣化从事朱应、中郎康泰使诸国，其所经及传闻，则有百数十国，因立记传。晋代通中国者盖尠。及宋齐，至者有十余国。自梁武、隋炀，诸国使至逾于前代。大唐贞观以后，声教远被，自古未通者重译而至，又多于梁、隋焉。[③]

《通典》的记述，与丝绸之路的发展相呼应，从汉代开始交通南海，到唐朝达到前所未有的巅峰状态。《通典》自注所述的时间界限：“本初纂录，止于天宝之末，其有要须议论者，亦便及以后之事。”[④]《通典》所记述的历史可以看作是盛唐以前的资料，也能反映盛唐时期的中国认识。从中我们不难看出，在唐代的史家眼中，中国对于南海世界的了解，明显是一个渐进的过程，而距离远近与熟悉程度成正比，越近越熟悉，越远越陌生。这种基本情形，不仅南海，西域也莫不如此。

西域，作为陆上丝绸之路的主要方向，在中国的地理知识中，也是越近越熟悉。大体而言，对于新疆（狭义的西域）最为熟悉，比较熟悉的是中亚，然后是波斯、阿拉伯，第四层次的是西亚、小亚细亚（东罗马、土耳其），最后是希腊、罗马等欧洲区域。在中国的文献中，印度属于西域地区，与中亚毗邻，事实上印度的西北部确实与中亚连为一体。就中古中国对域外的熟悉程度而言，印度的状况大约

---

① 方豪《中西交通史》，长沙：岳麓书社，1987年重印，第120页。

② 张骞出使西域之前，中西方的联系已然存在，但是这不足以降低张骞出使的意义。张骞的“凿空”意义依然存在，因为中国文明的最高级代表，只能是中国政府。张骞开辟中国与丝绸之路的联系，代表中国参与到世界一体化进程，缺少中国的丝绸之路，不具有世界意义。

③ 杜佑著，王文锦、王永兴、刘俊文、许庭云、谢方点校《通典》卷一八八《边防四》，北京：中华书局，1988年，第5088页。

④ 《通典》卷一，第1页。

与中亚相似，确实是中国比较熟悉的国度。熟悉度决定于来往的密切度。张骞出使西域，其实仅仅到达了中亚，波斯、天竺都是听说的对象，但随后中国寻找通往印度的道路，表现极大的热情和积极性。据《通典》的记载，天竺通中国是在东汉时期，“桓帝延熹二年（159）、四年，频从日南徼外来献”。①

唐朝是丝绸之路的繁荣时期，中国与中亚、波斯、大食都有直接频繁的往来，或者利用陆路，或者利用海路，都是促进丝路繁荣的活动。唐高宗显庆三年（658），唐朝平定了西突厥阿史那贺鲁的叛乱，中亚地区纳入中国的控制地区。唐朝特别派出使者在中亚设置州县。《唐会要》载：

> 龙朔元年六月十七日，吐火罗道置州县使王名远进《西域图记》，并请于阗以西，波斯以东十六国，分置都督府，及州八十、县一百一十、军府一百二十六，仍以吐火罗国立碑，以记圣德。诏从之。②

王名远的使名为“吐火罗道置州县使”，据《通鉴》所载，吐火罗不过是一道而已，当时同类情况有十六国，置都督府、州县等，都隶属于安西都护府。③《唐会要》另一处记载为“西域既平，遣使分往康国及吐火罗国，访其风俗物产，及古今废置，尽图以进，因令史官撰《西域图志》六十卷”。④

有使者前往，有专门的图书记载，中国对于中亚的了解自然比较清楚。对于南亚次大陆，印度当时并不是一个统一的国家，中国与印度的联系，其实要划分为许多地区。《通典》记载说，隋炀帝经营西域，广召各国，但因天竺未来而深以为恨。唐太宗贞观十五年（641），印度遣使至中国，贞观二十二年，王玄策出使印度，是对天竺的回访。⑤对于印度情况多样的各地，唐朝的了解显然也有一个过程。比如，《册府元龟》在唐高宗显庆三年，留下这样一段记载，其文为：

> 三年八月，千私弗国王法陀拔底、舍利君国王失利提婆、摩腊王施婆罗地多，并遣使朝贡。三国并南天竺属也，国皆绝远，未尝与中国通，至是泛海累月方达交州，并献其方物。⑥

当中国已经与天竺互派使者的时候，南天竺才第一次派使与中国交往。可见，南亚次大陆各地与中国的交往并不平衡。

不管怎样，综合比较，中国与印度的交通依然是最发达的。如何做出这个判断呢？在国家层面的交往中，使者的往来当然最具代表性。民间的交往，以商业贸易交往最有意义。就此而言，所有的国家与中国交通，都有相似性，人员物资，有来有往。但是，只有南亚次大陆（或者称印度）情况特殊，中印之间因为佛教而显现特别之处。当时印度和部分中亚地区都流行佛教，佛教僧人前往中国传教，代有其人。中国僧人也纷纷前往印度及中亚地区取经，构成了丝绸之路的特别景观。必须申明的是，中国僧

---

① 《通典》卷一九三《边防九·西戎五》，第5261页。
② 《唐会要》卷七三《安西都护府》，上海：上海古籍出版社，1991年，第1568页。
③ 《资治通鉴》卷二〇〇，北京：中华书局，1956年，第6324—6325页。
④ 《唐会要》卷七三《安西都护府》，第1567—1568页。
⑤ 《通典》卷一九三《边防九·西戎五·天竺》，第5262页。有关王玄策事迹，《旧唐书》《新唐书》和《资治通鉴》等都有清晰的记载。相关研究参见孙修身《王玄策事迹钩沉》，乌鲁木齐：新疆人民出版社，1998年。
⑥ 《册府元龟》卷九七〇《外臣部·朝贡第三》，南京：凤凰出版社，2006年，第11232页。

人只有因为佛教才远赴他国，佛教成了吸引中国僧人的唯一原因。由此，也凸显了中印交往的特殊性，中国与其他国家的交往都远不如与印度的关系密切，南亚成了中国与外界交往最为深入的地区。

二、求法僧人行记概况

中国有记录的西域求法僧人，第一位是三国时代的朱士行。朱士行，颍川人，魏嘉平二年（250）在洛阳白马寺受戒。260年，他从雍州出发到达于阗国，获得大乘经典《大品般若》，他抄写了梵文本，派弟子送回中原，自己留住于阗，直至去世。朱士行是有记载的第一位出家的中原僧人，也是第一位赴西域取经的中原僧人。虽然于阗不是南亚天竺，但却开了西域取经的先河。朱士行没有留下行记，他的事迹主要记载在佛教文献中，释慧皎《高僧传》卷四记载清晰，而慧皎的资料来源是朱士行的弟子法益，朱士行在于阗"散形"之后，法益回到中原。①

真正赴南亚取法成功，并留下清晰记录的是法显。399年，65岁的法显从长安出发，经陆路到达南亚，遍历北、西、中、东天竺，并在师子国居住两年，最后在东晋义熙八年（412）七月回到中国，而他归国之路正是海上丝绸之路。法显西域求法是有同伴的，除了慧景、道整、慧应、慧嵬之外，在河西还遇到智严、慧简、僧绍、宝云、僧景等人，这些人有的到达印度，有的半路牺牲，有的留在印度，有的最终回到中国。②可见当时佛教中人往西域求法已经蔚然成风。

法显在南亚停留13年，不仅带回大量的佛经，尤其是佛教戒律，也写下了《佛国记》这部行记，是中国僧人第一部西域求法的行记。《佛国记》，又称《法显传》《释法显行传》，又名《历游天竺记》《历游天竺记传》《昔道人法显从长安行西至天竺传》等，虽然只有一万多字，却是僧人西域求法的第一部行记，对于印度次大陆和丝绸之路的记录，都是弥足珍贵的。③

比较而言，唐朝是西域求法的高峰时期，留下来的行记也更多更知名。

玄奘《大唐西域记》。玄奘在唐太宗贞观元年（627）开始西域求法的行程，贞观十八年返回于阗。玄奘接受唐太宗的要求，把自己的行程写成《大唐西域记》12卷，成为当时记载西域史地的权威性著作。玄奘在向唐太宗的《进〈西域记〉表》中说："所闻所见，百有卅八国"，而中亚南亚地区缺少同时期的历史记录，于是《大唐西域记》便成为研究南亚各国历史、地理、政治、经济、宗教的珍贵史料。玄奘从陆路前往南亚，经过中亚许多重要国家和地区，在印度也多所游历，故《大唐西域记》也是丝路名著。④与《大唐西域记》并存的一部玄奘个人传记《大慈恩寺三藏法师传》，其中的前五卷也是记录西域求法经历的。因为此书有许多玄奘提供的资料，可以看作是部分的自传。⑤两部书对读，可以更好地理解玄奘西行取经历程。⑥

玄奘之后，唐代西域求法僧人中，影响比较大的是义净。义净深受玄奘的影响，在唐高宗咸亨

① 释慧皎《高僧传》，汤用彤校注，北京：中华书局，1992年，第145—149页。

② 参见杨曾文《佛国记中求法僧考述》，杨曾文、温金玉、杨兵主编《东晋求法高僧法显和〈佛国记〉》，北京：宗教文化出版社，2010年，第146—155页。

③ 有关《佛国记》的版本，请参考章巽先生的《法显传校注》，北京：中华书局，2008年。

④ 玄奘著《大唐西域记校注》，季羡林等校注，北京：中华书局，1985年。

⑤ 慧立、彦悰著《大慈恩寺三藏法师传》，孙毓棠、谢方点校，北京：中华书局，2000年。

⑥ 章巽、芮传明《〈大唐西域记〉导读》（成都：巴蜀书社，1989年），充分利用《大慈恩寺三藏法师传》的资料理解、修正了今本《大唐西域记》的某些记载讹误。

二年（671）从广州乘坐波斯商船赴印度，在印度求学十几年。中途，义净在永昌元年（689）曾经返回中国广州，获得纸笔等材料后再赴印度，天授二年（691）派大律回到中国，把他的著述带回中国。武则天证圣元年（695），义净回到洛阳，来回皆从海路。义净在自己还没有回来的时候，先把自己写的《南海寄归内法传》四卷寄回中国。这部书重点是写印度寺院的管理制度，希望以此改良中国的寺院管理状况。①

义净的另外一部著作对于我们的主题更有价值，即《大唐西域求法高僧传》。义净在印度各地游历的时候，遇到过许多同来印度求法的唐朝高僧，也听说过一些唐朝高僧的故事，于是有了这部著作。书中记述了唐初以来五六十位到过印度的僧人事迹，尤其能够反映丝绸之路当时的盛况。②这些唐朝僧人前往印度的往来路线，都在丝绸之路的框架之内，是我们理解当时丝绸之路的重要资料，包括陆上丝绸之路和海上丝绸之路相关转换使用的情况，都能为我们的研究提供最为珍贵、真切的资料。

除了传世的文献之外，也有另外惊喜。敦煌藏经洞中发现的 P. 3532 号文书，经过伯希和、罗振玉的研究，确定为《慧超往五天竺国传》。慧超是新罗人，早年资料不详，大约生于武则天时代，开元七年（719）在广州出家，四年之后即前往天竺巡礼，开元十五年（727）回到长安。因为敦煌残卷首尾不全，他的往来路线也不清晰，学者根据文中记述，基本认定他是循海路前往，从他的行记顺序，知道他先在东天竺巡礼，然后经过中天竺、南天竺、西天竺和北天竺诸国，最后辗转中亚，可以肯定是从陆路返回中国。③

与众多的文献记载一样，唐朝僧人西域取经的资料，更多湮没在历史的风尘之中。季羡林先生曾经列过一个简表，说明很多僧人的记录都消失了，如释道安《西域志》，支僧载《外国事》，智猛《游行外国传》，释昙景《外国传》，竺法维《佛国记》，释法盛《历国传》，竺枝《扶南记》，惠生《惠生行传》等。④其中，只有《惠生行传》的部分文字保留在《洛阳伽蓝记》中，其他皆不复存在。所以，至今尚存的僧人行记资料，因为是汉文记载的大宗，其史学价值，不管是证明当时的南亚历史，还是之于丝绸之路研究，都是无可替代的。⑤

僧人的西域求法记录，是当时丝绸之路留下来的珍贵文献。与使者代表的国家层面不同，僧人的记录不仅关涉国家、地理、历史和风土人情，他们更重视当地的佛教情形。这样，不仅为印度记录了属于他们的宗教历史，也更具体地记录了丝绸之路的信息，成为我们今天研究丝绸之路非常重要的原始资料。

三、西域求法的意义

从中国出发的丝绸之路，最初是从陆路开始的，早期也是陆路发达。不论是张骞的丝路“凿空”，还是班超的丝路维护，西向加强国际联系是针对北方草原的匈奴势力，所以陆路成为丝路的主轴，而南海的利用价值有限。魏晋以后，佛教传入中国的力度加大，而传播的来源，不仅有来自南亚次大陆

① 义净著，王邦维校注《南海寄归内法传校注》，北京：中华书局，1995 年。

② 义净著，王邦维校注《大唐西域求法高僧传校注》，北京：中华书局，1988 年。

③ 慧超著，张毅笺释《往五天竺国传笺释》，北京：中华书局，2000 年。

④ 季羡林《玄奘与〈大唐西域记〉》,《大唐西域记校注》，北京：中华书局，1985 年，第 1—141 页。

⑤ 当然就学术研究而言，其他方面的资料也一样提供着历史信息，是研究过程中不可能忽视的，如王玄策的资料、正史的资料等。

的僧人，也有来自中亚的僧人，以中亚佛教而言，因为先行中国一步，所以进入中国的佛教，难免带着中亚的特色。而这一切，对于中国僧人求法而言，都是不能忽略的印象。所以，陆路受到中原的重视有其必然性。

正因为如此，第一个西域求法的僧人朱士行首先来到于阗国，不仅得到了大乘经典，他甚至留居于阗，并终老于此。从《法显传》所记载的内容来看，求法过程是不能省略的，沿途的佛教寺院都是拜访的对象，他们并没有把印度当作唯一目的地的想法。所以西域求法僧人的行进路线，不单单是路过，行进本身也有价值。僧人们尤其重视所到之处的佛教状况、当地政府的佛教政策等，当然还有政治、人文、地理的描述，虽然我们至今依然称作西域求法，但绝不可简单地理解为寻求佛经。根据《法显传》，在弗楼沙国，慧达、宝云、僧景三人“遂还秦土”①，即归国，而其他人继续前进。对于慧达等三人而言，他们到此就完成了求法任务，并非必到印度不可。

僧人行路的条件，不仅取决于道路的自然状况，也受制于各地的政治形势。法显与伙伴在敦煌坐夏之后，分头出发。法显等五人“随使先发”。这个使者，应该是敦煌太守李暠派往西域的。因为法显在敦煌坐夏，也是李暠资助的，随使上路也应该属于李暠供给的内容。②行路需要费用，这是任何人的必需，能够获得资助，自然很重要。在焉耆，因为当地人“不修礼义，遇客甚薄，智严、慧简、慧嵬遂返向高昌，欲求行资”。而法显“得苻行堂公孙经理”③，即获得有很高地位的苻姓公孙资助，就没有出现智严等人的问题。

玄奘也是从陆路前往西域，在伊吾意外获得高昌王麴文泰的盛情邀请，于是前往高昌国，并获得高昌王的大力支持，在行资方面有了根本保障。《大慈恩寺三藏法师传》详细记载了高昌王所给予玄奘的人力、物力支持：“四沙弥以充给侍。制法服三十具。以西土多寒，又造面衣、手衣、靴、袜等各数事。黄金一百两，银钱三万，绫及绢等五百匹，充法师往返二十年所用之资。给马三十匹，手力二十五人。”④往返二十年所用之资，玄奘一次获得，从此不必在这个问题上再费周折，后来的求法顺利也与此不无关系。⑤

如果比较玄奘与法显的行进路线，我们会发现玄奘所行之路，比法显明显更远。法显虽然行路较近，但却更加危险。从中国前往南亚，就魏晋隋唐时期的历史资料所显示的情况看，陆路交通大约有三条主干线，即葱岭路、中亚路和吐蕃路。葱岭路，法显所行，也是玄奘归来的路线。中亚路，玄奘所行，走天山北麓西行，绕过天山南下。吐蕃路，是唐朝与吐蕃和亲之后的一条通往南亚之路，从西藏进入尼泊尔（当时文献作“泥波罗”），然后前往印度。

中印之间的交通，包括陆路和海路问题，学界早有注意。季羡林先生根据《大唐西域求法高僧传》进行统计，去时路，陆路 23 人，海路 40 人；归来时，陆路 10 人，海路 9 人。季先生认为，中

① 《法显传校注》，第 34 页。

② 《法显传校注》，第 3 页。

③ 《法显传校注》，第 8 页。

④ 《大慈恩寺三藏法师传校注》，第 21 页。

⑤ 玄奘获得高昌王的支持并非仅仅行资一项，参见作者另文《唐玄奘与麴文泰》，季羡林、饶宗颐、周一良主编《敦煌吐鲁番研究》第四卷，北京：北京大学出版社，1999 年。收入作者《汉唐文化与高昌历史》，济南：齐鲁书社，2004 年，第 256—272 页。

印交通，唐初是从陆路为主转变为海路为主的时期，原因与航海技术提高有关。[①]王邦维先生研究义净，对于《大唐西域求法高僧传》进行了校注，并以《义净和〈大唐西域求法高僧传〉——代校注前言》为题展开了对该书的研究。[②]在这篇文献中，王先生提出陆路丝路与海上丝路正在发生转变，中印之间的交通，正从陆路为主转变为以海路为主，“从义净文中对年代时间的记载推断，这种转变大致发生在高宗麟德年以后”[③]。结论显然更具体。不管是陆路行进还是海路行进，僧人都有行路衣粮问题。我们看到两种情况比较普遍，一是随从国家使者，经常使用的概念是“使人”，而使者或者道从海上，或者行走陆路。跟随使者，理应由使者出资。如玄照，是执行唐高宗的命令寻求长生药，费用由国家承担也是不难理解的。一是随从商人。海上行进，通常是由商人承担费用。不论是使人还是商人，都不是单纯的费用提供者，僧人广受尊敬，他们的信仰也能给同行者带来便利。

然而从我们今天的角度看，僧人的西域求法，最重要的一项贡献是增加了丝绸之路的文献记载，丰富了丝绸之路的研究资料，对于后人的丝绸之路研究提供了难得史料。与国家使者不同，僧人是私人前往，他们人数众多，行记具有独特的视角，对于多方位的丝绸之路研究是极其可贵的。

正是因为有大量求法僧的存在，让唐代的中印丝绸之路，焕发特别的光彩。中古时期，外来宗教纷纷传入中国，袄教、摩尼教和景教被称作“三夷教”，但是只有佛教享受了不同的待遇，没有受到类似于“夷教”的歧视。不过，佛教刚刚传入中国的时候，受到攻击的重要原因之一就是外来这个特征。中国渐渐接受佛教，佛教渐渐中国化，逐渐与其他外来宗教划清了界限。

比较佛教与“三夷教”的异同，我们可以发现“三夷教”纯粹属于外来，即“三夷教”纯粹是由胡人带进中国来的，从不见中国人主动去求取。只有在佛教问题上，中国人表现前所未有的主动精神，众多的僧人九死一生去求法，从而在佛教传播中国的过程中发挥了积极作用。佛教进入中国，发生了各式各样的问题，中国僧人对此了如指掌，如何令佛教更好地传播，如何避免和解决现有的问题，如何赢得佛教的未来，无不是取法高僧们的内心急迫所在。比较而言，外国僧人对于中国佛教现存的问题，自然要隔膜很多。传经颂法自然有益，但如何更有针对性地解决中国问题，显然中国僧人更有发言权。

中国高僧的求法，为的是满足中国的需求，解决中国佛教发展中的问题。

法显（334—420）是山西临汾人[④]，而《佛国记》开篇即言“法显昔在长安，慨律藏残缺，于是遂以弘始二年岁在己亥，与慧景、道整、慧应、慧嵬等同契，至天竺寻求戒律”[⑤]。很清楚，法显前往印度取经是有重点的，就是“寻求戒律”，克服因为戒律缺乏，中国僧团涣散无纪的问题。法显的努力，也大有成效。佛教戒律中的“五部律”，被法显带回四部，从而确立了法显在“中国佛教戒律发展史上的重要地位”[⑥]。其实，到达印度的僧人，并非一定都回中国传播佛教，法显的一位同伴道整，

① 季羡林《玄奘与〈大唐西域记〉》，季羡林主编《大唐西域记校注》，第101页。

② 在王邦维先生的另一部专著《唐高僧义净生平及其著作论考》中，有关《大唐西域求法高僧传》的研究成为该书的第七章，题为《论〈大唐西域求法高僧传〉》，并把《求法僧一览表》作为文章的附录。重庆：重庆出版社，1996年，第166—186页。

③ 义净著，王邦维校注《大唐西域求法高僧传校注》，“前言”，第8页。

④ 法显籍贯有不同记载，张玉勤认为是山西临汾人，见《法显籍贯考》，收入杨曾文、温金玉、杨兵主编《东晋求法高僧法显和〈佛国记〉》，第198—203页。

⑤ 法显著，章巽校注《法显传校注》，第2页。“弘始”，后秦高祖姚兴年号，弘始二年为400年，此为“弘始元年”之误。

⑥ 李四龙《法显西行求法的目的与意义》，杨曾文、温金玉、杨兵主编《东晋求法高僧法显和〈佛国记〉》，第86—94页。

最后就受到印度的吸引，决定留住印度。“法显本心于令戒律流通汉地，于是独还。”[①]在斯里兰卡（当时称“师子国”），《法显传》有一段在师子国无畏山僧伽蓝的记载，其情其景，至今读来，仍能感到法显的感情世界，其文为：

> 法显去汉地积年所与交接，悉异域人，山川草木，举目无旧，又同行分披，或留或亡，顾影唯己，心常怀悲。忽于此玉像边见商人以晋地一白绢扇供养，不觉凄然，泪下满目。[②]

因为法显内心有中土传播佛教的目标，每每以中土为念，所以有强烈的思乡情绪也很自然。其实，这就是克服千难万险取经的精神动力。

玄奘西行求法的目的更广泛。高昌王麹文泰崇敬玄奘，希望玄奘留住高昌，充任国师，他并不知道玄奘内心的需求。玄奘离开高昌之前留书感谢高昌王，其中也叙述了心曲，佛教传入中国，已经出现很多问题，他说：“远人来译，音训不同，去圣时遥，义类差舛，遂使双林一味之旨，分成当现二常；大乘不二之宗，析为南北两道。纷纭争论，凡数百年。率土怀疑，莫有匠决。”[③]这是佛教传入中国之后发生的重大问题，翻译不准确甚至大有歧义，造成了严重的分歧与纷扰。如果不从翻译角度彻底解决，这种困扰必将长期存在下去。玄奘取经成功准备归国，印度的僧人，从那烂陀寺的一般僧人，到戒贤法师到戒日王，都曾真诚劝阻玄奘，希望玄奘留在印度。玄奘或者大力称赞中国文化，或者强调在中国推广佛法的重要意义，或者指出阻碍佛法传播会受到报应惩罚，等等，坚持要回归中土。[④]在当时的中国与印度，就求法僧而言，确实存在两个中心的问题，如道整便留住印度，而法显、玄奘等则坚持归国传道，不过就佛教传播中国而言，自然是后者贡献更大。[⑤]

义净是玄奘之后前往印度取经成绩最大的一位，《宋高僧传》虽然把义净放在全书第一名的位置进行介绍，重点却都在他的译经工作，有关求法动机，并没有涉及。[⑥]王邦维先生认为：“义净最注意的不是教理上的问题，而是戒律方面的规定和僧伽内部的制度。义净的目的是想用印度正统的典范，来纠正当时中国佛教的偏误，矫治时弊，力挽颓风。”义净著《南海寄归内法传》，重点介绍印度的佛教寺院组织与戒律，从写作动机上，就是针对中国寺院的建设，毕竟他山之石可以攻玉。[⑦]

《南海寄归内法传》中，多有这方面的记载，在有限的文字中可以感知西域求法僧人的拳拳中土之心。道生法师，并州人，贞观末年由吐蕃路入印度，“多赍经像，言归本国，行至泥波罗，遘疾而卒”[⑧]。玄会法师，京师（长安）人，他从北印度进入，时间并不长，但“梵韵清澈”，梵语水平已经很高，“少携经教，思返故居，到泥波罗，不幸而卒”。他们的心愿并未完成。成都人会宁律师，高

---

① 《法显传校注》，第120页。

② 《法显传校注》，第128页。

③ 《大慈恩寺三藏法师传》，第22页。

④ 《大慈恩寺三藏法师传》，第102—103、112—113页。

⑤ 参见宁梵夫《重估“边地情节”：汉传佛教中对印度的逐渐受容》，纪赟译，收入沈丹森、孙英刚编《中印关系研究的视野与前景》，上海：复旦大学出版社，2016年，第65—76页。

⑥ 赞宁《宋高僧传》，北京：中华书局，1987年，第1—4页。

⑦ 王邦维《唐高僧义净生平及其著作论考》第一章《义净生平考述》，第28页。

⑧ 义净著《大唐西域求法高僧传校注》，王邦维校注，第49页。

宗麟德年中从南海到达诃陵洲，与当地僧人智贤一同翻译《阿笈摩经》，其中有关如来焚身故事，与《大乘涅槃》很不同。他派弟子运期把翻译好的《阿笈摩经》送回中国，呈交朝廷，他自己准备继续工作，但后来就没有了消息，估计已经身亡。① 爱州的大乘灯禅师，是玄奘弟子，在印度多年，每叹曰："本意弘法，重之东夏，宁志不我遂，奄尔衰年，今日虽不契怀，来生愿毕斯志。"② 义净与灯禅师在那烂陀寺曾经见到另一位中国僧人齐州道希法师的遗物，不胜唏嘘。道希携带"唐国新旧经论四百余卷"，显然是为了与梵本查证的，但是"当于其时，其人已亡。汉本尚存，梵夹犹列，睹之潸然"③。对于中国的佛教，这些僧人的牺牲是有价值的，作为求法僧人队伍的一员，他们与玄奘、义净这些获得巨大成功者的精神是一致的。正是因为他们的大量存在，为成功者承担了分母功能，才使得成功拥有了更大的可能性。有文字记录的求法僧人仅仅是这支队伍中的一小部分，更多的人湮没在浩瀚的历史之中，但他们的功绩是需要承认的，他们是看不见的分母，发挥了无可替代的作用。

不只是这些有记录的僧人，凡是前往印度的中国僧人，除了瞻仰圣迹之外，服务于当时的中国，依然是众多僧人西行的初衷。获得梵文经典，学习熟悉梵文，了解印度佛寺制度，弄清佛学理论，凡此种种，都对中国的佛教发展有益。特别是，经过求法僧人的努力，佛教传入中国的状况，一改以往的被动接受局面，以中国为本位，僧人主动前往，积极求索，为佛教中国化做出很重要的贡献。④

The Silk Roads between China and Southern Asia: Taking the Buddhists' Record on Pilgrimages for Buddhist Scriptures in the Tang Dynasty as Center

Meng Xianshi (Remin University of China)

Abstract:

1. The Particularity of China-India Relations

The Silk Roads, which was the transportation artery in the world, was opened because of Zhang Qian's mission to the Western Regions in the Han Dynasty. The connection between ancient China and the world began to establish in his efforts. The Silk Roads' function gave the whole world to have its own integral

① 《大唐西域求法高僧传校注》，第 76—77 页。

② 《大唐西域求法高僧传校注》，第 88 页。

③ 《大唐西域求法高僧传校注》，第 36、88 页。

④ 佛教中国化是个很有传统的概念，现在有学者使用另外的概念，内涵与外延似乎更加清晰，这就是"佛教中心"。参见周伯戡《从边国到中土：佛教中心由印度到中国转移的一种解释》，刘学军译，沈丹森、孙英刚编《中印关系研究的视野与前景》，第 43—64 页。

meanings. On one hand, the Silk Roads strengthened the contacts and coordination between China and the world. On the other hand, the contacts were not balanced in different regions and countries. The ancient China was subjected to geography limitation, which means the more convenient traffic, the closer connection they might have. Comparing with West Asia and Europe, South Asia had the closest ties with China at that time.

The most representative part was the contact with envoys in the diplomatic relations. But economic trade was the most important in the field of people-to-people. As for that, the ancient China's contact with any other country had some similarities. For example, they all had personnel exchanges and the material transport with China. The relationship with India was different from the other countries and regions. Buddhism made the South Asian Sub-continent unique. Buddhism was very popular in India and parts of central Asia at that time. Buddhists and monks went to China to preach their religion in many generations. Chinese Buddhists and monks also went on pilgrimages for Buddhist scriptures. All of them built a wonder in the history of human civilization. The only reason behind Chinese Buddhists and monks' pilgrimages was the strong faith in Buddhism. Buddhism was also the only reason for Chinese Buddhists and monks being attracted to abroad. These pilgrimages also highlighted the particularity in the contact between China and India. The contacts with other countries could not equal to it. All these things made that India had the deepest connection with China as a country and a region.

2. Profiles on Chinese Monks' Pilgrimage Biography

Chinese monks' records on Pilgrimages for Buddhist Scriptures in Western Regions were preciousness literature left on the Silk Road at that time. Chinese monks' records involved many fields, like countries, geography, history, local conditions and customs and so on. Not only the things mentioned above, but also monks attached more importance to local Buddhist faith situation. It made the monks different from the envoys at the country level. The monks' records not only preserved the religious history for themselves, but also took notes in details on the Silk Road's information. Now the records become original historical materials for today's study of the Silk Road.

3. Land and sea route

The academia had already found out that the traffic includes the problems of the land route and the sea route between China and India. Now the scholars have found that both the land route and the sea route are being used in early Tang dynasty according to *The Biography of DaTang XiYu QiuFa GaoSeng*. Besides, the land route's importance and the sea route's importance went through changes at that time. The transportation changed from centering on land to centering on sea between China and India. No matter land route or sea route, there existed a problem of walking, food, clothing and some other necessities on life pilgrimages of the Chinese monks. There were two general cases among the monks. One was following envoys in which case the monks were called ShiRen. Envoys could travel by land route or by sea route. The other one was following merchants. In that situation they usually travelled by sea route. The merchants would pay the cost. Neither the envoys nor the merchants were pure sponsors. The monks were widely respected at that time in China. Their faiths could also provide convenience for fellow companions.

4. The Meaning of the Pilgrimages for Buddhist Scriptures in Western Regions

Besides visiting monuments, the Chinese monks who went to India had a main purpose. It was how to serve China at that time. The monks did many things, like getting the ancient Sanskrit records, learning Sanskrit, knowing the Buddhist temple system in India, figuring out Buddhist psychology and so on. All of them were good for the development of Chinese Buddhism. Especially, what the monks did had already changed the situation of Chinese Buddhism. The Pilgrimages changed the situation that Buddhism entered China, from previous passive acceptance to positive position. It has made important contribution to the sinicization of Buddhism.

Keywords: The Silk Roads, Buddhism, Buddhists and monks, China-India Relations, Chinese monks' records, Sinicization of Buddhism

杜佑与唐代海上丝绸之路的发展

郭　锋（国家教育行政学院）

摘　要：杜佑为唐代海上丝绸之路的发展做出过实际的和知识性的两种贡献。就前者而言，唐德宗贞元年间（785—805）至宪宗元和年间（806—820）广州城居住环境的改善和海外交易市场的发展，与从杜佑开始连续五六任岭南节度使兼广州刺史的持续近30年的整顿治理有关，杜佑在其中占有首役其功的地位。就后者而言，将《经行记》一书收入《通典》，使杜环创造了五个“第一”的西行经历得以为世人所知，增进了唐人对西域诸国尤其是阿拉伯国家风土人情的认识和了解，也为后人保留了一份了解和研究8世纪中叶地中海至波斯湾沿岸诸国地理、物产、民族和习俗以及中国的纺织和壁画绘制等工艺技术西传中亚、西亚的珍贵史料，这是杜佑的贡献所在。

关键词：杜佑；杜环；《经行记》；广州；海上丝绸之路

概括地说，杜佑对唐代海上丝绸之路的发展主要做出了实际的和知识性的两种贡献。实际的贡献，就是任岭南节度使兼广州刺史期间，整顿海外交易市场，改善居住环境，增强广州对海外商船的吸引力；知识性的贡献，就是将族侄杜环所著《经行记》收入《通典》，不仅增进了唐人对西域诸国风土人情的了解，也为后世保留了一份了解唐代西域或者说8世纪中叶地中海至波斯湾沿岸诸国地理、物产、民族、习俗以及中国的纺织和壁画绘制等工艺技术西传的珍贵史料。下面分别对这两个贡献做一简要的讨论。

一、整顿海外交易市场，改善居住环境，增进广州对海外商船的吸引力

杜佑于唐德宗贞元元年（785）出任广州刺史、岭南节度使，任期3年，时年50岁。此前他在江南西道做饶州刺史。再早些时候，代宗大历年间至德宗建中年间，先后在江南西道做抚州刺史，在京城做尚书省户部的金部郎中、度支郎中、户部侍郎判度支、领江淮转运使等职务。

广州属岭南道，为岭南节度使治所所在地。岭南道在安史之乱以前为监察大区建制，是唐太宗所置10道、玄宗所置15道之一。安史之乱以后，自肃宗至德元年（756）设岭南节度使统管军政开始，与诸道节度使观察使一样，演变成为军政一体化的行政大区建制。管辖范围，杜佑任节度使以前，包括广、潮、韶、梧、崖等70余州，290余县，以及广、桂、容、邕、安南5个经略使府。杜佑任节度使以后，除广州以外，其余4个经略使府各自独立，由州刺史兼任经略使，不再归岭南节度使管辖。

整顿海外交易市场，改善居住环境，增进广州对海外商船的吸引力，是杜佑任广州刺史、岭南节度使3年间，为广州的城市建设以及岭南地区的社会稳定、经济发展，尤其是海上贸易的发展做出的

重要贡献。他主要采取了以诚相邀、做海外商船的工作，整顿军纪和吏治，以及进行城市建设、修筑大道、疏通坊巷街道三项举措。

1. 以诚相邀，做海外商船的工作。唐代海外交易市场有安南、广州、泉州和扬州等多处港口城市，又以广州为主，设有市舶使和押蕃舶使，掌管其事。市舶使为临时差遣的使职，一般由宦官担任，主要负责为皇室内廷采购所需物品。最初有事则选派，事毕则罢，无办公场所等常设机构。开元年间市舶使内府局丞韦光闰，在改造利用诸王广州旧馆产业的基础上建立市舶使院，作为办公场所。从此以后，市舶使也与经略使等派驻机构一样，有了固定的办公场所，成为常设机构。① 押蕃舶使则是唐中期才有的使职，其名称最早见于唐德宗时期的文献记载，其职能顾名思义，主要负责海外商船管理。市舶使、押蕃舶使两使各司其职，主要做两件事：一是代表皇室直接与海外商船做交易，根据内府制订的购物单，为皇室内廷采购所需海外物品，这件事由市舶使负责；二是管理海外贸易市场，包括海外商船登记、奏报、发放过所（通行证）、征税、查看违禁物品、设宴款待等，这件事由押蕃舶使负责。前者属于内使职，由朝廷内府直接选派宦官充任。后者属于外使职，其选任如何进行，目前还了解不多。一般认为，其职属于岭南节度使兼本管经略使的兼官，由岭南节度使本人兼任。② 另外，如我们下面将要讨论的，当时可能还存在一种情况：经略副使兼任押蕃舶使。如果出现这种情况，其职如何选任，也是一个有待研究的问题。

杜佑任职之初，正赶上广州的海外交易市场管理遇到很大的困难。岭南节度使管辖的广州经略使府将领以及地方官吏贪而无信，巧取豪夺，干扰海外商船的正常交易。结果是番舶望而却步，不敢来广州交易，而多停靠在安南。权德舆在一篇评述杜佑功绩的文字里，用“悍将反复，远夷愁扰，吏困沓贪，商久阻绝”③ 这样几句话，来描述当时杜佑面对的形势。这一形势造成的一个重要后果，就是德宗贞元年间，海外交易重心一度移向安南，以至于杜佑的继任者李复，曾经于上任后提出建议，请朝廷委派中使去安南“收市”，采购物品。这里需要指出一点，李复是在贞元八年（792）的一份奏表中提到这一变化，提出这一建议的，实际上这一变化早在八年前的贞元元年，杜佑上任伊始，就已经发生。所以，陆贽在上书批评李复的建议有损皇朝形象、不利于广州的发展时，才如此归纳说：“远国商贩，唯利是求。绥之斯来，扰之则去。广州地当要会，俗号殷繁。交易之徒，素所奔凑。今忽舍近而趋远，弃中而就偏。若非侵刻过深，则必招怀失所。曾无内讼之意，更兴出位之思。玉毁椟中，是将谁咎？珠飞境外，安可复追？书曰‘不贵远物，则远人格’。今既徇欲如此，宜其殊俗不归。况又将荡上心。请降中使，示贪风于天下，延贿道于朝廷，渎污清时，亏损圣化。法宜当责，事固难依。”并指出：“且岭南、安南，莫非王土，中使、外使，悉是王臣。若缘军国所需，皆有令式恒制。人思

---

① 参见黄楼《〈进岭南王馆市舶使院图表〉撰者及制作年代考——兼论唐代市舶使职掌及其演变等相关问题》，《中山大学学报》2009 年第 2 期，第 99—102 页。

② 以上所述系综合学界已有研究成果的有关观点而来。参见李庆新《论唐代广州的对外贸易》（《中国史研究》1992 年第 4 期）、宁志新《试论唐代市舶使的职能及其任职特点》（《中国社会经济史研究》1996 年第 1 期）、黎虎《唐代的市舶使与市舶管理》（《历史研究》1998 年第 3 期）、吴玉贵《海上贸易及唐朝与南海诸国的交往》（《唐代文化》，北京：中国社会科学出版社，2002 年）、陈明光和靳小龙《论唐代广州的海外交易、市舶制度与财政》（《中国社会经济史研究》2005 年第 1 期）及黄楼《进岭南王馆市舶使院图表撰者及制作年代考——兼论唐代市舶使职掌及其演变等相关问题》（《中山大学学报》2009 年第 2 期）等文。

③ 权德舆《杜公遗爱碑铭并序》，《全唐文》卷四九六。

奉职，孰敢阙供，岂必信岭南而绝安南，重中使以轻外使，殊失推诚之体，又伤贱货之风。”①

而杜佑，可以认为正是因为下车伊始就面对如此形势，察觉这一变化，才开始采取措施，整顿海外交易市场的。其主要做法之一，就是以诚信相邀，做海外商船的工作。

权德舆在前引评述杜佑功绩的文字里提到了这一做法，写道：“其镇南海也，服岭阻深，族类猜害。涂巷狭陋，熛埃接连。忿悌相因，郁攸斯作。公乃修伍列，辟康庄，礼俗以阜，火灾自息。南金象齿，航海贸迁。悍将反复，远夷愁扰，吏困沓贪，商久阻绝。公乃导其善利，推以信诚，万船继至，百货错出。邕部绝徼，裔人自擅，诱掖招徕，以威以怀。朱崖黎氏，保险三代，种落盘互，数犯吏禁。公麾偏师，一举而平，犷俗率化，原人得职。”②

其中的“导其善利，推以信诚”，就是以诚信相邀，做海外商船的工作。虽然令人遗憾的是，权德舆的评述比较笼统，从中看不出究竟采取了哪些具体举措，来“导其善利，推以信诚”，但是杜佑为整顿海外交易市场曾经有所作为，并且产生了效果，这一点是可以看得出来的。

2. 整顿军纪和吏治。首先是整顿军纪。有关资料表明，唐代广州驻军有一军、二府、二镇、二戍。一军即经略军，总部设在城内，由岭南节度使兼本管经略使，“管兵五千四百人”③。二府二镇二戍，即绥南府、番禺府、屯门镇、牛鼻镇、赤岸戍和紫石戍，分别设置在广州城外围，珠江入海口两岸，统归经略军管辖。其中屯门镇的设置地点，即在今虎门炮台附近。经略军既统管府兵、镇戍兵，换言之统管广州防务，前引文所谓“悍将反复”，可以认为，说的就是经略军将领反复无常、颐指气使、不讲信用地扰乱海上交易市场行为。杜佑整顿军纪采取了哪些具体举措，与上一个举措一样，这篇文字也是没有提及，但是，我们从杜佑节度岭南期间发生的一次军事管区调整事件来看，他应该是有所举措的。这次军事管区调整，就是取消“五管经略使”的建制，把桂、容、邕、安南四个经略使划分出去，独立设置。《旧唐书》杜佑本传记其事写道：“（佑）充岭南节度使。时德宗在兴元，朝廷故事，执政往往遗脱，旧岭南节度，常兼五管经略使，独佑不兼，故五管不属岭南，自佑始也。”④也就是说，杜佑以前，岭南节度使管辖军事的范围较大，包括今天的广东、广西、云南以及越南等广大地区。杜佑以后，管辖范围有所调整，缩小到以广东地区为主。换言之，从杜佑开始，岭南节度使只兼广州本管经略使，不再兼五管经略使。不过，桂管、容管、邕管和安南四个经略使如果有事，总体上还是由岭南节度使统一号令，统筹指挥。而在这个过程中，可以推知，由于统属发生变化，五个经略使从长官人选到人员编制、驻防区域，都要做重新调整，重新部署，这就给了杜佑以机会，使他有可能整顿军纪。比如说，可以采取另有任命的办法，或者换防的办法，将一些行为不检的军将调离广州，使他们没有扰乱海外交易市场的机会。只是由于缺乏直接的史料记载，当时究竟采取了哪些举措，现在还很难做全面、细致讨论。

当然，也不是完全不能讨论。比如说，杜佑离开岭南之后15年，贞元十八年（802）出任岭南节度使兼本管经略使的徐申，上任之初处理过一次管内军将盗印私授官职事件就反映出，遇事及时采取措施，做出处置，以严肃军纪，是完全有可能的。关于徐申这次处理事件经过，李翱在《徐公行状》

---

① 陆贽《论岭南请于安南置市舶中使状》，《全唐文》卷四七三。

② 权德舆《杜公遗爱碑铭并序》，《全唐文》卷四九六。

③《通典》卷一七二《州郡二序目下》。

④《旧唐书》卷一四七《杜佑传》。

里写道：“（贞元十八年）制迁使持节都督广州诸军事守广州刺史兼御史大夫，充岭南节度观察处置本管经略等使，散官赐如故。前节度使殁，掌印吏盗授人职百数，谋夜发兵为乱，事觉奔走。公至，阴以术得首恶杀之，不问其余，军中以安。蛮夷俗相攻击群聚，缘盗发辄捕斩，无复犯者。蕃国岁来互市，奇珠、玳瑁、异香、文犀皆浮海舶以来，常贡是供，不敢有加，舶人安焉，商贾以饶。”①

从中可以看出，当时徐申采取的举措是恩威并重，分别对待。所谓“得首恶杀之，不问其余，军中以安”。另外，从这篇文字还可以看出，杜佑离开15年后，经过历任节度使的持续治理，广州城的海外交易市场已经恢复到正常发展状态。所谓“舶人安焉，商贾以饶”。

其次是整顿吏治。关于这一举措，可以从柳宗元一则反映杜佑的部下经略副使、押蕃舶使马某事迹的文字说起。柳宗元在这篇文字里写道：

> 元和九年月日，扶风马君卒。命于守龟，祔于先君食。卜葬明年某月庚寅亦食。其孤使来以状谒铭，宗元删取其辞曰：君凡受署，往来桂州、岭南、江西、荆南道，皆大府。凡命官，更佐军卫录王府事、番禺令、江陵户曹录府事、监察御史，皆为显官。凡佐治，由巡官、判官至押蕃舶使、经略副使，皆所谓右职。凡所严事，御史中丞良、司徒佑、嗣曹王皋、尚书胄、尚书伯仪、尚书昌，皆贤有劳诸侯。其善事，凡管岭南五府储跱，出卒致谷；以谋画平哥舒晃；假守州邑，民以便安；殄火讹；杀吏威；海盐增算，邦赋大减；所至皆用是理。年七十，不肯仕，曰：“吾为吏逾四十年，卒不见大者。今年至虑耗，终不能以筋力为人赢缩。”因罢休。以经书教子弟，不问外事。加七年卒。君始以长者重许与闻，凡交大官皆见礼。司徒佑尝以国事征，顾谓君曰：“愿以老母为累。”受托奉视优崇，至忘其子之去。……（马君五子）次四子皆京兆韦氏出，曰儆、曰仿、曰敏、曰庭。女一人，嫁柳氏，婿曰宗一。其铭曰：不懈于位，不替于谋。虑寇以平，抚民以苏。僭火不孽，悍吏不倖。帷宝于盐，亦赢其筹。公以忠施，私以义跻。②

从中可以看出，马某是柳宗元的姻亲，弟柳宗一的岳父，元和九年（814）77岁卒，约大历八年（773）至贞元年间（785—805）在岭南任职，先后担任过番禺令、经略副使和押蕃舶使等职务。他还在贞元后期至元和初年在荆南道任职，做江陵府户曹录事参军，并于元和二年（807）从这个职位退休。还可以看出，马某一生事业，以任职岭南的时间为最长，若以大历八年至贞元后期计，长达二三十年，取得的成绩也最为突出。早期最为突出的成绩是出谋划策，参与平定哥舒晃之乱③。后期最为突出的成绩，则是“殄火讹；杀吏威；海盐增算、邦赋大减”三件事。其中前两件事，我们下面

---

① 李翱《唐故金紫光禄大夫检校礼部尚书使持节都督广州诸军事兼广州刺史兼御史大夫充岭南节度营田观察制置本管经略等使徐公行状》，《全唐文》卷六三九。又，权德舆《徐公墓志铭并序》（《全唐文》卷五〇二）对此事也有记载，有关文字略同。但于事件原因有更明确说明，兹转录如下以备参考。权德舆写道：徐申到任，“前此守臣物故，军吏乘变，窃发印符，易置部校，拔用恶少年百辈，军中几乱，相率亡命。公既至，捕诛首恶，悉原诸诖误者”。从中可以看出，这次盗印的主要目的，为“易置部校，拔用恶少年百辈”。而且还可以引起一个联想：之所以擅自另外任用军吏，是否与对此前的某些处置有所不满有关呢？如果回答是肯定的，则这次事件可以从一个侧面印证，杜佑在任时，确实有过因五管经略使建制调整而整顿军纪之事。

② 柳宗元《唐故岭南经略副使御史马君墓志》，《全唐文》卷五八九。

③ 哥舒晃原为循州刺史，大历八年（773）杀岭南节度使吕崇贲反叛。至大历十年，江南西道节度使路嗣恭讨平之。

就要讨论到，很可能就是在杜佑担任节度使期间做的。从墓志中还可以看出，马某与杜佑的关系比较密切。他不仅做过杜佑的部下，所谓“凡所严事”，有“司徒佑”，而且帮助照顾过杜佑的母亲。“司徒佑尝以国事征，顾谓君曰：‘愿以老母为累。’受托奉视优崇，至忘其子之去”，杜佑任岭南节度使3年，于贞元三年（787）奉调入京，赴尚书左丞之任。所谓“以国事征”，指的应该就是这件事。由于马某照顾得好，以至于杜佑的母亲没有感觉到儿子不在身边。另外，代为照顾杜佑母亲一事还反映出，杜佑调动工作以后，马某在岭南又留了一段时间。

以上根据柳宗元的描述，对马某事迹做了初步勾勒。总体上可以得出这样一个认识，马某任职岭南的时间，与杜佑任职岭南的时间是有交叉的。换言之，马某曾经做过杜佑的部下：杜佑做岭南节度使兼本管经略使，马某做经略副使、押蕃舶使。如此，如果这一认识有其可能性，则可以进一步认为，权德舆这篇文字中提到的前两件事，防火灾和杀吏威，很有可能就是在杜佑的部署下做的。其中第一件事与城市建设有关，我们将在下一节讨论。而第二件事则可以反映出，杜佑整顿海外交易市场的一个主要做法，就是“杀吏威”，把贪官污吏的嚣张气焰打下去。或者用柳宗元在这篇文字铭文部分所作评价的话说，就是做到使“悍吏不侔”，不让再有悍吏侵欺商人的事情发生。

3. 进行城市建设、修筑大道、疏通坊巷街道。唐中期的广州，到杜佑任职岭南时已经比较发展。可统计的城市人口，编户20余万加上驻军近6万，人口总数已达近30万人。但是，城市规划建设方面似乎比较落后，街道狭窄，房屋紧密。且多以草料为屋顶，容易发生火灾。如权德舆前引文字所言，是一种“涂巷狭陋，熛埃接连，忿悌相因，郁攸斯作”的情形。

杜佑到广州，可以认为，所做的最为重要的事情之一就是进行城市建设，改善居住环境。主要采取了两项举措。一是修筑大道。二是拓宽和疏通坊巷街道，以消除火灾隐患。关于这两项举措，权德舆在前引这篇文字里写道，“公（到广州）乃修伍列，辟康庄，礼俗以阜，火灾自息”。《新唐书》作者在杜佑本传里写道：“佑为开大衢，疏析廛閈，以息火灾。”① 其中的“修列伍、辟康庄”，“开大衢”，即修筑大道。“疏析廛閈”，即拓宽和疏通坊巷街道。在前引柳宗元文字里则用“殄火讹”“僭火不孽”这样的字眼，评价了采取上述举措所产生的效果。

总之，可以认为，经过杜佑的治理，广州城有了通衢大道，街道变宽了，坊巷疏通了，火灾隐患消除了，居住环境得到了改善。于是有“南金象齿，航海贸迁”“万船继至，百货错出”之效应产生。包括海外交易市场在内的广州城商业经济，得到了进一步的繁荣发展。

杜佑的继任者李复等人，又在杜佑的基础上继续进行城市建设，改善居住环境。例如，李复德宗贞元八年（792）上任后，就曾采取过“劝导百姓，令变茅屋为瓦舍”等举措②，进一步消除火灾隐患，改善居住条件，促进广州城的发展。到宪宗元和八年（813）岭南节度使马总在新落成的使府餐厅大摆宴席，招待四方宾客时，经过德宗贞元年间至宪宗元和年间从杜佑、李复、王鄂、崔咏、徐申到马总等五六任岭南节度使持续近30年的治理，广州城面貌已经焕然一新，海外交易市场繁荣发展，一派“南海舶，外国船也，每岁至安南、广州……至则本道奏报，郡邑为之喧阗”的景象了。③ 以至于马总这次设宴请客，官吏以外，仅华夷来宾就达千人之多，其中当不乏番舶商

① 《新唐书》卷一六六《杜佑传》。

② 《旧唐书》卷一一二《李复传》。

③ 李肇《南海舶》，《唐国史补》卷下。

人。用柳宗元《岭南节度飨军堂记》描述当时场景的话说就是："（是堂）十月甲子克成，公命飨于新堂。……公与监军使肃上宾，延群僚，将校士吏，咸次于位。卉裳罽衣，胡夷蜑蛮，睢盱就列者，千人以上。"① 其中的"卉裳""罽衣"，分别指南海诸岛居民的草编衣裳和西域胡人的毡呢质地的衣裳，"胡夷""蜑蛮"分别代表海外和本土南方少数民族船商。一次请客能请到这么多人，足见当时的广州海外交易市场已经颇具规模，相当发展。而这一成就的取得，若论其首倡或开创之功，可以认为，当非杜佑莫属。

二、将杜环《经行记》收入《通典》，增进唐人对西域诸国风土人情的了解，为后世保留了一份了解唐代地中海至波斯湾沿岸诸国地理、物产、民族、习俗的珍贵史料

杜佑为唐代海上丝绸之路发展做出的知识性贡献，是将族侄杜环所著《经行记》收入《通典》，既增进了唐人对西域诸国风土人情的了解，也为后世保留了一份了解唐代西域或者说 8 世纪中叶地中海至波斯湾沿岸诸国地理、物产、民族、习俗以及中国纺织和壁画绘制等工艺技术西传的珍贵史料。

杜环生平事迹已难以考知。我们只能从杜佑《通典》简要的介绍中，了解到他是杜佑的族侄，天宝年间随安西四镇节度使高仙芝征讨西域，并于天宝十载（751）参加怛逻斯战役。此役唐军败绩，包括杜环在内多人被俘，被大食军队带回本国。杜环在大食国境内今西亚两河流域辗转生活了 10 年之久，才于唐代宗宝应元年（762）取道海路，经由广州返回长安。《经行记》一书，便是杜环回到长安以后，为回忆此次西行所见所闻而撰写的文字。

尽管生平事迹已难以考知，名不见经传，但由于著有《经行记》一书，又由于杜佑将其书摘要收入《通典》，杜环还是以所创造的五个"第一"历史纪录而为后人所知，永远地与唐代乃至整个中国古代中西交通史、中西文化交流史联系在一起了。这五个"第一"，一是第一个到过地中海东岸今叙利亚一带并留下文字著述的中国人；二是第一个亲历西亚两河流域并介绍其风土人情、宗教文化的中国人；三是第一个到过北非并介绍其风土人情的中国人；四是第一个记述纺织和壁画绘制等中国工艺技术西传阿拉伯世界情况的中国人；五是第一个既非僧徒又非商人，而以士人或军吏的身份，沿陆上丝绸之路西行、经海上丝绸之路返回的中国人。其行程，相当于以长安为最东端，地中海东岸为最西端，沿陆上和海上丝绸之路绕行一周。下面就以这五个"第一"为线索，从有助于增进唐人对西域诸国风土人情了解的角度出发，对《经行记》一书的主要内容，以及杜佑将其书收入《通典》的意义，做以简要的讨论。

1. 第一个到过地中海东岸今叙利亚一带并留下文字著述的中国人

杜环在中国古代陆上和海上丝绸之路的诸多西行者当中，是往西走得最远的人之一，也是历史上第一个到过地中海东岸今叙利亚一带并留下文字著述的中国人。

唐玄宗天宝十载（751）至唐代宗宝应元年（762）之间的某一段时间，杜环到达地中海东岸的某座城市。后来他在所著《经行记》一书里，称这座城市所在的这一地带为"苫国"，并写下了这样一段记述，或者说感受体会："苫国在大食西界，周回数千里。造屋兼瓦，垒石为壁。米谷殊贱，有大川东流入亚俱罗，商客籴此粜彼，往来相继。人多魁梧，衣裳宽大，有似儒服。其苫国有五节度，有

① 柳宗元《岭南节度飨军堂记》，《全唐文》卷五八〇。

兵马一万以上，北接可萨突厥。”①

其中提到的几个地名，“苫国”经近代以来中外学界诸多学者考证，即“叙利亚”一词的古语读音。“亚俱罗”一词与西亚两河流域古地名“亚述”（Aqur）一词的发音相同。“大川”即幼发拉底河。这几个地名都符合地中海东岸今叙利亚一带的地理文化特点。因此可以认为，这段话提到这几个地名，是杜环到过今叙利亚一带的最好见证。

另外，这段话描述的风土人情，尤其是河水向东流、因粮食便宜而成为商人往来相继籴入粜出的繁荣市场、“造屋兼瓦、垒石为壁”以及当地人多魁梧，衣着宽大“有似儒服”等等，可以看出，是只有亲临其境才会有切身的感受体会，才能写得出来的。而且考察有关材料可知，有关描述也符合这一带风土人情的特点。② 因此可以认为，这段话有关风土人情的描述，也是杜环到过今叙利亚一带的最好见证。

总之，通过以上简要讨论，我们可以得出这样一个认识：《经行记》里的这段记载表明，杜环当年西行到过地中海东岸今叙利亚一带。

值得注意的是，在杜环之前，东汉初年出使西域的甘英，很可能也到过地中海东岸今叙利亚一带。史称：“和帝永元九年（97），都护班超遣甘英使大秦，抵条支，临大海欲度。而安息西界船人谓英曰：海水广大，往来者逢善风三月乃得度，如遇迟风亦有二岁者，故入海人皆赍三岁粮。海中善使人思土恋乡，数有死亡者。英闻乃止。”③ 其中的“条支”和“安息西界”，近代以来中外学界的研究有两说，一说认为在波斯湾东岸，另一说认为即地中海东岸叙利亚一带。笔者认为，从地理条件和政治形势来看，后一说的研究论证更有说服力，所以赞同后一说的观点：甘英也是到过地中海东岸叙利亚一带的中国人之一。不过，甘英此行只带回了一段类似古希腊神话的传闻，而没有留下文字著述。也正因为如此，本文才在赞同的基础上，为杜环的历史记录加了一个定语，称他为第一个到过这里“并留下文字著述”的中国人。

杜佑是在《通典·边防典·西戎总序》里，在评价黑衣大食的兴起时，提到杜环和《经行记》一书。他写道：“神龙以后，黑衣大食强盛，渐并诸国，至于西海，分兵镇守焉。族子环随镇西节度使高仙芝西征，天宝十载至西海。宝应初，因贾商船舶自广州而回。著《经行记》。”④ 其中的黑衣大食势力范围“至于西海”，如近代以来中外学界众多学者的研究已经达成共识的，从地理条件及政治情势推断，这里的“西海”即地中海。“至于西海”，应即到达地中海东岸今叙利亚一带。而用“至西海”和“自广州而回”这样的话语来概括杜环的行程则表明，在杜佑看来，当年杜环西行去过的最远的地方，就是“西海”。

---

① 《通典》卷一九三《西戎五·大食》附杜环《经行记》“苫国”条。

② 例如，考察有关材料可以了解到，杜环此段文字描写的商人往来相继的市场繁荣景象，与叙利亚北部的一座历史名城阿勒颇曾经有过的情况很相似。该城有3000年以上的建城历史，地处陆上丝绸之路的最西端美索不达米亚平原富饶的西北盆地，东边是东南流的幼发拉底河，自古就是重要而繁荣的商贸城市。该城的阿拉伯语称呼为Halabal-Shahba。其中后一个读音“Shahba”，似乎与“苫”的读音很相近。这一点不禁使人产生联想：当年杜环是否就是因为问地名时，听到这个发音，而以“苫”字相对译的呢？进一步可以问，杜环到过并在《经行记》一书里加以描述的，是否就是今天的阿勒颇这座城市呢？这是一个很让人感兴趣的问题，也是需要请教专家才能解决的问题。因说到“苫国”译名问题，作为例证，在这里提一下。

③ 《后汉书》卷八八《西域传》。

④ 《通典》卷一九一《边防七·西戎三·西戎总序》。

2. 第一个亲历西亚两河流域并介绍其风土人情、宗教文化的中国人

杜环也是第一个亲身游历西亚两河流域并著书立说介绍其风土人情、宗教文化的中国人。

西亚两河流域西起地中海东岸，东南至波斯湾西岸，是古苏美尔文明、巴比伦文明、亚述文明、古基督教文明和阿拉伯文明的发源地，前已提及，也是古代连通欧亚非三大洲的陆上和海上丝绸之路的最西端。杜环西行时，经过定都于大马士革的大食国倭马亚王朝（即白衣大食）将近百年的经营，阿拉伯文明刚刚在这里取得优势。杜环于唐玄宗天宝十载（751）随唐军俘虏一起到达这里。这时这里的统治者名字叫作阿布·阿拔斯·萨法赫，来自定都于库法、刚刚取代倭马亚王朝的阿拔斯王朝（即黑衣大食）。杜环在《经行记》一书里，应该是根据所听到的这位统治者的王号“Amir-al mummenin”（信教者之王）的阿拉伯语发音，为他起了一个中国名字，称之为“暮门”。

杜环在两河流域生活了10年，应该去过一些城市。尽管具体去过哪些城市今天已经难以考知，但是有3座城市，可以认为杜环一定去过。这3座城市，就是倭马亚王朝的首都大马士革、阿拔斯王朝的新都库法和定都于库法之后又大兴土木兴建的新都，或者说与阿拔斯王朝同时兴起的新兴城市巴格达。

关于杜环去过大马士革和库法，可以根据其西行时的政治形势推断。杜环西行时的政治形势，简要地说，就是阿拔斯王朝取代倭马亚王朝统治两河流域，并在怛逻斯之战中战胜唐安西四镇节度使高仙芝的军队，把包括杜环在内多达两万人的唐军俘虏带回大食国本土。

综合分析近代以来中外诸多学者的有关研究成果可知，大食国的第一个王朝倭马亚王朝建立于661年，定都大马士革。大马士革是一座有着上千年历史的古城，先后经历过古希腊古罗马文明和东罗马帝国文明的洗礼。经过倭马亚王朝近百年的经营，到746—754年阿拔斯王朝的首任哈里发阿布·阿拔斯·萨法赫成为新统治者时，这座古城已经旧貌换新颜，发展成为一座充满阿拉伯风情的城市了。但是阿拔斯王朝的统治者没有以大马士革为都城，而是选择了另外一座城市库法。库法始建于618年，到杜环西行时只有百年的历史，是一座比较年轻的城市。库法虽然比较年轻，却很有特点，即一开始就是按照阿拉伯风格建立的。比如说城内有一所清真寺建造于638年，甚至比阿拉伯历史上最为著名的清真寺、建造于705年的大马士革大清真寺还要早近70年。750年，阿布·阿拔斯·萨法赫在出任阿拔斯王朝首任哈里发的同时，定都库法。次年（751），他属下的呼罗珊军团（以波斯人为主组建）在怛逻斯取得对唐军作战的胜利，将多达两万人的唐军俘虏带回大食国本土即两河流域境内。杜环也是唐军俘虏中的一员。

以上就是杜环西行时的政治形势。做出以上归纳，笔者想说的是，古老的大马士革也好，新兴的库法也好，既然先后成为首都，也就是大食国的政治经济文化中心，可以想象得出，当杜环等人随呼罗珊军队西行来到大食国，在两河流域居住生活的时候，别的城市或许没有去过，也可以不去，这两座城市却是一定要去，也一定去过的。

关于杜环去过巴格达，学者宋岘在一篇讨论巴格达城之兴建的文章里令人信服地指出，阿拔斯王朝对巴格达在751年至762年之间用了10年的工夫进行大规模兴建，并于762年完工后，正式定都于此。这个时间节点，与杜环西行的时间是一致的。所以，杜环在《经行记》里提到的一座城市，“大食王暮门都此处”的城市，应该就是巴格达。只是因为这座城市直到杜环回国的762年仍在兴建之中，没有完工，也没有正式命名，杜环撰写《经行记》一书无以名之，才称之为“都此处”。而用

“都此处”3个字来形容这个地方则表明，杜环曾经到过这座城市，是以身在其中的口吻在记述。①笔者认为宋岘的推论建立在对所掌握的第一手阿拉伯史料所做研究的基础之上，是合乎情理，很有说服力的。换言之，笔者同意宋岘的观点：杜环西行，到过巴格达这座正在兴建中的城市，并见证了这座城市最初10年的兴建和成长过程。

总之，通过以上讨论，我们可以得出这样的认识，大马士革、库法和巴格达都是两河流域最有代表性的阿拉伯城市。杜环西行来到两河流域，别的城市可以不去，这3座城市是一定要去的。

接下来要讨论两个小问题。其一，杜环如果去过这3座城市，所著《经行记》一书应该有所反映。实际情况是否如此？回答是肯定的。分析杜佑《通典》收入的《经行记》介绍大食国风土人情的一段文字可以看出，这段文字，实际上就是基于对这3座城市的观察而写成的。或者说，就是以对这3座城市的印象为背景，综合介绍大食国两河流域的风土人情，而没有专指或特别介绍某一城市。

比如说，杜环在这段文字里提到，大食王暮门都此处的地方“又有礼堂，容数万人”。这个礼堂即清真寺。而考察可知，前已提及，大马士革和库法都建有规模宏大的清真寺，前者即始建于705年的大马士革大清真寺，后者即始建于638年的库法大清真寺，杜环所说的礼堂，因此很可能只是泛指，既可以说是大马士革的清真寺，也可以说是库法的清真寺，而非专指。又比如说，这段文字还有一条记载提到“郛郭之内，廛闬之中”。郛郭即外城，廛闬即城内里巷街道市场。这显然是一种城市布局。而考察可知，大马士革的城市布局与此很相近。但是杜环提到这一布局特点时没有提到任何一个城市的名字，显然也是泛指，而非专指。

所以，可以认为，杜环去过这3座城市，也在《经行记》里提到了这3座城市，但是没有专门介绍某一城市，而是综合对3座城市的印象，写下了有关大食国的一段文字。进而可以认为，这段文字既可以看成对这3座城市风土人情的描述，也可以看成对这3座城市所代表的两河流域阿拉伯文明发展情况的描述。

第二个小问题是，通过杜环《经行记》的有关描述，唐人如杜佑等人，对大食国两河流域的风土人情能够有一定程度的正确了解吗？回答也是肯定的。换言之，分析可知，《经行记》这段文字反映出，杜环对所到之地的观察和所见所闻的描述相当准确，可以正确地增进唐人有关大食国风土人情的了解。下面就根据杜佑在《通典》大食国一节转引的这段文字，对这个问题做以简要的讨论。

杜佑写道：“杜环《经行记》云，（大食）一名亚俱罗。其大食王号暮门，都此处。其士女瑰伟长大，衣裳鲜洁，容止闲丽。女子出门，必拥蔽其面。无问贵贱，一日五时礼天。食肉作斋，以杀生为功德。系银带，佩银刀。断饮酒，禁音乐。人相争者，不至殴击。又有礼堂，容数万人。每七日，王出礼拜，登高座为众说法，曰：‘人生甚难，天道不易。奸非劫窃，细行谩言，安己危人，欺贫虐贱，有一于此，罪莫大焉。凡有征战，为敌所戮，必得生天，杀其敌人，获福无量。’率土禀化，从之如流。法唯从宽，葬唯从俭。郛郭之内，鄽闬之中，土地所生，无物不有。四方辐凑，万货丰贱，锦绣珠贝，满于市肆。驼马驴骡，充于街巷。刻石蜜为卢舍，有似中国宝舆。每至节日，将献贵人琉璃器皿、鍮石瓶钵，盖不可算数。粳米白面，不异中华。其果有偏桃人〔仁〕、千年枣。其蔓菁，根大如斗而圆，味甚美。余菜亦与诸国同。蒲陶〔葡萄〕大者如鸡子。香油贵者有二：一名耶塞漫，一名没

① 宋岘《唐代中国文化与巴格达城的兴建——（唐）杜环〈经行记〉新证之一》，《海交史研究》1999年第1期。

匝（女甲反）师。香草贵者有二：一名查塞荜（蒲孔反），一名梨芦茇。绫绢机杼、金银匠、画匠。汉匠起作画者，京兆人樊淑、刘泚；织络者，河东人乐隈、吕礼。又以橐驼驾车。其马，俗云西海滨龙与马交所产也。腹肚小，脚腕长，善者日走千里。其驼小而紧，背有孤峰，良者日驰千里。又有驼鸟，高四尺以上，脚似驼蹄，颈项胜得人骑行五六里，其卵大如二升。又有荠树，实如夏枣，堪作油，食除瘴。其气候温，土地无冰雪。人多疟痢，一年之内，十中五死。今吞灭四五十国，皆为所役属，多分其兵镇守，其境尽于西海焉。”①

其中提到中国工匠多人，我们后面再做讨论。这里想说的是，从这段文字可以看出，杜环对大食国在两河流域以大马士革、库法和巴格达等城市为背景的阿拉伯风格的风土人情的观察和描述相当细致，也相当准确。通过他的描述，一个人民健康，物产丰富，店铺林立，农业发展，手工业商业兴旺，日常生活受法律道德宗教约束，军事强大的阿拉伯国家形象，生动地展现在读者面前。

具体说，首先是细致。看杜环这段文字的有关描述，字数虽然不多，观察却相当细致。从大食王的名字，男子和女子的长相、装束，宗教禁忌，到国王说法的内容；从城市布局，物产，商业、手工业的种类，交通工具，到地理条件乃至国土疆域，方方面面都观察到了，都说到了。内容相当丰富，观察相当细致。用今天的话说，唐人读之，至少可以从地理、物产、民族、宗教、艺术、农业、商业、手工业、交通、法律和军事等方面，增进对大食国风土人情的了解。

其次是准确。看杜环这段文字的有关描述，令人印象最为深刻的就是相当准确。比如说，其中提到的“女子出门，必拥蔽其面”“无问贵贱，一日五时礼天”以及“食肉作斋，以杀生为功德”（即宰牲节、古尔邦节）等习俗，至今仍是阿拉伯人最有代表性的习俗。又比如说，有关国王说法的描述有这样一段话，“凡有征战，为敌所戮，必得生天，杀其敌人，获福无量”，这段话所表达的意思，我们看《古兰经》第三章的有关说法即可看出，与其所表达的意思是吻合的。如果用《古兰经》的话说，就是这样一层意思：“如果你们在真主的道上被杀了”，“必定被集聚到真主那里”，“必定真主的饶恕和慈悯，要比他们所积蓄集下的要更高强”，“（他们）在他们的养主御前是活着的，享受他们供养的，以真主给他们的特恩而欢乐”。② 这就说明，杜环这段文字所描述的场面，就是国王说《古兰经》的场面，所翻译介绍的内容，就是《古兰经》的内容。而且翻译介绍得忠实于原意，相当准确。

值得注意的是，杜环这段文字写于762年回国以后、唐德宗贞元十七年（801）杜佑《通典》成书以前。这个时间节点，距离阿拉伯文明尤其是伊斯兰教的诞生不过百余年。这就提示我们，杜环这段文字，也许不仅是在中国文献当中，即使是在包括阿拉伯文献在内的世界各种文字文献当中，也是比较早的一篇细致且准确地描述阿拉伯文明尤其是伊斯兰教初期发展情况，以及体现西亚两河流域风土人情的文字。

3. 第一个到过北非并介绍其风土人情的中国人

杜环也是第一个到过北非并介绍其风土人情的中国人。学界对于杜环西行到过北非是一致认同的。有争议之处在于对杜环《经行记》提到的摩邻国，究竟是在今北非西部、地中海南岸的摩洛

① 《通典》卷一九三《西戎五·大食》附杜环《经行记》“大食国”条。

② 《古兰经》第三章、第四章，第158、159、169、170节。

哥、突尼斯和阿尔及利亚境内，还是在今北非东部、红海西岸的厄立特里亚和埃塞俄比亚境内。其中持摩洛哥、突尼斯和阿尔及利亚境内说的学者一般认为，杜环《经行记》提到“摩邻国在勃萨罗国西南。渡大碛，行二千里至其国”中的“勃萨罗国”即今耶路撒冷。从耶路撒冷过苏伊士地峡（西奈半岛）到达埃及，再沿地中海南岸与撒哈拉大沙漠之间的沿海道路西南行，最西端即今摩洛哥、突尼斯和阿尔及利亚等国。其中“摩洛哥”为阿拉伯语“马格里布”（极西之地）的音译。杜环之“摩邻国”亦为“马格里布”之音译。持厄立特里亚和埃塞俄比亚境内说的学者一般则认为，杜环《经行记》提到的“勃萨罗国”即今伊拉克东南部城市巴士拉。从巴士拉西南行，过苏伊士地峡（西奈半岛），沿埃及东部沙漠与红海西岸之间的沿海道路南行，即可到达厄、埃境内。杜环在《经行记》里提到摩邻国“其人黑，其俗犷，少米麦，无草木，马食干鱼，人餐鹘莽”。其中的“其人黑”“马食干鱼，人餐鹘莽（椰枣）”等肤色和习俗，正反映的是沿红海西岸厄、埃境内居民的肤色和习俗特点。

尽管有不同意见，有一点是可以肯定的，即由地理条件和里程判断，杜环所说的摩邻国在非洲北部。其所在位置，与东北方向、位于地中海东岸两河流域的勃萨罗国，隔着一片大沙漠和两千里路相望。用《经行记》的话说就是，摩邻国在勃萨罗国西南，首先要越过一片大沙漠，之后再走两千里，才能到达那里。

杜环是否到过摩邻国？学界对这个问题的回答是肯定的。因为只要分析《经行记》的有关文字即可看出，有些地理条件、风土人情，是只有亲身经历过，才能有如此感受体会，才会做如此记载的。

比如说，前已引及，杜环在有关文字中写道：“摩邻国，在勃萨罗国西南。渡大碛，行二千里至其国。其人黑，其俗犷，少米麦，无草木，马食干鱼，人餐鹘莽。鹘莽，即波斯枣也。瘴疠特甚。”① “渡大碛”“其人黑”“少米麦，无草木”“马食干鱼，人餐鹘莽”等等，如果没有身临其境的经历，都是写不出来的。尤其是“鹘莽”一词，与“摩邻”“苫国”“勃萨罗”等名词一样为杜环首创的译名，学界已经一致认为指一种阿拉伯语称之为“Khurma”的椰枣，即地中海南岸至波斯湾都有出产的椰枣，而以“鹘莽”一词对译“Khurma”一词的发音则反映出，杜环见过实物、听人介绍过这个东西怎么称呼。如果不是亲眼所见，亲耳所闻，仅凭道听途说，很难想象能够音译得如此贴切。②

另外，还有学者如前面提到的宋岘认为，杜环曾随呼罗珊军团西行，而该军团之一部，曾经于758年奉命前往两河流域腹地驻防和前往“极西之地”（马格里布）平定地方反叛，由此论证杜环到过两河流域和摩邻国等地区。③ 有关论证很有说服力，也有助于思考杜环是否到过摩邻国，之所以去这个国家的动机，以及去的方式（随军行动）等问题，值得注意。

4. 第一个记述中国纺织和壁画绘制等工艺技术西传阿拉伯世界情况的中国人

中外学界对这个问题已经做了比较深入的研究，而且与造纸技术的西传一样，在纺织等工艺技术

---

① 《通典》卷一九三《西戎五・大秦》附杜环《经行记》“摩邻国”条。

② 唐武宗、宣宗、懿宗时人段成式（803—863）作《酉阳杂俎》，谓波斯人称波斯枣为“窟莽”（卷一八《广动植之三・木篇》），其发音与“鹘莽”相近，但较之杜环犹已晚了多年。

③ 参见宋岘《唐代中国文化与巴格达城的兴建——（唐）杜环〈经行记〉新证之一》，《海交史研究》1999年第1期。

的西传这一问题上没有争议。换言之，学界一致认为,《经行记》有关中国绫绢机杼技术西传及织工乐𫘤、吕礼等人在大食国活动情况的一段文字，是反映8世纪中叶中国纺织等生产技术和工艺西传阿拉伯世界情况的第一份中国文献材料①，与有关中国造纸技术经撒马尔罕西传西亚两河流域的阿拉伯文献一样，都极为珍贵。这段文字前已引及，这里不赘。

值得注意的有两点。其一，杜环在这段文字中提到4位工匠的名字和籍贯。包括两位绫绢织工（“织络者”），两位画匠（“汉匠起作画者”）。从籍贯上看，这4位工匠分别来自唐代的京兆府（长安）和河东道（山西）等地。这就提示我们，最初西传的唐代丝织和壁画绘制等生产技术和制作工艺，来自中国北方。

其二，画匠（“汉匠起作画者”）西行的主要工作是什么。回答是：当与宫殿厅堂寺院等建筑之壁画绘制有关。下面结合三条有关材料，对这一问题做一展开讨论。

第一条是《新唐书》卷二一五关于唐开元十九年至二十年（731—732）6位高手“画工”北上大漠、为毗伽可汗之弟阙特勤立祠绘制壁画的记载。这条材料反映出，开元年间，中原画工外出执行任务是时而有之的事情。不过，这次的目的地是漠北，而不是西域。这条材料是这样写的：“(开元)十九年，阙特勒死，使金吾将军张去逸、都官郎中吕向奉玺诏吊祭，帝为刻辞于碑，仍立庙像，四垣图战阵状，诏高手工六人往，绘写精肖，其国以为未尝有，默棘连视之，必悲梗。”②其中的默棘连即毗伽可汗,“阙特勒”当作“阙特勤”，学界已有讨论。而就本文讨论的主题而言，这条材料最值得注意的，则是“诏高手工六人往，绘写精肖”这句话。这句话《册府元龟·外臣部》也有反映，作：“初，毗伽之弟阙特勒［勤］死，毗伽表请巧匠写其真，诏遣画工六人往焉。既画，工妙绝伦，突厥国内未之见者。毗伽每观画处，嘘欷如弟每生，悲涕不自胜。故遣察之谢恩，且送画人也。”③其中的“察之”，全名为“葛阿默察之”，是毗伽可汗派遣的送6位画工返回中原的使者。“请巧匠”及“画工六人”则反映出,《新唐书·突厥传》上引文提到的“高手工”,“高手”即“巧匠”,“工”即“画工”④。总之，从上引这两段话可以看出，唐玄宗很重视阙特勤去世这件事，不仅亲自撰写悼词，委派专使吊祭，还挑选了6位高手画工前往，为阙特勤刻碑、立庙、绘制表现战阵场面的壁画，并在壁画上精心创作他的写真画像。

第二条是《通典》卷一九三《西戎五·何国》关于唐代西域昭武九姓之一的何国城楼北壁壁画内

① 用张广达先生在《海舶来天方，丝路通大食——中国与阿拉伯世界的历史联系的回顾》一文里，讨论杜环所描述的织络者、金银匠、画匠等中国工匠因以西行的怛逻斯战役，对于中国与阿拉伯世界关系之重大意义的话说，就是，“这次战役促成了中阿之间第一次技术转移”。“杜环有关大食、苫国、伊斯兰教情况等的报道，和唐德宗时宰相贾耽有关大食的记载一样，同属中国有关阿拉伯世界的最早而且最确切的记录。”“被俘的中国织匠、络匠被带到两河流域，可想而知，他们必然进一步把中国的纺织技术带到了阿拉伯世界。”（张广达《文本、图像与文化流传》，桂林：广西师范大学出版社，2008年，第139、145、163页）

② 《新唐书》卷二一五《突厥传下》。

③ 《册府元龟》卷九六二《外臣部·贤行》。

④ 又，“画工”一词，在韩儒林、岑仲勉、耿世民、芮传明等学者译释的突厥文阙特勤碑毗伽可汗悼词里称为“画师”“宫廷画师”。以下为芮传明先生的相关译文，转录在这里，供参考。“(南11行）我镌刻了此碑。我遣人从汉人可汗那里招请画师，要他们装饰陵墓。(汉人可汗）并未拒绝我的请求，(南12行）派来了汉人可汗的宫廷画师。我令他们建造了一座非凡的陵墓，在（陵墓的）内外都装饰了精妙的绘画与雕刻。我使之镌刻此石，我令记录下我的肺腑之言。”（芮传明《古突厥碑铭研究》，上海：上海古籍出版社，1998年，第219页）

容的记载。这条材料反映出，隋末唐初以来，不仅漠北与中原之间，而且西域与中原之间也存在壁画绘画艺术的交流。其文云："何国，隋时亦都那密水南数里，亦旧康居地也。其王姓昭武，亦康国之族类。国城楼北壁画华夏天子，西壁则画波斯、拂菻诸国王，东壁则画突厥、婆罗门诸国王。胜兵千人。其王坐金羊座。风俗与康国同。……大业中及大唐武德、贞观中，皆遣使来贡。"① 其中最值得注意的就是"城楼北壁画华夏天子"这句话。我们从法国中亚考古学家葛乐耐教授《驶向撒马尔罕的金色旅程》一书关于撒马尔罕大使厅壁画的研究和介绍可以了解到，该大使厅壁画与今已不存的何国城楼壁画在墙面布局及题材内容上相近。该大使厅北墙上绘的也是"中国人物"，其中两位主要人物可能是"大唐皇帝高宗"和"皇后"②。我们如果看毛铭博士在一次介绍葛乐耐教授撒马尔罕考古成果的讲座中展示的大使厅壁画的彩色复原图片③，就可以看出，该厅四面墙上壁画的画风、笔法似乎并不相同。其中北墙壁画的风格，如同葛乐耐教授在书中介绍的日本学者影山悦子所指出的那样，与西墙的部分壁画一样，有着"直接来自中国的图像影响"④。这就提示我们，北墙壁画的作者很有可能来自中原地区。⑤ 进一步可以结合上一条材料推断，这一时期，不仅漠北与中原之间，而且西域与中原之间也存在壁画绘画艺术的交流。

第三条是《历代名画记》卷三有关东都敬爱寺诸禅院壁画绘制方式的记载。这条材料反映出，壁画绘制有多道工序，"起样"——即以线条勾勒、白描的方式为壁画起草、构图、打底稿，是其中之一。这提示我们，杜环《经行记》提到的"汉匠起作画者，京兆人樊淑、刘泚"，"起作画"很有可能就是"起样"、打底稿；樊淑和刘泚，则很有可能就是对"起样"这道壁画绘制工序比较擅长的画工。这条材料是这样记载的："(敬爱寺)西禅院北壁，华严变，张法受描。北壁门西一间佛会及山水，何长寿描；人物等，张法受描，赵龛成。东西两壁西方弥勒变，并禅院门外道西行道僧并神龙后，王韶应描，董忠成。禅院内西廊壁画，开元十年吴道子描。日藏月藏经变及报业差别变，吴道子描，翟琰成。罪福报应是维手成，所以色损也。东禅院殿内十轮变，武净藏描。东壁西方变，苏思忠描，陈庆子成。殿间菩萨及内廊下壁，武净藏描，陈庆子成。讲堂内大宝帐，开元三年史小净起样，随隐等是张阿轨。"⑥

其中的"描""成""色损""起样""随隐"等，当皆为壁画绘制术语。"描"亦称"白描"，当即以素线条勾勒，不上色；"成"为动词，亦称"成色""着色"，当即上色；"损"亦称"色损"，由"是

---

① 按：《通典》这条材料，《文献通考》卷二三八《四裔考十五·何国》条也有转引，两相比较，多出"永徽"等语，在详细程度上较《通典》又进了一步。兹转引如下，以供有兴趣者参考："何国，都那密水南数里，亦旧康居地。王姓昭武，康居之族类。国城楼北壁画华夏天子，西壁画拂菻诸国，东壁则画突厥、婆罗门诸国王。胜兵千人。风俗与康国同。东去曹国百五十里，西去小安国三百里。东去瓜州六千七百五十里。隋大业中，遣使入贡。唐贞观十五年，遣使入朝。永徽时上言：'闻唐出师西讨，愿输粮于军。'俄以其地为贵霜州，授其王刺史。"

② 葛乐耐（Frantz Grenet）《驶向撒马尔罕的金色旅程》，毛铭译，桂林：漓江出版社，2016年，第7—10页。

③ 见毛铭《大使厅壁画：武则天时代的G20峰会》讲座展示的图片。该讲座于2017年4月22日在浙江省图书馆举办。有关报道见搜狐网，文博山西的博客：《撒马尔罕壁画：武则天时代的G20峰会》，2017-04-21, http://www.sohu.com/a/135585373_526303。

④ 见葛乐耐《驶向撒马尔罕的金色旅程》，毛铭译，第16页脚注①。

⑤ 当然，葛乐耐教授接受了影山悦子的"中国图像影响"说，但是并不认为大使厅北墙壁画可能与中国画工有关系，而是认为，可能是粟特画家模仿中国画法的结果。用他的话说，就是："(真实的唐朝的)细节，可能是从唐朝携带回来的卷轴画上模仿来的，并非粟特画家们亲眼所见。"(同上引书，第16页)

⑥ 张彦远《历代名画记》卷三《记两京外州寺观画壁·东都寺观等画壁》。

（王）维手成，所以色损”一句可知，当指因年代久远而褪色；“起样”亦称“样”“画样”“起稿”，当即起草、构图、打底稿；“随隐”从与“起样”相接来看，当与上色、用色彩隐去底稿之线条有关。从中可以看出，一幅壁画，是要经过以线条勾勒、白描的手法“起样”构图、打底稿，以及上色、隐去底稿线条等两道主要工序，才能完成的。而且两道工序一般分别由两人完成。张彦远提到的一铺壁画由王维自己白描、自己上色的情况，只是个例。

综上所述，可以认为，杜环所见西行大食的中国画匠樊淑、刘泚等人，主要的工作是为宫殿厅堂寺院等建筑绘制壁画，具体专长为“起样”、构图、打底稿。进一步可以认为，如前所述，他们西行大食之时，正是巴格达等新兴城市大举兴建之时，他们的技术、专长，对于这座城市某些建筑的壁画绘制，应该是做出过贡献的。

5. 第一个以士人或军吏的身份经陆上丝绸之路西行、沿海上丝绸之路返回的中国人

杜环也是第一个既非僧徒又非商人，而以士人或军吏的身份，经丝绸之路陆路西行、沿丝绸之路海路返回的中国人。前已提及，杜环这次西行，东端起点和终点都在长安，西端最远走到地中海东岸今叙利亚一带。陆路去，海路回，相当于绕行陆上和海上丝绸之路一周，这是一次历史壮举。在杜环之前的西行者当中，只有东晋名僧法显有过同样的壮举。法显用了 14 年的时间，经西域诸国西行，从海路返回。只是由于法显西行的主要目的是去五天竺国观礼取经，往西没有走得像杜环这样远。所以说，杜环虽然晚了 400 年，却是第一个往西走得最远，而且以士人或军吏身份绕行陆上和海上丝绸之路一周的中国人。

这里想提出一个问题做一简要讨论，即杜环取道海路返回中国的路线问题。

杜环西行的路线是明确的。根据杜佑《通典》所收《经行记》的记述，大致上可以勾勒这样一幅路线图：自长安出发，经过安西四镇、西域怛逻斯（今哈萨克斯坦江布尔）、石国（今乌兹别克斯坦塔什干）、拔汗那国（今乌兹别克斯坦费尔干纳）、康国（今乌兹别克斯坦撒马尔罕）、末禄国（今土库曼斯坦马里），自波斯湾幼发拉底河和底格里斯河交汇入海口处的新兴城市巴士拉进入大食国境内。再自巴士拉沿陆路西北行千里，到达阿拔斯王朝的都城库法或地中海东岸的大马士革。以后又从库法或大马士革出发，西北行到地中海东岸的苫国，西南行到摩邻国，东行到巴格达。

与西行的路线相比，杜环返回中国的路线就不那么明确了。《经行记》或许会有所记载，但是杜佑《通典》摘录其文时没有提及。我们从前引《通典·边防典·西戎总序》简短的经历介绍中只能了解到，杜环于 762 年乘坐阿拉伯商人的海船，经广州返回中国。用杜佑在《通典·西戎总序》里的话说，“宝应初，因贾商船舶，自广州而回”。

好在学界对杜环所处时代中国与阿拉伯之间的海上交通已经做了深入研究。我们可以根据已有研究成果，对杜环取道海路返回中国的路线做一推论。比如说，据李金明先生研究，从唐德宗宰相贾耽的《广州通海夷道》、阿拉伯商人苏莱曼等人的《中国印度闻见录》、伊本·库达伯的《郡国道里志》和雅库比的《阿拔斯人史》等著述反映的情况来看，8—9 世纪中国与阿拉伯之间的海上交通，可以勾勒这样一幅路线图：巴格达—巴士拉—波斯湾—阿拉伯海—斯里兰卡—孟加拉湾—马六甲海峡—军突弄海（越南）—涨海—广州。整个航程近 3 个月（86 天）。[①] 可以认为，杜环取道海路返回中国，

① 李金明《唐代中国与阿拉伯海上交通航线考释》，《广东社会科学》2011 年第 2 期。

大致上就是沿着这样一条路线前行的。具体说就是：以巴格达为起点，先陆行到达巴士拉，再从巴士拉乘坐阿拉伯商人的海船，出波斯湾，过阿拉伯海、斯里兰卡，经马六甲海峡、军突弄海、涨海，到达广州。

杜佑《通典》所引《经行记》，有一段文字涉及师子国，即这条路线最为重要的中转站——今斯里兰卡。这段文字可以作为一个例证，表明杜环取道海路返回中国，波斯湾至阿拉伯海这一段，很有可能走的就是至斯里兰卡中转这条路线，并在斯里兰卡停留了一段时间，了解当地风土人情。下面转引这段文字，做一简要讨论。

杜佑《通典》在“师子国”条下写道：“杜环《记》云：师子国，亦曰新檀，又曰婆罗门，即南天竺也。国之北，人尽胡貌，秋夏炎旱。国之南，人尽獠面，四时霖雨。从此始有佛法寺舍。人皆儋耳，布裹腰。”①

以上文字尽管简短，但是对比《宋书》《梁书》以及《通典》等书有关师子国的记载却可以看出，除了地名以外，有关风土人情的内容皆为《经行记》所独有，他书不见记载。地名中的“新檀”一词，也是杜环的首创。而其中的北方和南方气候有炎旱、霖雨之不同，居民相貌有胡、獠之不同，人人都有在耳下垂挂饰物、在腰间扎裹布带的习惯，以及从这里开始可以看到佛教寺院了，这样的记载，是只有身临其境，亲眼见过、亲身感受过，才能写得出来的。尤其是“从此始有佛法寺舍”一句，已经在伊斯兰教环境中生活了10年之久的杜环，如果没有到过这里，不是亲眼所见，是不会如此敏感，说出这样的话，做出这样的判断来的，而且体现一种自西往东走的方位感。即：之前一路走来都没有看到佛教寺院，这种情况，只有自西往东走才能出现。如果自东往西走，则广州至斯里兰卡海路沿线经过的东南亚各国，这时都还是佛法盛行、寺院林立的国度，不会出现这种情况。这就反映出，杜环有如此感受时，是在自西往东走。所以，这句话可以认为是杜环到过这里的最好证据。

总之，通过以上简短的讨论，我们可以得出这样一个认识：《经行记》的这段文字表明，杜环取道海路返回中国，途中很有可能到过斯里兰卡并有所停留。

三、结语

以上讨论表明，杜佑与唐代海上丝绸之路的发展很有关系，曾经做出过实际的和知识性的两种贡献。就前者而言，唐德宗贞元年间至宪宗元和年间广州城居住环境的改观和海外交易市场的发展，与从杜佑连续五六任岭南节度使兼广州刺史的持续近30年的整顿治理有关。杜佑在其中占有首役其功的地位。就后者而言，将《经行记》一书收入《通典》，使杜环创造了五个“第一”的经历得以为人所知，增进了唐人对西域诸国尤其是阿拉伯国家风土人情的认识和了解，也为后人保留了一份了解和研究8世纪中叶地中海至波斯湾沿岸诸国地理、物产、民族和习俗，以及中国的纺织和壁画绘制等工艺技术西传中亚、西亚的珍贵史料。

附记：本文原为提交2016年8月27—28日在厦门大学举行的“唐代江南社会经济与海上丝绸之路”研讨会的论文。部分内容2017年4月以来有所修改。

---

① 《通典》卷一九三《西戎五·师子国》附杜环《经行记》“师子国”条。

Du You and Development of Maritime Silk Road in Tang Dynasty

Guo Feng (National Academy of Education Administration)

Abstract: Du You made two contributions to the development of the Maritime Silk Road in Tang Dynasty. The first one is the actual contribution that engaged an improvement of living environment and overseas market of Canton City during the Zhenyuan and Yuanhe period of Tang Dynasty, through a series of measures of rectification and governance done by Du You and his five or six successors. Du You held an initiator position in these activities. The second one is the informational contribution that made an abstract of The *Jing-Xing-Ji* (*Travel Experience to the West*) and took it in the work of *Tong Dian*. This contribution made Du Huan's travel experiences to the West that created five "First" be learned at that time and after, and further promoted people's knowledge and understanding of the geographical properties, nationalities and customs of the West Asia and eastern Mediterranean regions, especially the Arabian countries.

Keywords: Du You, Du Huan, *Travel Experience to the West*, Canton City, Maritime Silk Road

俱战提考述*

袁　勇（北京大学）

摘　要：穆格山粟特文书 A-9——一封普通的书信，却记录了 722 年锡尔河畔的俱战提所发生的“惨剧”。本文在前辈学者对 A-9 文书的转写、释读基础上，结合中亚史料、中文史料和考古资料，对俱战提的位置、历史、交通等加以考证，进而阐释 722 年所发生的俱战提事件，从而说明 8 世纪初期河中地区的政治情势和阿拉伯人在河中地区的征服史，进而说明俱战提在河中地区历史上的重要地位。

关键词：722 年；俱战提；河中地区；阿拉伯人

“粟特”（sogdiana/sughd，索格底亚那）[①]一词最早在贝希斯敦（Behistun）铭文中就已存在，但并未指明具体地域。[②]在早期希腊学者的笔下，索格底亚那大致指河中地区（Transoxania），即位于阿姆河和锡尔河之间的地区。亚历山大东征以后，该词所指地域范围精确至泽拉夫善河（Zarafshan）[③]流域。3—8 世纪时，索格特（索格底亚那）包括泽拉夫善河与卡什卡河（Kashka Darya）流域。[④]在中古时期地理学家笔下，索格底亚那通常指撒马尔罕（Samarkand）与布哈拉（Bukhara）附近地区，比如伊斯塔赫里（al-Iṣṭakhri）即认为布哈拉以东直至撒马尔罕地区为粟特。在中国隋唐史书中“粟特”通常用来指阿姆河和锡尔河之间的“昭武九姓国”（康、安、曹[⑤]、石、米、何、火寻、伐地、史），其中的康国、安国、米国、何国都位于泽拉夫善河流域。7 世纪玄奘也曾经过此地，后来他在《大唐西域记》中讲道：“自素叶水城至羯霜那国，地名窣利，人亦谓焉。文字语言，即随称矣。”[⑥]“窣利”即所谓的“粟特”，粟特语中作 Sγwδy（Sogdian）。[⑦]由此可见，尽管在不同著述者的笔下“粟特”所指地域范围有所不同，但泽拉夫善河流域大致算是“粟特”的核心区域。

* 本文系国家社科基金重大项目“新疆维吾尔自治区丝路南道所遗存非汉语文书释读与研究”（12&ZD179）的阶段性研究成果之一。本文的写作承段晴教授悉心指导，谨此致谢。

① 可参考 R. N. Frye, “Sughd and the Sogdians: A Comparison of Archaeological Discoveries with Arabic Sources”, *Journal of the American Oriental Society,* Vol. 63, No. 1, 1943, pp. 14–16。

② 古波斯铭文中作 sugudu，鲁斯坦姆铭文作 suguda，阿维斯坦（Avestan）中作 Sughda。

③ 古代又称“输金河”，即《隋书·西域传》中的“那密水”。J. Marquart, *Wehrot and Arang*, Leiden, 1938.

④ ［俄］李特文斯基主编《中亚文明史》第三卷，马小鹤译，北京：中国对外翻译出版公司，2003 年，第 195 页。

⑤ 此处通常是指东曹国（ustrushana），即《新唐书》中所称之“率都沙那、苏对沙那”，此外还有中曹国和西曹国。

⑥ 玄奘著《大唐西域记校注》，季羡林等校注，北京：中华书局，1985 年，第 73 页。

⑦ 关于“窣利”的词源，马迦特（J. Marquart）认为是中古波斯语中 Sūlik 的对音；贝利（H. W. Baily）认为是 Sūlya。可参《大唐西域记校注》，第 73—74 页。

在中亚文献中将阿姆河以北的地区泛称为河中（Ma Wara ‘al – Nahr，河外地）。该词不仅包括严格意义上的粟特或索格底亚那，也包括更北地区（东曹国、石国、费尔干纳，甚至七河地区），以及古代巴克特里亚北部。[①] 因此为避免混淆“粟特”的含义，文中主要使用“河中地区”这个更为宽泛的地理概念。

穆格山文书

关于粟特的文献资料主要包括历史记载和出土文书。首先，历史记载集中于中文史书（诸如《隋书》《唐书》《册府元龟》等）与中古时期地理学家的著述之中[②]；而几乎所有粟特文书都是在距离粟特地区遥远的东方发现的[③]，尤其是在中国敦煌、吐鲁番等地区发现大量粟特文书，其中包含大量佛教、摩尼教、基督教文献材料，以及部分书信[④]和商业文书，另一类特殊的粟特文书则是在蒙古国和印度河谷上游[⑤]等地发现的粟特铭文和题记。粟特本土地区几乎一片空白，直至 1933 年苏联考古队在中亚撒马尔罕以东约 140 公里的穆格山（Mt. Mug）城堡发掘出土了约 90 件文书。文书中除大部分粟特文书外，还有一件阿拉伯文书和一件突厥鲁尼文书。这批粟特文书经过学者们研究确定是属于喷赤干（Penjikent，或译为片治肯特）领主迪瓦什迪奇（Dhewashtich）的档案，主要包含法律文书、经济文书和书信，年代不晚于 722 年。[⑥] 这是唯一在粟特本土地区发现的粟特文书，对于从内部了解粟特人的政治、经济活动等有重要价值，尤其为我们了解 8 世纪初期，喷赤干及其周边地区在阿拉伯征服前夕的外交、社会状况提供了重要史料。

我们主要对穆格山文书的研究成果加以介绍。在文书的转写、注释方面，贡献最大的当属苏联学者里夫什茨（V. A. Livshits），自 1960 年来其陆续发表对穆格山文书的释读成果，最后在 2008 年汇总为《中亚和七河流域地区的粟特碑铭》一书，书中主要包含了穆格山文书中的法律文书、经济文书和书信，作者在书中吸收了斯米尔诺娃（O. I. Smirnova）、格尔斯维奇（I. Gershevitch）[⑦]、雅库波维奇（I. Yakubovich）等人的释读成果。书中详尽探讨了文书中出现的粟特语词汇的词源问题，并附有每一件释读文书的高清图片。其英译本于 2015 年出版，被收入辛姆斯 - 威廉姆斯（Sims-Williams）主编的《伊朗碑铭丛刊》（*Corpus Inscritionum Iranicarum*），书中修订了俄文版的一些错误。20 世纪 80 年代，马小鹤曾利用穆格山文书（A-14、B-17、B-18 等）探讨 8 世纪初期粟特的政治形势以及迪瓦什

---

① ［法］魏义天（E. de la Vaissiere）《粟特商人史》，王睿译，桂林：广西师范大学出版社，2012 年，第 174 页。

② 塔巴里（Tabari）《先知与君王》（*Ta'rīkh al-Rusul wa'l-mulūk*），英译本 E. Yar-Shater（edited），*The History of al-Tabarī*，38 volumes，New York：State University of New York Press，1987-1997。佚名《世界境域志》（*Hudūdal-'Ālam*），trans. by V. Minorsky，*The Regions of the World*，2nded，London，1970。伊本·胡尔达兹比赫《道里邦国志》（附古达玛《税册及其编写》），宋岘译，北京：中华书局，1991 年。

③ 可参考黄振华《粟特文》,《中国史研究动态》1981 年第 9 期，第 28—33 页。

④ 可参看 W. B. Henning，“The date of the Sogidan Ancient Letters”，*BSOAS*，XII/3，pp. 601-615；Sims-Williams，“The Sogdian Ancient Letter II”，*Philologica et Linguistica. Historica, Pluralitas, Universitas. Festschrift fur H. Humbach zum 80. Geburstag* (ed. M. G. Schmidt, W. Bisang)，Tirer，pp. 267-280。

⑤ 20 世纪 80 年代印度河谷上游地区发现的粟特文题记，已经由辛姆斯 - 威廉姆斯解读，参见 Sims-Williams，*Sogdian and other Iranian Inscriptions of the Upper Indus,* I（1989）；II（1992）。

⑥ 即阿拉伯史料中的 Diwashini，他死于 722 年，见 Tabari，*The History of al-Tabarī*，Vol 24，p. 177。

⑦ I. Gershevitch，“The Sogdian word for ‘Advice’, and some Muγ documents”，*CAJ*，VII，pp. 77-95.

迪奇的生平。[①]2002 年葛乐耐（F. Grenet）和魏义天共同发表《片治肯特的最后时光》（The Last Days of Panjikent）[②] 一文，文中在对穆格山文书中几封重要书信 B-18、Nov. 2、A-14、A-9 进行新的释读的基础上，探讨了片治肯特在被阿拉伯征服之前最后几年的政治情势。

关于阿拉伯人在河中地区的征服史，我们主要介绍两位在利用中亚史料方面成果突出的学者。俄国学者巴托尔德（V. V. Bartold）《蒙古入侵时期的突厥斯坦》（*Turkestan down to the Mongol Invasion*）[③] 基于繁复的中亚史料，梳理了丰富的多语言文献，对河中地区的地理和 12 世纪前的中亚史有精彩论述，至今仍为中亚史的奠基之作。吉布（H. A. R. Gibb）《阿拉伯征服中亚》（*The Arab Conquest in Central Asia*）[④] 也是利用多语言文献研究中亚史的典范。

本文正是在穆格山文书、阿拉伯史料、中文资料以及考古发现等多种资料的基础上，对 A-9 文书中所记录的 722 年发生在俱战提的历史事件加以阐述，并对俱战提的历史、交通等加以考证，使得我们对于 8 世纪初期河中地区的政治情势和阿拉伯人在河中地区的征服史有更加深刻的了解，进而说明俱战提在河中地区历史上的重要地位。

俱战提

粟特文书 A-9

穆格山粟特文书 A-9 正面 15 行，保存较完整，背面 26 行，模糊，损毁情况比较严重，末尾有两行反向书写的文字。整件文书正面与反面的内容之间也缺乏明显联系，应当是两封独立的书信。但是根据字体特征判断（除反面末两行文字），应当是出于一人之手。此件文书正面的文字从内容以及语气上判断，应当是写给迪瓦什迪奇的一封书信。但是与穆格山发现的其他书信相比，信中缺少收信人与写信人的名字，信的开始也没有常见的问候性敬语。

里夫什茨、葛乐耐和魏义天等学者已经对 A-9 文书进行了转写和翻译，因此，本文将仅对文书中涉及俱战提的部分进行阐述，现翻译文书 A-9 正面 15 行文字如下[⑤]：

1 有消息如下：俱战提（kwc'nth）[⑥] 完了，所有人都

2 不再信任埃米尔（xm'yr）[⑦]，贵族、商人（xw'kry）和

---

① 马小鹤《七一二年的粟特》（原载《新疆大学学报》1986 年第 1 期）、《公元八世纪初的粟特》（原载《中亚学刊》第 3 辑，北京：中华书局，1990 年），收入《摩尼教与古代西域史研究》，北京：中国人民大学出版社，2008 年。

② F. Grenet, E. de la Vaissiere, "The Last Days of Panjikent", *Silk Road Art and Archaeology*, 8, Journal of the Institute of Silk Road Studies, Kamakura, 2002, pp. 155-196.

③ ［俄］巴托尔德《蒙古入侵时期的突厥斯坦》，张锡彤、张广达译，上海：上海古籍出版社，2007 年。

④ H. A. R. Gibb, *The Arab Conquest in Central Asia*, London: The Royal Asiatic Society, 1923.

⑤ V. A. Livshits, *Sogdian epigraphy of Central Asia and Semirech'e*, translated from the Russian by Tom Stableford, ed. by Nicholas Sims-Williams, School of Oriental and African Studies, London, 2015, pp. 74-82（附有文书图片）. Fr. Grenet, E. de la Vaissiere, "The Last Days of Panjikent", pp. 171-179.

⑥ 里夫什茨起初将其释读为"kwc'nt"，认为指的是中国新疆的"龟兹（库车）"。但是，斯米尔诺娃指出其错误，重新释读为"kwc'nth"——俱战提。

⑦ 这一句可能有抄写错误，里夫什茨转写为 pr pr xm'yr pyr nyz'nt，作出两种截然不同的解读：不再信任埃米尔；处于埃米尔的保护下。

3 工人（k'ryk'r），（总共）14000，全都撤离了。我们派遣了一个信使，

4 但是后来听说你已经出发前往呵斥罗（xwttwrstn）。①

5 在 Akhshewar 日，首领（š'ykn）停在了沙乌凯特（šāwkat），我派

6 所有的"快足"穿过布特姆山（Buttaman）去他那里，帕尔加尔（Parghar）的广阔的土地

7 不能留给他，因为首领将不会去你那里。

8 领主（MR'Y）！先前有令："你和 Dhishtach（人名？），

9 开始给马装货！在 Murtat 日，可靠的人

10 将会来到 Raman。"但是没有消息。如果

11 你达成了协议（βr'z），你和你的人民都将不会得到公正（和平？）。

12 我已经派出另一个信使，有任何新消息都将会通知你。

13 我会派出（可靠的？）信使。至于乌什鲁桑那（Ustrushana）的人民

14 有一些人将会来。没什么可害怕的，

15 因此，不必担心！

在文书第一行所说的消息"俱战提完了"中提到了"kwc'nth（kochanda）"，是地名"khujand"的粟特文形式，在中古伊朗语中作"Xwaǰand（hwcnd）"②，至于粟特语"kwc'nth"中的"k"应当是该地名的一种突厥化的形式，这种首字母 k/x 的替换在 Terak-sai 和 Kulan-sai 的粟特铭文中也可发现，如粟特文"'kwsr'w"在伊朗语中作"Xusraw"③。此处的"kwc'nth（kochanda）"应当就是中国古代史书中所提到的"俱战提"，即今日塔吉克斯坦境内的苦盏（Khujand）——苏联时期被称为列宁纳巴德（Leninabad），苏联解体后恢复原名——该城坐标 40°17′N，69°37′E，位于锡尔河左岸，费尔干纳河谷口，是费尔干纳盆地西部的门障。据《新唐书·西域传》"东曹国""石国"条记载：

> 东曹，或曰率都沙那、苏对沙那、劫布呾那、苏都识匿，凡四名。居波悉山之阴，汉贰师城地也。东北距俱战提二百里，北至石，西至康，东北宁远皆四百里许。
>
> 石，或曰柘支、曰柘折、曰赭时，汉大宛北鄙也。去京师九千里，东北距西突厥，西北波腊，南二百里所抵俱战提，西南五百里康也。

石国即今乌兹别克斯坦首都塔什干（Tashkand）——意为"石头城"，东曹国都城即今之乌腊提有别。同时，在唐代笔记小说《酉阳杂俎》中提到："俱振提国尚鬼神。城北隔珍珠江二十里有神。春秋祠之时，国王所需什物金银器，神厨中自然而出，祠毕亦灭。天后使验之，不妄。"此处"俱振提"应当就是《新唐书》中所提到的"俱战提"。据《新唐书·西域传》："西南有药杀水，入中国，谓之真

---

① F. Grenet，E. de la Vaissiere，"The Last Days of Panjikent"，p. 171.

② Bundahiš 88. 15：Xwaǰand-rōd pad mayān ī Smarkand ud Fragān be šawēd u-š rōd-iz Xšart xwānēnd：苦盏河（khujand river，即锡尔河）流淌在撒马尔罕和费尔干纳之间，他们也称它为药杀水。引自 V. A. Livshits，*Sogdian Epigraphy of Central Asia and Semirech'e*，p. 78。

③ V. A. Livshits，*Sogdian Epigraphy of Central Asia and Semirech'e*，p. 78.

珠河，亦曰质河”，所谓“珍珠江”应当就是“真珠河”，即今日之锡尔河（古称药杀水）。《新唐书》所记俱战提方位与阿拉伯史料大体相符，但俱战提同石国和东曹国之间的道里则颇有出入。伊本·胡尔达兹比赫《道里邦国志》中记载①，苏对沙那东至俱战提为17法尔萨赫（farshkh）②，约102公里，从赭时至俱战提37法尔萨赫，约合222公里，与《新唐书》记载的200唐里（约合88公里）相比，前者相差十余公里，可能是由于伊本·胡尔达兹比赫所记里程要绕道萨巴特（详见下文），但后者相差约134公里，则不知是何缘由。

俱战提之名

《新唐书·西域传》“石国”条中曾提到一座“瞰羯城”：“显庆三年，以瞰羯城为大宛都督府。”此处“瞰羯”的上古音为k'am kǐăt，中古音构拟为k'am kǐɐt③，“瞰羯”之音与“俱战提”（khujand）之音相近，疑为同一地，但由于大宛都督府存在时间较短，且不见于《新唐书·地理志》中，故没有留下更多线索。有学者将其对音为Qaq（塔吉克—波斯文文献中指塔什干），比定为《新唐书·西域传》中的“柘折城”，但《新唐书》似乎不大可能把石国都城之名按两种译名来记。同时，据《新唐书·西域传》“拔汗那国条”记载：“贞观中，王契苾为西突厥瞰莫贺咄所杀，阿瑟那鼠匿夺其城。鼠匿死，子遏波之立契苾兄子阿了参为王，治呼闷城。遏波之治渴塞城。”藤田丰八认为此处的呼闷城（突厥语作γwmp'n）即为“俱战提”④。“俱战提”（khujand）是唐人对此地的称呼，后代的称呼虽有所不同，但基本都是由此音演变而来，而且到了元代以后，在中国史书和游记中，我们时常能发现有用此城的名字来称呼流经其旁的锡尔河，这一变化应当与此城作为锡尔河上的重要渡口密切相关，凸显其交通位置的重要性。此地在《元史》中有多种称呼：《元史·地理志·西北附录》中著录此城为“忽毡”⑤，《元史》卷一四九《郭宝玉传》中提到“忽章河”，《元史》卷一五一《薛塔剌海传》中称为“忽缠”。刘郁《西使记》中也以城名把锡尔河称作“忽章河”。“忽毡”“忽章”“忽缠”这三种称呼都是由“俱战提”（khujand）音转而来。元代耶律楚材《西游录》中将此城称为“苦盏”：“苦盏多石榴，其大如栱，甘而差酸，凡三五枚，绞汁盈盂，渴中之尤物也。”⑥此地盛产水果，其中石榴颇为有名，这在阿拉伯史料中也得到了印证。算端巴伯儿（Sultan Baber）谓俱战提城甚古，产水果甚佳，尤以石榴为美。⑦《世界境域志》讲到“忽毡”时也说：“忽毡，为一城镇，该地区的主要地方。有大量农作物，其地居民富有骑士精神，出产石榴。”⑧《长春真人西游记》中也曾提及此地：“复行二日，有河，是为霍阐没辇。”⑨所谓“霍阐没辇”（khujandmüren），即霍阐河，“霍阐”是khujand之音，“没辇”是突厥—蒙古语词müren，表示“河”的意思。《明史·西域传》中有所谓“火站河”：“……西北临大河名

① 伊本·胡尔达兹比赫《道里邦国志》（附古达玛《税册及其编写》），1991年，第29—33页。

② 法尔萨赫（farshkh）是古波斯及阿拉伯计算路程的单位。中古时期1法尔萨赫（farshkh）约相当于6公里（参见张广达《碎叶城今地考》，《北京大学学报》1979年第5期，第71—83页）。

③ 郭锡良编著《汉字古音手册》，北京：商务印书馆，2010年，第60、295页。

④ ［日］藤田丰八《慧超传笺释》，第七二表。参见薛宗正《突厥史》，第326—327页。

⑤ 《元史》卷六三《地理志》，北京：中华书局，1976年，第1568页。

⑥ 耶律楚材《西游录》，向达校注，北京：中华书局，1981年，第2页。

⑦ 张星烺编注《中西交通史料汇编》，朱杰勤校订，北京：中华书局，1978年，第90页。

⑧ 该书用波斯文写成，作者不详，今抄本的书末标明是在回历656年（公元1258年）抄写的。可参考王治来译注《世界境域志》，上海：上海古籍出版社，2010年，第44页。

⑨ 李志常《长春真人西游记》，尚衍斌、黄太勇校注，北京：中央民族大学出版社，2016年，第143页。

火站，水势冲急，架浮梁以渡。”“忽章河”“霍阐没辇”“火站河”都是以此城来称呼河流。

俱战提的历史与交通

俱战提北边临近石国（塔什干），东边毗邻拔汗那（费尔干纳），西南靠着乌什鲁桑那（Ustrushana，即曹国），同时还是锡尔河上的重要渡口，这样得天独厚的地理位置，使得其在河中地区的历史上具有重要地位。根据考古发现①，我们得知在俱战提的现代地层下，依次有中世纪、希腊化时期、阿契美尼德时代的地层遗迹，该城的历史可以追溯到公元前6世纪。公元前545年居鲁士大帝在该地修建了一座“居鲁士城”（Cyropolis），作为阿契美尼德王国的东北边界——抵抗塞种人的前线。亚历山大征服这座城市后，重新在此地修建了一座“亚历山大城”（Alexandria Eschate：最遥远的亚历山大城），考古学家也在当地发现了希腊化时期的钱币和陶器。从考古结果来看：俱战提在2—5世纪，基本局限于旧时的领土范围，核心部分的面积大约20公顷。在6—8世纪，俱战提经历了一个迅猛发展的时期，在旧城东部改建了一个占地约8公顷的新要塞，古要塞被包含在新要塞的内殿之内，这次重建把俱战提改造成一个包括要塞、市区和工商业三部分、有强大防御系统的大城市。②这种改变应当与当时阿拉伯人在河中地区的行动有关，俱战提人民为应对复杂的形势所作出的应对措施。10世纪的地理学家在著作中描述俱战提时说：忽毡为河中大城之一，有子城、内城——波斯语称为沙赫里斯坦（shahristān），以及外城——即拉巴德（rabaḍ）；监狱在子城以内，大礼拜寺在沙赫里斯坦以内，宫院坐落在拉巴德以内一个方场中央。③

俱战提地处石、曹、拔汗那三国交界，毗邻锡尔河的特殊地理位置，使得其成为连接东方与西方交通道路上的重要据点，来往于东西方的商人们也将俱战提作为一个中转休息地，此地也因此成为河中地区重要的交通枢纽。“商人”（xw’kry）一词只在穆格山文书A-9中出现过一次，也与“俱战提”相关，由此可见其地理位置在商业中的重要性。要研究俱战提与其周围地区的交通情况，我们必须依靠地理学家的著作。④据伊斯塔赫里记载，从撒马尔罕到忽毡（即俱战提）全程8日，而从撒马尔罕到忽毡之间经过的全部地区，几乎都是乌什鲁桑那（曹国）的辖境，中间要经过巴尔凯特、赛阿德拉巴特、布尔奈麦德、扎敏、萨巴特、阿尔坎德与沙乌凯特等地，其中最重要的是扎敏——乌什鲁桑那境内的第二大城市。从扎敏到忽毡之间也有几条道路，从萨巴特可以经过阿尔坎德与加鲁克—安达兹，抵达忽毡。从忽毡到费尔干纳的路程也很便捷，费尔干纳的首府阿赫锡凯特⑤（Akhsīkath）位于锡尔河的右岸，两城之间的道路大体也是沿着锡尔河而行，两地大约相距23法尔萨赫，接近140公里。从忽毡出发中间经过萨姆加尔（距忽毡5法尔萨赫）、哈吉斯坦（距萨姆加尔4法尔萨赫）、图尔穆坎（距哈吉斯坦7法尔萨赫）、巴卜（距图尔穆坎3法尔萨赫）等地，再行4法尔萨赫到达阿赫锡凯特。还有一条从忽毡到奥什的道路（6日程），横贯费尔干纳南部，其中要经过肯德、沙赫、里什坦、增德达姆什、库巴等。奥

① 苏联在中亚开展了大量考古工作，可参考［苏］弗鲁姆金（G. Frumkin）《苏联中亚考古》（*Archaeology in Soviet Central Asia*），黄振华译，新疆维吾尔自治区博物馆油印本，1981年。

② 《中亚文明史》第三卷，第234页。

③ 《蒙古入侵时期的突厥斯坦》，第192页。

④ 巴托尔德已经利用阿拉伯史料（如《道里邦国志》）进行了详细阐述，我们在此处只简略概述。详见《蒙古入侵时期的突厥斯坦》，第189—194页。

⑤ 此城应当就是《新唐书》中所称之“西鞬城”，其北5法尔萨赫（30 km）有一柯散城，应当是《新唐书》中的“渴塞城”，8世纪末至9世纪初，“渴塞”是费尔干纳诸王公的都城。

什是费尔干纳境内第三大城，处于费尔干纳与突厥疆域的交界区域。《世界境域志》中说：“鄂什（注：即奥什），是一个繁荣而很美丽的地方，其居民好战。位于山坡上，山上布有斥候，以监视异教的突厥人。”① 在穆格山出土的粟特文书 A-14 中提到过“肯德”，其粟特文形式为“knδ”（kand，意为城）②，该城在后来被称为肯德—伊・叭哒姆（Kand-i Bādām），意为“叭哒杏城”③，大约是因为该城以出产叭哒杏著称，所以获得此名。从忽毡到肯德的距离大约为 5 法尔萨赫，在中世纪时该城与萨姆加尔（Samghar）同属俱战提。至于从忽毡到塔什干（石国）的道路，亚尔库比（Kitāb al-Buldān）称“从费尔干纳至赭时（即石国）五日程，从忽毡至赭时四日程”④。以上就是地理学家记述的忽毡（俱战提）与周边的交通情况，掌握这些情况有助于我们更加全面地理解所谓“俱战提事件”及其意义。

722 年的俱战提

结合俱战提在河中地区独特的交通位置，以及其在 6—8 世纪新建要塞增强自身防御能力的举动，我们来重新审视文书 A-9 中所提到的“俱战提事件”。首先介绍一下“俱战提事件”之前河中地区的背景形势⑤，在 8 世纪初涉及河中地区的主要有以下三股重要势力：阿拉伯人（倭马亚王朝）、突厥（东、西突厥）、中国（唐朝）。阿拉伯人自 654 年第一次越过阿姆河以来，多次向河中地区入侵，最初其目的仅在掠夺。705 年哈里发任命屈底波・本・穆斯林（Qutayba ibn Muslim）为呼罗珊总督，开启了阿拉伯征服河中地区的新阶段。到 715 年屈底波死的时候，阿拉伯人的军队已经占领了花剌子模、布哈拉、撒马尔罕等地，甚至在费尔干纳也设置了阿拉伯总督。但是，这种局面在屈底波死后数年就发生了改变，锡尔河流域各省相继失守，在河中西南部，虽然布哈拉、撒马尔罕等城镇还处于阿拉伯军队的控制下，但是阿拉伯人不得不屡屡应对当地土著的反叛。⑥ 同时，由于突厥势力介入河中地区使得当地的形势更加复杂。突厥在 6 世纪晚期分裂为东、西两个汗国，而这两个汗国时而强盛，时而衰弱，当其衰弱之时，别的部落趁机兴起占据其故地，如突骑施部，中国（唐朝）则乘机将这些“突厥部落”收为臣属。因此在多数时段内，唐朝名义上保持粟特地区诸国的宗主国地位，在这些地方设置羁縻州，但实际上很少直接干预各国之事，反而是突厥势力在河中地区更加活跃。在中古史学家的著述中，我们屡屡都能看到“突厥”⑦ 势力参与到河中地区居民与阿拉伯人的对抗中。在 8 世纪初期活跃在河中地区的“突厥”，首先是 7 世纪末复兴的东突厥，然后是继之而起的突骑施。正是由于多方势力交错才使得河中地区的粟特诸国在面对阿拉伯军队入侵时，在三方之间徘徊不定，时而投向阿拉伯人，时而依靠突厥的力量反抗，或者请求中国（唐朝）出兵。而“俱战提事件”就是粟特人与

---

① 王治来译注《世界境域志》，第 112 页。

② V. A. Livshits，*Sogdian epigraphy of Central Asia and Semirech'e*，p. 74.

③ “叭哒”是一种波斯杏的名字，汉译也作婆淡（vadam）、八担、巴旦。耶律楚材《西游录》中所谓“芭榄城”，当即此城。关于“巴旦杏”可参考［美］劳费尔（B. Laufer）《中国伊朗编》（*Sino-Iranica*），林筠因译，北京：商务印书馆，2015 年，第 248—253 页。

④《蒙古入侵时期的突厥斯坦》，第 200 页。

⑤ 关于 8 世纪初期粟特地区的背景形势，可参考马小鹤《摩尼教与古代西域史研究》（其中的《公元八世纪初的粟特》《七一二年的粟特》两文），北京：中国人民大学出版社，2008 年。

⑥ 关于阿拉伯人在中亚的征服历史，可参考《蒙古入侵时期的突厥斯坦》（第二章：截至十二世纪的中亚史）；H. A. R. Gibb，*The Arab Conquests in Central Asia*，London，1923。

⑦ 在穆斯林文献中，“突厥”（Turk）一词可以被用来指东方所有的非伊朗民族。可参考 R. N. Frye and Aydin M. Sayili，“Turks in the Middle East before the Saljuqs”，*Journal of the American Oriental Society*，Vol. 63，No. 3，1943，pp. 194-207。

阿拉伯人的斗争中的一个“缩影”，是粟特人与突骑施人联合对抗阿拉伯人失败，同时向中国请求救兵无果的情况下，所引发的一场惨剧。

在此我们结合阿拉伯史料和中文史料对“俱战提事件”的整个过程加以梳理[1]：715 年屈底波死后，阿拉伯人在河中地区的势力向南退却，而阿拉伯人征收沉重的赋税［包含人丁税（jizya）和田地税（kharaj）］，又激起了河中地区人民的反抗。于是河中地区各国（除少数外）也趁此时积极谋求摆脱阿拉伯人的控制，开始多方寻求盟友。在开元七年（719）二月康国国王乌勒伽、安国国王笃萨波提、俱蜜国王那罗延等纷纷上书唐朝，请求唐朝出兵或者下令让突骑施出兵共破大食（即阿拉伯）。[2] 康国国王在表中请求唐朝“委送多少汉兵来此，救臣等苦难”。安国国王在表中“伏乞天恩兹泽，救臣苦难，仍请敕下突厥（骑）施，令救臣等”。但是唐朝只是安抚他们而已，并没有开展实质性的军事行动。在 716 年默啜可汗死后，突骑施部在苏禄的带领下兴起占据西突厥故地。在东方，突骑施面对着吐蕃和唐朝两个强大的对手，它选择了向唐朝臣服（至少表面如此）；在西方，面对河中地区阿拉伯势力暂时衰退的大好局势，突骑施自然不会放弃这个占有富饶的河中地区的机会，因此突骑施首领苏禄自然选择了和粟特人联合，并派将军阙律啜［阿拉伯史料中的库尔苏勒（Kursul）］率军前往河中地区。据塔巴里（al-Tabarī）描述：突骑施人一路直抵撒马尔罕，呼罗珊总督赛义德（Sa‘īd）被突骑施人打败，受困于撒马尔罕，但是突骑施人由于缺乏足够的力量包围这座城市，于是就突然撤退了。阿拉伯方面，721 年新上任的呼罗珊总督阿穆尔·哈拉什（Al-Harashī）一改前任的怀柔政策，开始镇压河中地区的叛乱。于是参与叛乱的粟特人，特别是迪赫坎（Dihqān）[3] 和富商们开始感到恐慌，他们决定离开故土。这时，康国国王乌勒伽似乎又倒向了阿拉伯人，因为他并没有参与“撤离”，同时他还试图劝说这些人留下，让他们向阿拉伯人缴纳所欠赋税和提供人质，并保证与阿拉伯人合作，但是这些人拒绝了，并表示他们将前往俱战提，向那里的君主（从下文看可能指费尔干纳的君主）寻求庇护。

于是，一些人出发前往俱战提，费尔干纳君主起初允许他们在伊斯法拉县（Isfara rustāq）避难，但是后来又背信弃义，把他们留在了俱战提，并把他们的躲藏地点秘密地通知了阿拉伯人。722 年，哈拉什派人包围了俱战提，在经过一番战斗后，受困于俱战提的粟特居民投降，允诺缴纳所欠税款。但是阿拉伯人在占领该城后，不久就借故毁约，除了拥有巨额财富的 400 位商人（这些商人还携带有来自中国的货物）和贵族之外，俱战提的居民遭到阿拉伯人残酷的杀戮，包括 3000 个农民（一说 7000 个）。在塔巴里著作的波斯文译本中有一个完全不同的结局：这些俱战提的避难者最终得到了突骑施可汗的庇护。[4] 穆格山文书的主人迪瓦什迪奇似乎是这次叛乱的主要组织者，从书信 A-14、B-17 和 B-18 的内容来看[5]，迪瓦什迪奇自称“粟特王、撒马尔罕城主”，并派出信使联络石国、费尔干纳

---

① 基本材料来自于塔巴里（al-Tabarī）《先知与君王》（*Ta'rīkh al-Rusul wa'l-mulūk*），可参考英译本“The Empire in Transition (translated and annotated by S. P. David)”，*The History of al-Tabarī*，Vol 24，New York：State University of New York Press，1989，pp.162-180。

② 表文详见《册府元龟》卷九九九，北京：中华书局，1960 年，第 11722—11723 页。

③ 中古波斯语中作“dehgān”，词源为“deh（土地）”，在河中地区，既可用以指一般的地主，也用以指称当权的王公。

④ H. A. R. Gibb, *The Arab Conquests in Central Asia,* p. 63.

⑤ V. A. Livshits, *Sogdian epigraphy of Central Asia and Semirech'e*, pp. 67-74, 97-102. F. Grenet, E. de la Vaissiere, “The last days of Panjikent”, pp. 155-196.

的君主和可汗（明显是指突骑施可汗苏禄）。因此在哈拉什出兵后，迪瓦什迪奇带领另一部分人躲藏到泽拉夫善河左岸的阿巴尔加尔（Abargar）城堡（今称“穆格山城堡”）。最终，722年阿拉伯人占领城堡，同年秋天哈拉什在路上杀死了迪瓦什迪奇。至此，粟特人对阿拉伯人入侵的这次斗争以失败告终。

文书A-9正是反映了粟特人斗争失败后，向俱战提等地撤退后的情况。虽然文书中没有明确的时间纪年，但从文书内容来看，其中只提到了“贵族、商人、工人，总计14000人，全都撤离了”，而没有提及阿拉伯人屠杀粟特人一事，因此该文书应当是写于俱战提陷落不久，结合阿拉伯史料推知，哈拉什在721年秋接任呼罗珊总督，并在回历104年（722.6.21—723.6.9）初即渡过阿姆河，向河中地区发动进攻，粟特人随后撤到俱战提。考虑到其在路途中所驻留的时间，葛乐耐和魏义天推断俱战提陷落的时间可能在722年8月初[①]，因此这封书信最有可能写于722年8月初这段时间，收信人应当就是喷赤干领主迪瓦什迪奇，他此时可能已经躲到了穆格山，因此非常担心俱战提等地的情势，迫切想要了解最新消息。

俱战提事件虽然只是粟特人与阿拉伯人在河中地区斗争中的一个“缩影”，但在整个过程中却牵涉粟特、阿拉伯和突骑施三方势力，文书A-9中出现的“埃米尔”（xm’yr）应当就是围攻俱战提的呼罗珊总督哈拉什，“首领”（š’ykn）可能就是突骑施可汗的人。不过粟特人依然没能依靠突骑施人的“帮助”——突骑施人的整个行动只比武力侦察和掠夺性远征强一点——赶走阿拉伯人。文书中也提到“首领（š’ykn）停在了沙乌凯特（šāwkat）”，“沙乌凯特”（šāwkat）是乌什鲁桑那东北的一个城镇，距离俱战提约1日路程，这说明粟特人已经指望不上他们的救兵——突骑施人。但是突骑施人与粟特人的联合并没有终止，终苏禄之世，他一直支持诸迪赫坎反抗阿拉伯人，以致阿拉伯人蒙受重大损失，后者因而称他为阿布·穆扎希木（Abū Muzāḥim），意为奔图或抵触之物。[②]如果考虑到河中地区7、8世纪时期这种复杂的形势，我们自然就很容易理解俱战提在这一时期（6—8世纪）修建要塞，加强自身防御能力的目的——恐怕主要是抵御阿拉伯人。同时由于俱战提便利的交通——向西直达撒马尔罕，南达乌什鲁桑那，东抵费尔干纳，北至塔什干——和所处的特殊位置（东西方商道上的重要站点），当然毗邻锡尔河更是其巨大的优势（在中亚地区河流所代表的水源的重要性不言而喻）。由此，我们就不难想象出逃的粟特贵族和商人把俱战提作为避难之所的缘由。并且，我们应当注意到从屠杀事件中幸免的商人数量多达400位（避难的商人可能占多数）。

后记

俱战提在河中地区重要的战略位置得益于其便利的交通，722年阿拉伯人虽然暂时占领了俱战提，但俱战提等地的居民并未放弃反抗。不久后粟特人再次联合突骑施人反抗阿拉伯人。这次，突骑施人重新夺回了俱战提，并一度占领撒马尔罕和布哈拉等地，直至737年突骑施将领库尔苏勒被阿拉伯人杀死，河中地区重又落入阿拉伯人之手。但是直至9世纪初，我们在河中地区的动乱中（阿拉伯人征收繁重的赋税，时常引发河中人民的反抗），仍然能够看到俱战提的身影。此后在萨曼王朝时期，

① F. Grenet, E. de la Vaissiere,“The last days of Panjikent”, pp. 178-179.

② 可参考《蒙古入侵时期的突厥斯坦》，第218—223页；H. A. R. Gibb，*The Arab Conquests in Central Asia*，pp. 65-85。

俱战提凭借着自身优越的交通地理位置和周边的矿产资源（费尔干纳素以富有矿产闻名）等优势，成为河中地区重要的政治经济中心，直至今天仍然是塔吉克斯坦的第二大城市。

Study on Khujand

Yuan Yong (Peking University)

Abstract: Mt. Mug sogdian document A-9, an ordinary letter, however, records a "tragedy" that took place in 722 on the banks of Syr Darya. Based on the interpretation of the A-9 document by the older generation of scholars, this article uses the Central Asia historical materials, Chinese historical materials, and archeological data to verify the location, history and traffic of the Khujand. Then we will expound the events of Khujand in 722, to illustrate the political situation in the early 8th century and the history of Arabs conquest in Transoxania. It represents the importance of the Khujand in the history of Transoxania.

Key words: 722 A. D., Khujand, Transoxania, Arabs

图片附录

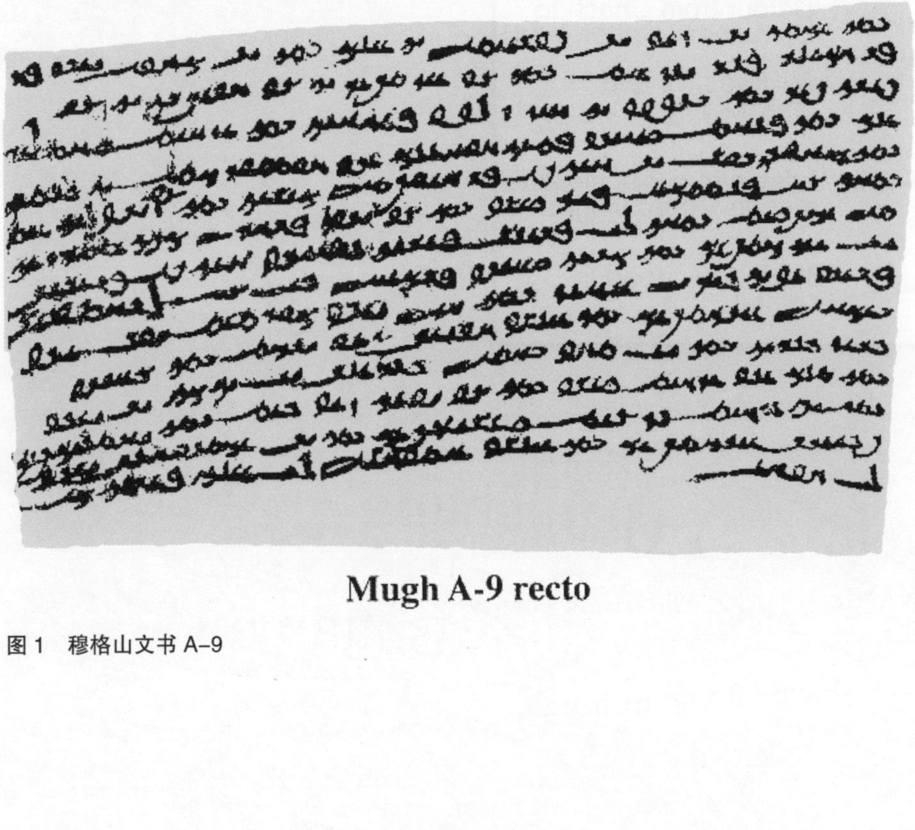

Mugh A-9 recto

图 1　穆格山文书 A–9

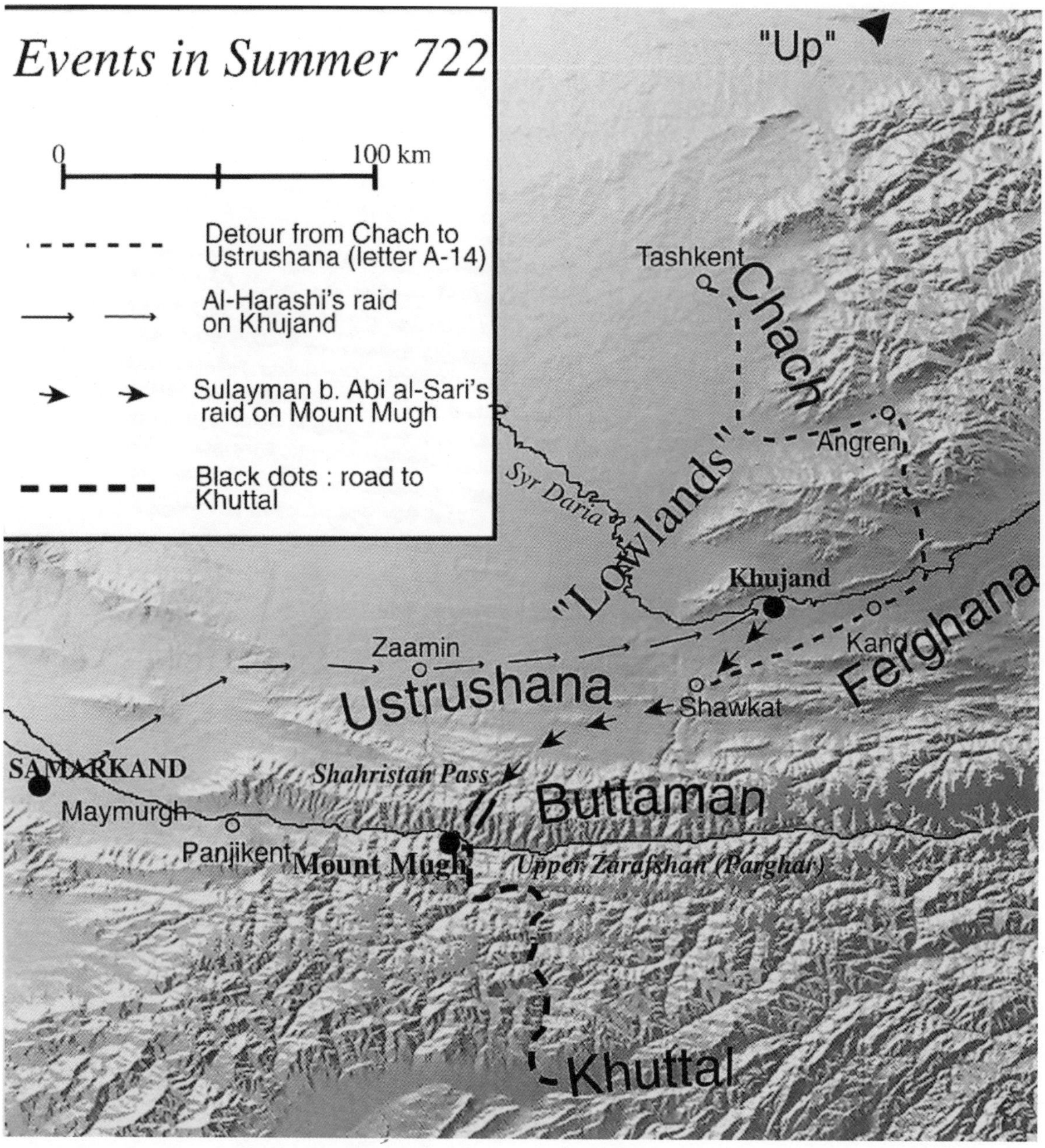

图 2　722 年的俱战提（来自《片治肯特的最后时光》）

波斯萨珊皇家狩猎纹石盘

阎　焰（深圳望野博物馆）

摘　要： 波斯萨珊金银器制品历来备受珍惜，尤以波斯皇家狩猎纹银盘为世之珍。本文就望野博物馆所藏波斯萨珊皇家狩猎纹石盘，比对大同发掘之封和突墓及邺城周近出土之东魏皇族元祜墓葬遗物和其他海内外关联资料，排定纹饰的变化，时代风貌的转换，梳理邺城北魏、东魏、北齐（北朝）时期外来波斯萨珊纹样的流变，重新探究中土对异域文化的吸收与融汇。

关键词： 孔雀石；邺城；望野博物馆；波斯萨珊银盘；波斯萨珊皇家狩猎纹石盘

深圳望野博物馆收藏有一件石盘（以下简称“望野石盘”），材质属于滑石，石色发灰，有暗绿色石纹，间有晶体状黑点斑，斑点迎光透明，质软。东魏天平四年（537）元祜墓及唐墓、唐代遗址发掘出土有此类材质制品（图 1）①，坊间称其为孔雀石、豹斑玉、花斑石，属于叶绿泥石，硬度为2—2.5，易产生划痕，古时可以入药。石盘据传早年出于安阳北部地区（旧为邺城范围），具体信息不详，后流散社会，被敝馆保护性收藏。

图 1　东魏天平四年（537）元祜墓出土孔雀石盖碗

从图片及拓本可以清晰地发现，此石盘上的装饰人物并非中土之士，整体雕刻工艺精湛，每一个细节局部都有细致交代。从人物冠饰、衣装、造型，可以确认其为波斯萨珊（Sassanian）风格

① 中国社会科学院考古研究所河北工作队《河北磁县北朝墓群发现东魏皇族元祜墓》，《考古》2007 年第 11 期，第 963—966 页。按：元祜墓为邺城周边极其难得的未被盗掘的东魏皇族墓葬。但所发表简报中没有此孔雀石盖碗的信息，有关此碗图示及信息见于中国社会科学院考古研究所、河北省文物研究所、河北省临漳县文物旅游局编《邺城文物精华》，北京：文物出版社，2014 年，第 175 页。宁夏回族自治区博物馆《宁夏盐池唐墓发掘简报》，《文物》1988 年第 9 期，第 52、53 页，图 21。按：宁夏唐墓出土的高 6 厘米腿残的三足石镬，简报中称为“石鼎”。《唐本草》“滑石”条，注曰：“其出掖县者，理粗质青，白黑点，惟可为器，不堪入药。”《本草纲目》载：“莱、濠州出者。理粗质青有黑点，亦谓之斑石，二者均可作器，甚精好。初出柔软，彼人就穴中制作，用力殊少也。”此类石矿料据云产自中国山东一带，但在中亚、西亚等地也有类似材质器皿，所以部分矿源西来也未可知。同类材质的盒、炉、熏、杯、碗、盘、钵等，在陕西、山西、河南、河北等地 6、7 世纪前后的墓葬、遗址中有见，多有铣床旋削螺纹加工痕迹。

图 2　波斯萨珊皇家狩猎纹石盘　深圳望野博物馆藏

（图 2）。

此类有波斯萨珊朝戴冠王者像或贵族像的盘子，主要为银盘（部分有鎏金），今天已知存世有 30 余件，主要收藏在欧美及俄罗斯、日本的各类博物馆中，海外私人也有零星收藏。《波斯艺术综述》一书中收入 22 件这类银盘，其中有 16 件是狩猎纹样的。这类有国王像的银盘，又被称为“皇家银盘”（Royal Plates）①，是当时特别为萨珊皇室制作，以供御用及赏赐。

就此望野石盘做如下梳理：

① Arthur Upham Pope, *A Survey of Persian Art, Vol. 2*, New York: Sopa Ashiya, 1981. p. 752. J. Orbeli（俄培里）《萨珊朝和伊斯兰早期的金属制品》。

盘样描述

石盘造型为深腹圈足，足外撇，口沿起筋有槽线[①]，通体修磨光滑，盘径15.2厘米，足径6.8厘米，足高0.8厘米，高4厘米，口沿边最薄处1.5毫米，制作工艺精湛。盘心浅浮雕雕刻骑马狩猎人一个，狮子两头，野羊一只。狩猎人骑在马上，马向右奔跃，狩猎人扭头左顾后视，头戴城垛王冠，冠下有一圈珠饰，冠顶有球和弯月。脑后右侧有卷球状发团，冠边左额前有新月形饰物，左后侧有两条长长的飘带自头后飘起。狩猎人脸方正，高鼻、粗眉、深眼眶、大耳、圆睛、厚唇，鼻翼下似有胡须；脖下有两圈珠形项饰，上衣为对襟，裹身束口袖，内有中衣，腰腹部由两组束带紧身扎系，有扣襻，衣下摆呈波浪花边，半覆盖大腿和臀部及身下的部分马鞍，马鞍为鱼鳞花，鞍后有鞢韄，无马镫；身体右侧腰际挂筒形箭箙，箙身为五组网格分隔装饰，内插羽箭；下身着紧身裤，足蹬短靴，靴鞠为网格花纹，脚踝处有束扎箍，两侧垂飘带。右手执长剑左转躯直刺入马臀后跃起的雄狮心窝；右臂下飘有尖角带；左手握弓高举，欲砸向马前跃起的另一头雄狮，弓下角有两条结带，弓中心握点及弓角有缠绳。马头上鬃毛经过修剪非常齐整，马耳竖立，马首有络头、衔镳，缰带上有点状花纹，右耳侧有两根垂带，马头双耳中间有竖起的新月形饰物，饰物下有缨。马脖处攀胸，攀胸下吊挂三个杏叶，呈新月形；马尾捆扎成十字花球，马尻部有花形托座，上插有锥尖状寄生。臀部近腿处鞧下也吊挂三个杏叶，同为新月形。马的整体造型健硕有力，四蹄奔跨。马身前后各有一只狮子，鬃毛披肩，巨头利爪，身上剔刻三角点，体现狮身短毛的变化。在马腹下部的空白处有一只奔跑的野羊，竖耳短尾，头上双角弯曲，身上剔刻三角点。

纹样研究

望野石盘中的图案为浮雕处理，高低有错落，体现阶次对比。就其图案特做如下分解研究。

1. 冠饰

为城垛冠，也叫城齿冠（Merlon Crown），亦称雉堞冠（Turret/Mural Crown），可简称为齿冠。不同时期的齿冠有不同数量的（2、3、4）城齿，冠上还有顶饰、带饰、帽檐等不同装饰以示区别。波斯萨珊王戴雉堞冠（亦称日月宝冠）是波斯王室传统。在有帝王图案的狩猎纹鎏金银盘上，常可以看到雉堞冠的样式，另在波斯萨珊铸币上有更多的历代萨珊王的王冠造型展现。波斯萨珊自227年建国，至651年灭亡的400余年中，在位诸王都发行了钱币，而钱币中诸王王冠样式各不相同。[②]今存世萨珊钱币总量超过20000枚[③]，这些有铭文、铸造地、王名标志的铸币，给出了明确的王朝谱系脉络，从每位国王自己独特个性的一式或数式冠样，可以细致区分各时期的萨珊王，这些可以排比研究的王冠，也成为辨别其他文物上不同萨珊君主及其年代的重要标志之一。此石盘人物，头戴三齿雉堞冠，城齿刻线重叠出轮廓；冠上部有新月和球，球有螺旋纹，弯月有刻线；冠下部近边处有一圈联珠装饰，冠前有新月形饰物；冠后两条长飘带。右臂下还飘有一小节尖角带，这尖角带和头后侧飘起的两条长长的飘带，应该就是波斯王室贵族披风上特有的所谓“科丝蒂”（Kosti）。从现有的一些波斯

① 就东魏皇族元祜墓出土孔雀石盖碗的信息，不能排除望野石盘原器缺失盖，口部槽线是承盖的子口。

② Arthur Upham Pope, *A Survey of Persian Art, Vol.* 7, New York: Sopa Ashiya, 1981.

③ 李铁生编《古波斯币（阿契美尼德 帕提亚 萨珊）》，北京：北京出版社，2006年，第199页。

图 3　波斯萨珊缠丝玛瑙雕沙普尔一世擒获罗马皇帝瓦利里安·卡米欧　法国巴黎国家图书馆藏

图 4　波斯萨珊沙普尔二世（4 世纪）　美国纽约大都会博物馆藏

萨珊雕塑品中辨识，王冠顶上新月托起的圆球并不一定就是日轮的日月崇拜，可能是球髻（图 3、图 4）。球髻逐步演变而成为“日轮”的象征。此石盘上王冠顶新月托起的圆球就有明显的螺旋线，应该还是球髻，这一现象值得留意。

现今可明确辨认的波斯萨珊铸币中有两组，两位萨珊王冠式与此石盘上的王冠式样类似：

A. 波斯萨珊卑路斯一世（Peroz Ⅰ，459—484 年在位）Ⅱ式银币（图5）[①]。卑路斯一世银币王冠共有三式（图6），中国只出土了Ⅱ、Ⅲ式两种，是中国境内发现较多的一种萨珊银币，共 300 多枚。Ⅱ式银币正面王冠底部是一周联珠纹，上是城齿形装饰，前为一新月，顶部新月托一圆球，有两条飘带。[②]

B. 波斯萨珊卡瓦德一世（Kavādh Ⅰ，488—497 年、499—531 年在位）Ⅱ式银币（图 7、图 8、图 9）[③]。卡瓦德一世银币王冠共有二式（图 10），Ⅰ式正面与卑路斯一世Ⅱ式王冠十分相似，冠底有一周联珠纹，前部有一新月，城齿纹突起，新月托圆球，下部有飘带。Ⅱ式冠城底亦为一周联珠纹，前部有一新月，城齿纹突起，值得注意的是冠顶左右有两条飘带，上为新月托球，加有Ⅰ式冠前新月，新月置于王冠中央。[④]

2. 容貌及衣饰

人物脸方正，高鼻、粗眉、深眼眶、大耳、圆睛、厚唇，脑后有卷球状发团，明显为西亚人种，并非中土内地样貌。人物脖下有两圈珠形项饰，上衣为对襟，裹身束口袖，内有中衣，腰腹部由两组束带紧身扎系，有扣襻，衣下摆呈波浪花边，半覆盖大腿和臀部及身下的部分马鞍，下身着紧身裤，

① 上海博物馆编《上海博物馆藏丝绸之路古代国家钱币》，上海：上海书画出版社，2006 年，第 71 页，图 361。

② 张忠山主编《中国丝绸之路货币》，兰州：兰州大学出版社，1999 年，第 204 页。

③《上海博物馆藏丝绸之路古代国家钱币》，第 85 页，图 443、图 445。

④《上海博物馆藏丝绸之路古代国家钱币》，第 71 页，图 361。

图 5　波斯萨珊卑路斯一世Ⅱ式银币　上海博物馆藏

图 6　波斯萨珊卑路斯一世Ⅲ式银币王冠图样

图 7　波斯萨珊卡瓦德一世Ⅱ式银币　上海博物馆藏

图 8　波斯萨珊卡瓦德一世Ⅱ式银币　上海博物馆藏

图 9　波斯萨珊卡瓦德一世Ⅱ式银币　呼和浩特市坝口子出土

图 10　波斯萨珊卡瓦德一世Ⅱ式银币王冠图样

足蹬短靴，靴靿有网格花纹，脚踝处有束扎箍，两侧垂飘带。这种垂带样式在波斯萨珊的皇家图样银盘及雕刻品上，大量出现（见图 3、图 17、图 18）。

此石盘衣纹雕刻多半圆弧线纹，飘带为“N”形重叠折线纹。这两类线刻技法在北魏时期（6 世纪前叶）的石刻[①]及金铜造像（图 11、图 12、图 13）中广泛使用，非常多见，6 世纪中期以后这类线刻手法很少再有。

3. 兵器装具及马具

（1）右手执长剑直柄无护手，为典型的萨珊剑式（图 14）；同类型直柄剑在太原隋虞弘墓椁壁浮

① 刘双智《陕西长武出土一批北魏佛教石造像》，《文物》2006 年第 1 期，第 65—81 页；李仁清编《中国北朝石刻拓片精品集》，郑州：大象出版社，2008 年，第 4、289 页。

图 11　北魏景明元年（500）毛阳造像　陕西长武出土

图 12　北魏正始元年（504）任廷造佛铜像　上海博物馆藏

图 13　北魏正始三年（506）造像　西藏自治区文管会藏

雕第六幅[1]中（图 15）也有体现。

（2）左手握弓高举，身体右侧腰际挂筒形箭箙，箙身为五组网格分隔装饰，内插羽箭。箙筒口可以看到箭羽，可以判断箭头是向下的；此类上宽下窄的箭箙，在新疆丝路遗址的壁画（图 16）[2]中有显现。另在波斯萨珊的银盘上也能看到，如美国纽约大都会博物馆藏 5 世纪末波斯帝王骑猎鎏金银盘（图 17）；帝王骑猎，身右侧悬挂箭箙，伊朗北部出土，5—6 世纪波斯帝王骑猎鎏金银盘（图 18）。此伊朗出土银盘特殊，不像常见的骑马狩猎，帝王的坐骑是一头骆驼，而且在帝王身后驼臀处还坐有一人，就图像观察可以确认此人身上所背的明显是一个箭箙，其左手挽缰保持平衡，右手持箭欲递给前乘拉弓射猎的帝王，箭头向下。这两件银盘上出现的箭箙都有一定的上下收分，特别是骑驼狩猎盘，更明显；由此可以确认这些箭箙都是上宽下窄，箭头向下盛放的。关于这类箭箙筒的问题，早年已经有学者关注过。[3]

（3）弓下角右侧有两条结带，弓中心握点及弓角有缠绳，从弓的捆扎状态看，很有可能是波斯特有的弹力弓。[4]此类弓形和结带在图 18 中也可以看到，在其他的波斯银盘（图 19）[5]中也曾出现。

① 山西省考古研究所、太原市文物考古研究所、太原市晋源区文物旅游局编《太原隋虞弘墓》，北京：文物出版社，2005 年，图版 47。

② 图片转引自［德］格伦威德尔《新疆古佛寺》，赵崇民、巫新华译，北京：中国人民大学出版社，2007 年，第 373 页图 469a。

③ Stephan Zichy（施太凡・齐希）伯爵 1917 年在布达佩斯杂志 *Turán*（《吐兰》）上用匈牙利文探讨过“Der Pfeilkőcher der ungarischen Landnmezeit und dessen zusammenhang mit dem Orient”（《匈牙利移民分田时代的箭筒及其与东方的关系》），此注转自德国学者 Albert von Le Coq（阿尔伯特・冯・勒柯克），*Bilderatlas: zur Kunst und kulturgeschichte Mittel—Asiens*。

④ ［德］阿尔伯特・冯・勒柯克《中亚艺术与文化史图鉴》（*Bilderatlas zur Kunst und kulturgeschichte Mittel—Asiens*），赵崇民、巫新华译，北京：中国人民大学出版社，2005 年，第 21—23 页。

⑤ 日本藏狩猎银盘线描图，转引自初师宾《甘肃靖远新出土东罗马鎏金银盘考》，《文物》1990 年第 5 期。

图 14　波斯萨珊王朝晚期金柄剑

图 15　山西太原隋虞弘墓椁壁浮雕第六幅

图 16　硕尔楚克“城市窟”骑士壁画　绘于 8 世纪

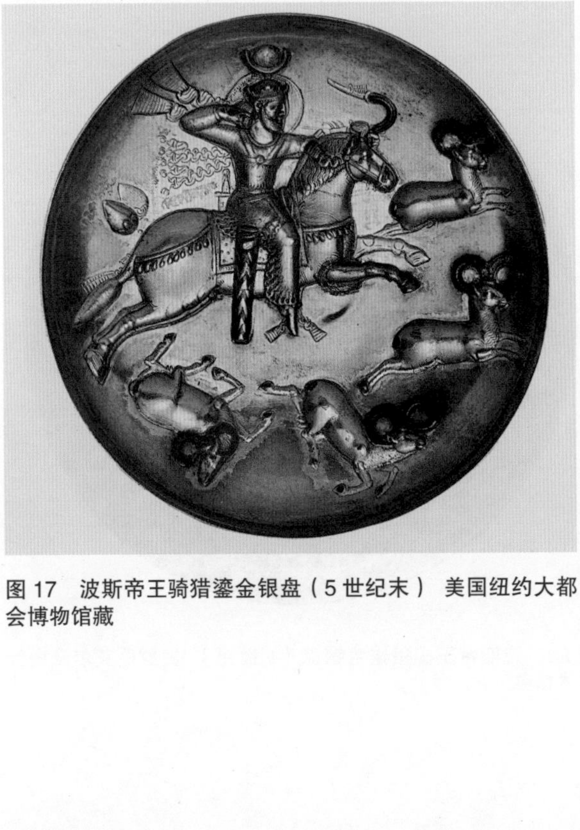

图 17　波斯帝王骑猎鎏金银盘（5 世纪末）　美国纽约大都会博物馆藏

图 18　波斯帝王骑猎鎏金银盘（5—6 世纪）　伊朗北部出土　美国纽约大都会博物馆藏

图 19　波斯帝王骑猎鎏金银盘（7—8 世纪，线描图）日本藏

图 20　河南邓县出土画像砖墓　马具

（4）马头上鬃毛经过修剪，非常齐整，马耳竖立，马首有络头、衔镳，缰带上有点状花纹，右耳侧有两条垂带，马头双耳中间有竖起新月形饰物，饰物下有缨，这类马首高起的饰物，在河南邓县（今邓州市）北朝画像砖上也曾出现（图 20）。马脖处攀胸，攀胸下吊挂三个杏叶，呈新月形；马尾捆扎成十字花球，马尾束扎，称之为驴尾，此种马尾扎花样式（图 21）在亚述帝国公元前 10 世纪前后就已经广泛使用，波斯银盘（图 22）中也经常可以看到。中国秦汉时亦有，自魏晋直至隋唐一直流行，唐昭陵六骏中的飒露紫，就有明显的束丝扎尾，唐代三彩马中也常见有束尾的，《宋会要》和《宋史·仪卫志》载“马珂之制”中称此为锦包尾。马尻部有花形托座，上插有锥尖状物，此称为寄生，寄生为马尻处的特殊配物，最早是用来对骑乘者交战时背后防护的，后来也演化出一定的装饰功能。魏晋南北朝时广泛流行，至隋时，因寄生在交战时的妨碍作用比防护功能还大，所以逐渐减少，

图 21　亚述的骑弓手　法国卢浮宫藏

图 22　波斯帝王骑猎鎏金银盘（4 世纪）俄罗斯艾尔米塔什美术馆藏

图 23　1 云南省昭通后海子东晋壁画墓　寄生　2 河南邓县画像砖墓　寄生　3 西安洪庆北朝、隋家族迁葬墓地　寄生　4 敦煌佛爷庙湾唐代模印砖墓　寄生

至唐代还有部分使用者（图 23 1—4）。[①] 中国发现最早的寄生图像出现在云南省昭通后海子东晋壁画墓中（见图 23 1）。而在波斯萨珊王朝公元 3 或 4 世纪的雕刻品（见图 3）上马尻部位有明显的寄生；马颈及身臀处吊挂三个杏叶，由此不难发现，域外杏叶、驺尾、寄生的使用很可能比中土要早。关于在波斯王狩猎纹样的这类银盘上的寄生，还流行一种马（或驼）尻两侧出现簧链组合起翘和拖缀状装置的类“寄生”物，当属变体。

4. 动物

（1）石盘中所雕刻马的造型健硕有力，肌肉贲张，四蹄奔跨，腿有短毛，不类中土品种，可确认属西域马。大宛马与波斯诸王骑乘的米底亚的尼萨（Nisaean）种马是同一种系。这种马在东西方都以

① 云南省文物工作队《云南省昭通后海子东晋壁画墓清理简报》，《文物》1963 年第 12 期，第 3 页；陈大章《河南邓县发现北朝七色彩绘画像砖墓》，《文物》1958 年第 6 期；陕西省考古研究所《西安洪庆北朝、隋家族迁葬墓地》，《文物》2005 年第 10 期，第 63 页；甘肃省博物馆《敦煌佛爷庙湾唐代模印砖墓》，《文物》2002 年第 1 期，第 51、52 页。按：《西安洪庆北朝、隋家族迁葬墓地》和《敦煌佛爷庙湾唐代模印砖墓》所出材料，马尻部位的饰物，有从“寄生”向珠饰演变的迹象，但“寄生”形态还是非常明显的。另有关马具制式的探讨，参看孙机《唐代的马具与马饰》，《文物》1981 年第 10 期，第 82—88 页；杨泓《中国古代马具的发展和对外影响》，《文物》1984 年第 9 期，第 45—54 页；杨泓《宋代的马珂之制》，《文物》1987 年第 9 期，第 69—75 页；陈山《北票新发现的三燕马具研究》，《文物》2003 年第 3 期，第 63—71 页。

汗血马著称①，波斯草马也就是大宛马。石盘中马的体态造型可以和前揭波斯美术品中的马比照，不难发现它们的相同。

石盘雕刻工匠特别留心用孔雀石材内的晶体状黑斑点，巧妙地处理出马睛，使马的神态更加灵动。

（2）石盘中马身前后分别有一只狮子，鬃毛披肩，巨头利爪，身上剔刻三角点，表现毛色变化。两头狮子做扑食状，马尾后的狮子被利剑插入胸中，马头前的狮子被马蹄蹬踏。

《洛阳伽蓝记》卷三“龙华寺”条：“狮子者，波斯国胡王所献也，为逆贼万俟丑奴所获，留于寇中。永安末，丑奴破灭，始达京师。……普泰元年，广陵王即位，诏曰：‘禽兽囚之，则违其性，宜放还山陵。’狮子亦令送归本国。送狮子者以波斯道远，不可送达，遂在路杀狮子而返。有司纠劾，罪以违旨论。广陵王曰：‘岂以狮子而罪人也？’遂赦之。”此条记录为北魏孝庄帝永安末年（530）至北魏节闵帝（东魏称其广陵王）普泰元年（531）间之事，由此可知当时波斯胡王有猎捕猛狮为国礼东献者。

关于外来狮子的信息，学界多有梳理。②而在亚述、萨珊及中近东艺术品中无论石刻、金银、织物等，经常出现狩猎屠狮的场景，这很可能是对征服的另一种体现。

（3）在石盘下部空白处有一只奔跑的羊，竖耳短尾，头上双角弯曲，羊身上有同狮身上相同的剔刻三角点，来表现毛色。在今伊朗、土耳其、阿曼、亚美尼亚、阿塞拜疆、哈萨克斯坦、塔吉克斯坦、土库曼斯坦、乌兹别克斯坦、巴基斯坦、印度及周边山区仍有一种东方盘羊（学名：*Ovis orientalis*），其栖息地包含低于树带界线的草原斜坡，很少在山上的岩石区域出现，属于体型中等的野生羊，体长可达 110—145 厘米，肩高可达 80—90 厘米，体重最高达 90 千克。特别之处是它们那赤红色的毛会于冬天褪色。雄性羊有着大角，在头顶向外弯曲至头后；雌性羊的角则较短及扁平。

图 24　萨珊山羊纹织锦（6—8 世纪）伊朗或伊拉克出土　美国耶鲁大学艺术美术馆藏

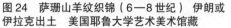

图 25　大同封和突墓出土波斯银盘

① ［美］爱德华·谢弗《唐代的外来文明》，吴玉贵译，北京：中国社会科学出版社，1995 年，第 138 页。

② 《唐代的外来文明》，第 191—196 页；蔡鸿生《唐代九姓胡与突厥文化》，北京：中华书局，1998 年，第 195—211 页。

雄性羊的角可以生长至 1 米长。[①] 其应该就属于石盘中所描绘的形貌。羊在波斯萨珊艺术品（图 24）中是经常使用的题材。

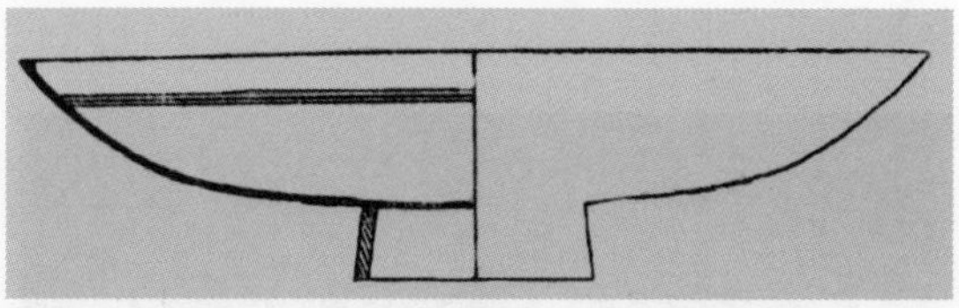

图 26　大同封和突墓所出波斯银盘线描剖面图

5. 延伸材料

波斯萨珊文物，历来被海外学界重视，广受关注。20 世纪初叶，随敦煌遗经的发现，中西交通史及中西文化融通研究勃兴，大量学者投入此研究领域。自 20 世纪中叶以后，多次在中国腹地考古发现波斯萨珊文物，每次发现都引起海内外学界的震动，同时也清晰地反映出，古代中国同世界的广泛交流和沟通。

1981 年秋，山西大同清理发掘北魏封和突墓。封氏于景明二年（501）卒于洛阳，可能起先仅厝置，后归葬原籍代郡，此亦可能同封氏族裔的宗教习俗有关。又在正始元年（504）二次葬。此墓出土了波斯鎏金银盘（图25），这是中国大陆第一次出土此类器物，[②] 也是世界范围明确有年代关联可做考定的考古发掘品，无疑是波斯萨珊鎏金银盘最重要的年代标志物。大同北魏封和突墓波斯萨珊鎏金银盘，高 4.1 厘米、口径 18 厘米，圈足直径 4.5 厘米、高 1.4 厘米，盘内沿三道旋纹（图 26）。夏鼐曾就《波斯艺术综述》中所列的 22 件波斯“皇家银盘”做过大小统计，除一件略小，为 13 厘米外，其他 21 件尺寸从 18 至 30.5 厘米不等。[③]

关于波斯王狩猎野猪的银盘，俄罗斯冬宫博物馆、美国华盛顿弗利尔·赛克勒美术馆、德国伊斯兰艺术博物馆、日本美秀美术馆等都有收藏。但较特殊的是封氏墓所出这件银盘，人物没有戴常见波斯王典型的城齿冠或星月球髻冠。所以学界猜测其为波斯贵族或可能为波斯王，但普遍接受其为“皇家银盘”。[④] 而就图像观察，封氏墓所出银盘，人物头部有联珠边饰囊包帽及脑后系扎两条波浪形飘带；飘带无疑是波斯王室贵族披风上特有的“科丝蒂”（Kosti）。最特别的就是额头前面左上方有从头部囊包帽延伸出来的双股球髻饰（因划刻磨损，此处略模糊）；从这一组合，可以重新确认，封氏墓所出银盘上人物头部是戴着有科丝蒂的双球冠（图 27）。他无疑是典型的波斯王狩猎形象，而并非一般贵族。

2012 年 2 月，笔者由原邯郸赵王陵文物管理处处长李六存、时任临漳县文保所所长王福生陪同，在河北邯郸临漳县文保所地下库房看到一件孔雀石匣形器。据王福生所长告知，此器是临漳县习文乡上柳村北侧高地[⑤]，一刘姓农民取土劳作时所获，1986 年前后，上缴临漳县文保所收藏保存。此器中空有外展沿，呈斜坡石匣状，底部有扣板，前观者称其为“石函”。面通长 22—24.5 厘米，宽 12.9—19.3 厘米，高 8.6—15.4 厘米；函宽 9.8 厘米，深 6.8—8 厘米，现展览陈列于邺城博物馆，时代标注

① 相关信息可参阅 http://www.iucnredlist.org/details/15739/0。

② 马玉基《大同市小站村花圪塔台北魏墓清理简报》,《文物》1983 年第 8 期，第 1—4 页。

③ 夏鼐《北魏封和突墓出土萨珊银盘考》,《文物》1983 年第 8 期，第 5、6 页。

④ 夏鼐《北魏封和突墓出土萨珊银盘考》，第 5—7 页。马雍《北魏封和突墓及其出土的波斯银盘》,《文物》1983 年第 8 期，第 8—12 页。

⑤ 临漳县习文乡上柳村北侧高地，在漳河南岸，距今存漳河旧河道不到 1 公里。隔河西北方 1 公里内就是邺城三台和邺（北）城遗址。按历年考古发掘调查邺城遗址排位，今上柳村北侧高地在当年邺南城西“纳义门”与“乾门”之间的城门外 1 公里范围。参见中国社会科学院考古所、河北省文物研究所、邺城考古工作队《河北临漳县邺南城遗址勘探与发掘》,《考古》1997 年第 3 期，第 28 页，图 1；徐光冀《东魏北齐邺南城平面的复原研究》,《宿白先生八秩华诞纪念文集》，北京：文物出版社，2002 年，第 201—215 页。

东魏北齐。[1] 该孔雀石匣形器前低后高，每个边面都很平整，尤其顶面呈光滑的下凹斜坡形，中心点最低。前墙有雕刻纹饰，从左边到底边为“∟”形蔓草边花。主体纹样，下面是群山叠嶂，左中右三棵双干树，树干有点状纹，大叶；[2] 树间有立柱岩；右侧树缺左部树叶纹饰。中间树和左侧树间有骑马猎手扭躯回身射箭［即：帕提亚回马射（Parthian Shot）或安息射］，马亦回头，四蹄腾空。中间树和右侧树岩间，两头快速狂奔的野猪，张嘴迎对猎手。骑手高鼻深目，当为胡族之属（图 28 1—3）。联系前揭大同封和突墓所出波斯王猎野猪银盘，可以确认这件孔雀石匣形器上的纹样应该也是波斯王族狩猎纹。另就前墙雕刻

图 27　大同封和突墓出土银盘波斯王头部冠饰

1

2

3

图 28　临漳文保所藏东魏北齐孔雀石狩猎纹枕

① 《邺城文物精华》，第 104、105 页。

② 此类树干和大叶风格的树木纹样，为典型的 6 世纪间北魏及东魏、北齐（北朝）之流行样式。在巩县（今巩义市）石窟寺、龙门石窟及其他同时期石刻的帝后礼佛和释尊雕塑形象中多见。

纹饰从左边到底边"∟"形蔓草边花和右侧树干缺左部树叶纹饰，疑此器右侧还有延续。

曾见海外藏一件唐三彩戳印花台形枕，宽25厘米，通高22.5厘米，前台高6.5厘米，枕后有两个斜枨，背部满黄釉（图29）。就此三彩台形枕的形制比对，可以确认临漳县文保所收藏的这件孔雀石匣形器，应非"石函"，而为枕具。由此临漳县文保所收藏的这件孔雀石波斯王族狩猎野猪纹台形枕可以确认，用孔雀石雕刻萨珊样制品，并非孤例。①

图29 1. 唐三彩戳印花台形枕 海外藏

图29 2. 唐三彩戳印花台形枕 侧面 海外藏

结语

就前揭文献、图像比对，所示望野石盘中的城齿王冠及饰物排比：三齿、冠前新月、冠顶新月托球；冠底部联珠纹、两条飘带，联珠项饰，同卡瓦德一世银币中的Ⅱ式王冠非常吻合。与卑路斯一世Ⅱ式王冠的主要指标也符合，但是没有两条冠顶飘带。从图像分析，石盘人物冠饰更接近于波斯萨珊卡瓦德一世499—531年第二次登基在位时的王冠形象（Ⅱ式王冠是卡瓦德一世第二次登基后铸币时才使用的，卡瓦德一世是卑路斯一世之子）。石盘中的人物很可能就是卡瓦德一世。从封和突墓埋葬时间的下限及两者盘形的比对，加上石盘中衣饰雕刻纹饰的流行时代②，以及中土孔雀石流行和墓葬信息参照，可以相信这件石盘的制作时间应该也在6世纪中，不会晚于7世纪。

关于制作人，就其对此萨珊皇族狩猎纹样图案的熟悉和娴熟掌握状况判断，最有可能的是已经入华归籍的波斯胡人旧裔；保守判断也是由此类胡裔提供了标准制作纹样的参照物，在中土制成。

此盘是目前世界范围所发现的唯一一件波斯萨珊皇家狩猎银盘纹样的石盘。从河北东魏皇族元祜墓出土孔雀石盖碗、临漳县文保所孔雀石波斯王族狩猎野猪纹台形枕，可知这类材质制品为东魏北齐贵族所乐见，是中西艺术纹样交融的实证显现。

附记：本文得到宿白先生提示，谨致纪念！

① 临漳县文保所收藏的这件孔雀石波斯王族狩猎野猪纹台形枕，纹饰相较于萨珊制品，明显简化许多。加之其石枕的使用方式，可相信这类制品已经是由中土汉人工匠制作了，纹饰仅为参考和借鉴而已。

② 世界各地收藏的波斯萨珊皇家狩猎纹银盘，因基本都是流散品，少有绝对可靠纪年辅助信息者。这类银盘的制作时间跨度相对较大，具体研究时仍需对年代细致甄别。

The Plate With Royal Hunting Images of Sassanian Dynasty

Yan Yan (Wang Ye Museum in Shenzhen)

Abstract: The Plate With Royal Hunting Images of Sassanian Dynasty which was collected by Wang Ye Museum, is made of talc material, and shows gray, dark green lines, black spots. I infer from the style of the character engraved on this plate that it belonged to Sassanian Dynasty.

The king's features, clothes and ornaments are of the royal style of Sassanian, and the same ornamentations appeared in Royal plates and carvings.

By studying and analyzing the crowns of Sassanian Kings in the existing coins of Sassanian Dynasty, it is found that the style of the three tooth coronal crown on this stone plate, is similar to the crowns of Peroz I and Kavadh I on the coins of the successive dynasties. Further compared with the data of literatures and pictures, the judgement is that the crown's style is closer to the image of Kavadh I when he reigned for the second time during 499-531.

This plate is the only Stone Plate with Royal Hunting Images of Sassanian Dynasty found throughout the world. This stone plate was made in the middle of 6th century in China. This kind of material product is treasured by the nobility of Eastern Wei and Northern Qi, and it is the real evidence of the integration of Chinese and Western art patterns.

Keywords: Malachite, Ye Cheng, Wang Ye Museum, The silver plate of Persian Sassanian Dynasty, The Plate With Royal Hunting Images of Sassanian Dynasty

弥勒菩萨还是释迦菩萨？龟兹石窟“菩萨说法图”考辨

——兼论龟兹佛教“菩萨观”

霍旭初（新疆龟兹研究院）

摘　要： 龟兹石窟部分洞窟中绘有画面较大的“菩萨说法图”，以往大多称之为“弥勒菩萨兜率天说法图”。近年龟兹佛教与石窟研究进入了历史学、考古学、宗教学、社会学、艺术学等全方位研究新阶段。用新观念、新视野、新方法从佛教经典和文献里考证出，龟兹佛教并不认可弥勒，也没有形成对弥勒的崇拜。故此图应该是“释迦菩萨兜率天说法图”，是说一切有部“菩萨观”中“最后身菩萨”理念的形象展现。通过对这个问题的考辨，有助于进一步全面认识龟兹佛教思想内涵与特质。

关键词： 弥勒菩萨；释迦菩萨；龟兹佛教；菩萨观

在龟兹石窟中，有一大部分洞窟属于“礼佛观像”洞窟，其中多为中心柱式洞窟。这种洞窟主室前壁上方较大的壁面，通常绘出“菩萨说法图”壁画。其内容一直被认为是“弥勒菩萨兜率天说法图”。这种观点最早是德国学者在研究克孜尔石窟图像时提出的。在格伦威德尔《新疆古佛寺》记录克孜尔第 17 窟（德国称“菩萨拱顶洞”）时称：“入口上方半圆中，尚保留着以弥勒佛为中心的菩萨图。”[①] 之后，国内外有关龟兹石窟的论著、图册中，均采用此观点。我在以往的论著中，也赞同过这种观点。故长期以来，这种观点似乎成为学术定论（图 1）。

近年，随学术研究的发展进步，龟兹佛教与石窟研究进入了历史学、考古学、宗教学、社会学、艺术学等全方位研究新阶段。用新观念、新视野、新方法从龟兹佛教历史发展、佛教派属、经典依据，并结合洞窟整体内容的分析中，发觉这种观点需要重新审视。对此问题，国内外已有学者提出了质疑。[②] 我们在研究龟兹佛教“菩萨观”中，着重探讨了部派佛教对弥勒菩萨的定位和态度问题。经过反复研究，认为龟兹石窟所谓“弥勒菩萨兜率天说法图”存在很多问题，需要重新辨认。现用部派佛教说一切有部“菩萨观”理念，来考察上述问题。

---

① ［德］格伦威德尔著《新疆古佛寺》，赵崇民、巫新华译，北京：中国人民大学出版社，2007 年，第 103 页。

② 见任平山《说一切有部弥勒观》，《西域研究》2008 年第 2 期。

图 1　克孜尔第 17 窟释迦菩萨兜率天说法图

一、说一切有部对弥勒的认知

原始佛教、部派佛教时期，除了释迦牟尼外，弥勒是唯一贯穿小乘佛教到大乘佛教的菩萨。但部派佛教对弥勒的认知，是仅限于“未来佛”的地位。就是说，弥勒于现世还不是佛，尚不具备教化众生的能力与资格。《长阿含经》仅说弥勒是未来世之佛。

> 八万岁时人。……当于尔时。有佛出世。名为弥勒如来、至真、等正觉，十号具足。①

说一切有部崇奉的《杂阿含经》，根本没有提及弥勒。至“阿含”系最晚大乘思想色彩浓郁的《增一阿含经》中，弥勒事迹才多了起来，但主要也是讲释迦牟尼授记弥勒未来成佛的预言故事。

说一切有部认可弥勒为“未来佛”，是基于“三世实有，法体恒有”的理念。“三世实有”观念认为过去、现在、未来均有佛出世。说一切有部主张过去有千万“过去佛”，后来归纳为“七佛”，现世有释迦牟尼佛。故必然要设置一位“未来佛”，方能圆满体现佛体的“三世实有”。北凉时期翻译的《阿毗昙毗婆沙论》载：

> 问曰：诸法过去，有过去现在未来名耶，答曰：有过去法有过去名者，如毗婆尸佛，以如是名，说过去法。过去法有未来名者，如弥勒佛，以如是名，说过去法。过去法有现在名者，如今现在，以如是名。说过去法颇未来法，有未来现在过去名耶，答曰：有未来法有未来名者，如弥勒佛，以如是名，说未来法。未来法有过去名者，如毗婆尸佛，以如是名，说未来法。未来法有现在名者，如今现在，以如是名，说未来法颇现在法。有现在过去未来名耶，答曰有现在法有现在名者，如今以如是名，说现在法。现在法有过去名者，如毗婆尸佛，以如是名，说现在法。现

① 《长阿含经》卷六,《大正藏》第 1 册，第 41 页。

在法有未来名者，如弥勒佛，以如是名，说现在法。①

日本著名佛教学者木村泰贤指出：

在历史上观察，弥勒是在佛入灭后，为对失去师主而其心不安的人所加一种补偿的表现，以之名为弥勒，虽则不甚明显，然而恐这是从弥陀罗神话脱化所产生的名称。然如以此为第一法相问题来看，既已承认过去佛，亦应承认未来佛，这是必然的，如不立未来佛，过去佛的意义，可谓也就失去。②

说一切有部承认弥勒将来的“未来佛”地位，并不等于现在就认可弥勒是“圣贤”。因为弥勒没有经过“四向四果”的修行，没有取得“阿罗汉”的果位。“四向四果”也称“四双八辈”，是原始佛教、部派佛教时期非常注重的修持程序。③《长阿含经》曰：

四双八辈，是谓如来贤圣之众，甚可恭敬，世之福田，信贤圣戒，清净无秽。无有缺漏。④

由于弥勒不按程序进行修道，在佛陀弟子中颇受轻视。《观弥勒菩萨上生兜率天经》中记载佛陀大弟子优波离对弥勒授记未来成佛表示不满，优波离问佛：

此阿逸多（弥勒）具凡夫身，未断诸漏，此人命终当生何处？其人今者虽复出家，不修禅定，不断烦恼。佛说此人成佛无疑，此人命终生何国土？⑤

优波离指出，弥勒还是个“凡夫身”“未断诸漏”者，虽然出家但“不修禅定”“不断烦恼”，故在佛陀众弟子的眼里，弥勒还不具备成佛的资格。

《大唐西域记》卷五载有“德光伽蓝”故事：

（秣底补罗国）大城南四五里，至小伽蓝，僧徒五十余人。昔瞿拏钵剌婆（唐言德光）论师于此作《辩真》等论，凡百余部。论师少而英杰，长而弘敏，博物强识，硕学多闻。本习大乘，未穷玄奥，因览《毗婆沙论》，退业而学小乘，作数十部论，破大乘纲纪，成小乘执着。又制俗书数十余部，非斥先进所作典论。覃思佛经，十数不决，研精虽久，疑情未除。时有提婆犀那（唐言天军）罗汉，往来睹史多天。德光愿见慈氏，决疑请益。天军以神通力，接上天宫，既见

① 《阿毗昙毗婆沙论》卷九,《大正藏》第27册，第59页。

② ［日］木村泰贤《小乘佛教思想论》，演培法师译，台北：天华出版事业股份有限公司，1988年，第96页。

③ “四向四果”是依其修行之浅深而分四阶之果位及其向道。即预流向、预流果、一来向、一来果、不还向、不还果、阿罗汉向、阿罗汉果四对八种。向与果合则为四双，分则为八辈。

④ 《长阿含经》卷二,《大正藏》第1册，第13页。

⑤ 《观弥勒菩萨上生兜率天经》,《大正藏》第14册，第418页。

慈氏，长揖不礼。天军谓曰：慈氏菩萨次绍佛位，何乃自高，敢不致敬？方欲受业，如何不屈？德光对曰：尊者此言，诚为指诲。然我具戒苾刍，出家弟子，慈氏菩萨受天福乐，非出家之侣，而欲作礼，恐非所宜。菩萨知其我慢心固，非闻法器，往来三返，不得决疑。更请天军，重欲觐礼。天军恶其我慢，蔑而不对。德光既不遂心，便起恚恨，即趣山林，修发通定，我慢未除，不证道果。①

德光的故事，很能说明小乘佛教对弥勒的基本认识与态度。

总的来看，原始佛教、部派佛教时期的主流派别，认为弥勒只是释迦牟尼授记的“未来佛”，等待将来接班成佛，而现在只是“非出家之侣”，不能享受很高的崇仰地位。因此在小乘佛教的经典中，弥勒菩萨的地位与受信仰程度不是很高的。在大乘佛教里有弥勒出家后不与小乘佛教徒为伍之说，也可反观小乘对弥勒是怎样的认知与态度。

二、释迦牟尼与弥勒的宿缘

释迦牟尼与弥勒，有深远的宿缘关系。据佛教经典记载，弥勒发心求佛，要比释迦牟尼早，但释迦牟尼以坚忍的精进精神，超越弥勒而提前达到成佛的条件。关于这个事迹，佛经中有多种版本。部派佛教体系以《阿毗达磨大毗婆沙论》和《俱舍论》所载为依据，有自己的论点。《阿毗达磨大毗婆沙论》曰：

问此相异熟业经于几时修习圆满？答多分经百大劫，唯除释迦菩萨。以释迦菩萨极精进故超九大劫，但经九十一劫修习圆满，便得无上正等菩提。其事云何？如契经说。过去有佛号曰底砂，或曰补砂。彼佛有二菩萨弟子勤修梵行，一名释迦牟尼，二名梅怛俪药（弥勒）。尔时彼佛观二弟子谁先根熟，即如实知慈氏先熟，能寂（释迦）后熟。复观二士所化有情谁根先熟，又如实知释迦所化应先根熟。知已即念，我今云何令彼机感相会遇耶？然令一人速熟则易，非令多人。作是念已，便告释迦，吾欲游山，汝可随去。尔时彼佛取尼师檀，随路先往既至山上，入吠琉璃龛敷尼师檀，结跏趺坐入火界定。经七昼夜受妙喜乐，威光炽然。释迦须臾亦往山上处处寻佛，如犊求母。展转遇至彼龛室前，欻然见佛威仪端肃光明照曜，专诚恳发喜叹不堪。于行无间忘下一足，瞻仰尊颜目不暂舍。经七昼夜，以一伽他赞彼佛曰：

天地此界多闻室，逝宫天处十方无。

丈夫牛王大沙门，寻地山林遍无等。

如是赞已便超九劫，于慈氏前得无上觉。……问何故慈氏菩萨自根先熟所化后熟，释迦菩萨则与此相违耶？答慈氏菩萨多自饶益少饶益他，释迦菩萨多饶益他少自饶益，是故皆与所化不并。②

《增一阿含经》曰：

---

① 《大唐西域记校注》卷四，北京：中华书局，1985年，第398页。

② 《阿毗达磨大毗婆沙论》卷一七七，《大正藏》第27册，第890页。

尔时，世尊告诸比丘：若有人懈惰，种不善行，于事有损。若能不懈惰精进者，此者最妙，于诸善法便有增益。所以然者，弥勒菩萨经三十劫应当作佛、至真、等正觉，我以精进力、勇猛之心，使弥勒在后。……以此方便，当知懈惰为苦，作诸恶行，于事有损。若能精进勇猛心强，诸善功德便有增益。是故，诸比丘，当念精进，勿有懈怠。如是，诸比丘，当作是学。①

说一切有部主张，菩萨成佛前的修行，要经历三阿僧祇修行；百劫修行；降生王宫到逾城出家；三十四心断结成道（降魔成道）四个阶段。上述故事是释迦菩萨百劫修行阶段一个重要经历。底砂佛观察二人根机，预知弥勒先熟，释迦后熟。再观察二人化度众生的根机，看出释迦将先熟。底砂佛觉得可以让一人快速成熟，便告知释迦随佛入山。底砂佛在琉璃宝龛中结跏趺坐。释迦菩萨赶到宝龛见底砂佛“威仪端肃光明照曜”，瞻仰尊容，经七昼夜忘落下一足。随后又发出隐喻幽深、哲理隽永的偈赞。此一行动，使释迦菩萨超越九劫，先达到正觉圆满。释迦菩萨用坚忍的“精进力”超越九劫，仅用九十一劫便提前得“无上正等菩提”，完成百劫修行目的，取得修“妙相业”的圆满。释迦牟尼与弥勒都是底砂佛的弟子。那么为什么弥勒自己根机可以先熟，而度化众生却晚成熟呢？因为“慈氏菩萨多自饶益少饶益他，释迦菩萨多饶益他少自饶益”，即弥勒多为自己利益着想，少为他人着想。而释迦菩萨与此相反，所以结果也就不同。

早期汉译佛典中，竺法护翻译的《弥勒菩萨所问本愿经》有类似内容的简要记载，经中释迦牟尼佛对阿难说：

我本求佛时，亦欲净国土亦欲净一切，亦欲护国土，亦欲护一切。弥勒发意先我之前四十二劫，我于其后乃发道意。于此贤劫，以大精进，超越九劫，得无上真正之道，成最正觉。②

对《阿毗达磨大毗婆沙论》中关于弥勒与释迦的宿缘，特别是“慈氏菩萨多自饶益少饶益他，释迦菩萨多饶益他少自饶益”的说法，大乘佛教并不认同。有的大乘经典提出怀疑和反驳。《大智度论》中说：

何以故言“释迦文尼菩萨心未纯淑，弟子心纯淑；弥勒菩萨心纯淑，弟子心未纯淑”是语何处说？三藏中、摩诃衍（大乘）中无是事，此言自出汝③心。汝但见释迦文尼菩萨于宝窟中见弗沙佛，七日七夜以一偈赞；弥勒菩萨亦种种赞弗沙佛，但阿波陀那经（譬喻经）中不说，汝所不知。无因缘故，汝便谓“弥勒弟子心未纯淑”，如是皆为违失。④

《大智度论》批评说“弥勒菩萨多为己身，少为众生故”和“弥勒弟子心未纯淑”，都是说一切有部的捏造，并指责小乘经典有意抹杀“弥勒菩萨亦种种赞弗沙佛”事迹。《大智度论》的指责是不公允的，

① 《增一阿含经》卷一一,《大正藏》第 2 册，第 600 页。

② 《弥勒菩萨所问本愿经》,《大正藏》第 12 册，第 188 页。

③ 指说一切有部创始者迦旃延尼子。

④ 《大智度论》卷四,《大正藏》第 5 册，第 92 页。

它掩盖了弥勒过去因贪欲造成的后果。其实在一些大乘经典中，对弥勒修道初期的“懈怠”“贪欲”等表现，是不乏文字的。《妙法莲华经》曰：

> 心常怀懈怠，贪着于名利，求名利无厌，多游族姓家，
> 弃舍所习诵，废忘不通利。以是因缘故，号之为求名。
> 亦行众善业，得见无数佛，供养于诸佛，随顺行大道，
> 具六波罗蜜，今见释师子。其后当作佛，号名曰弥勒。①

《首楞严经》曰：

> 弥勒菩萨即从座起，顶礼佛足而白佛言：我忆往昔经微尘劫，有佛出世名日月灯明，我从彼佛而得出家，心重世名好游族姓。尔时，世尊教我修习唯心识定入三摩地，历劫已来以此三昧事恒沙佛，求世名心歇灭无有，至然灯佛出现于世，我乃得成无上妙圆识心三昧，乃至尽空如来国土净秽有无，皆是我心变化所现。②

虽然各种佛经关于释迦牟尼和弥勒的宿缘故事，叙述有所差异，但对弥勒先于释迦牟尼发心修道，释迦牟尼后来超越弥勒取得“正觉”的记载基本是一致的。而“慈氏菩萨多自饶益少饶益他，释迦菩萨多饶益他少自饶益”和弥勒曾有“懈怠”“名利”的欲念，释迦牟尼坚持“勇猛精进”“积善功德”的因果缘由，看法也是共同的。

释迦牟尼为弥勒授记未来成佛，与他们之间的宿缘关系是分不开的。毕竟他们曾经师从同一个导师。尽管弥勒有“懈怠”“名利”的历史，但弥勒后来修行的毅力与成就是不可否认的。在说一切有部的经典里，有很多希冀弥勒成佛的故事。例如著名的“伊罗钵龙王礼佛”故事，佛陀告知因过去犯戒而受龙身的比丘，在“人寿八万岁”时，由弥勒佛为其授记方能恢复人身。此故事在龟兹石窟有图像展示，说明龟兹佛教对弥勒“未来佛”地位还是认可的。

三、龟兹佛教对弥勒的基本态度

唐代玄奘西行印度求法，停留龟兹时，与龟兹高僧木叉毱多有一段对话。《大慈恩寺三藏法师传》卷二载：

> 法师报曰：此有《瑜伽论》不？毱多曰：何用问是邪见书乎？真佛弟子者，不学是也。法师初深敬之，及闻此言，视之犹土。报曰：《婆沙》《俱舍》本国已有，恨其理疏言浅，非究竟说，所以故来欲学大乘《瑜伽论》耳。又《瑜伽》者是后身菩萨弥勒所说，今谓邪书，岂不惧无底枉坑乎？③

---

① 《妙法莲华经》卷一,《大正藏》第9册，第5页。
② 《首楞严经》卷五,《大正藏》第19册，第128页。
③ 《大慈恩寺三藏法师传》卷二，北京：中华书局，1983年，第26页。

木叉毱多公开称《瑜伽论》(即《瑜伽师地论》)是“邪见书”，流露对大乘经典的蔑视，引起玄奘的极度不满，一下从“深敬”跌落到“视之犹土”。龟兹高僧木叉毱多冒犯大乘佛教“瑜伽行派”认可的《瑜伽师地论》作者弥勒的言论，也表露龟兹佛教对弥勒的态度。

《瑜伽师地论》是大乘佛学三大体系之一“唯识学”的骨干论典。佛教文献记载《瑜伽师地论》系弥勒菩萨所说，《婆薮槃豆法师传》载：

> 往兜率多天咨问弥勒菩萨，弥勒菩萨为说大乘空观，还阎浮提如说思惟，即便得悟于思惟时地六种动既得大乘空观，因此为名，名阿僧伽。阿僧伽译为无著，尔后数上兜率多天咨问弥勒大乘经义。弥勒广为解说随有所得，还阎浮提，以己所闻为余人说，闻者多不生信。无著法师即自发愿，我今欲令众生信解大乘，唯愿大师下阎浮提解说大乘令诸众生皆得信解。弥勒即如其愿于夜时下阎浮提，放大光明广集有缘众，于说法堂诵出十七地经（即瑜伽师地论），随所诵出随解其义，经四月夜解十七地经方竟。虽同于一堂听法，唯无著法师得近弥勒菩萨，余人但得遥闻夜共听弥勒说法。昼时无著法师更为余人解释弥勒所说，因此众人闻信大乘弥勒菩萨教。①

无著原宗说一切有部，后接受大乘“空观”思想。与其弟世亲创立大乘“瑜伽行派”。玄奘宗奉《瑜伽师地论》，自然也就是弥勒的崇拜者、信仰者。玄奘很早就信仰弥勒，据《大唐故三藏玄奘法师行状》记载：

> 法师从少以来，常愿生弥勒佛所，及游西方，又闻无著菩萨兄弟，亦愿生睹史多天宫，奉事弥勒，并得如愿，俱有证验，益增克励。自至玉花，每因翻译，及礼忏之际，恒发愿上生睹史多天，见弥勒佛。除翻经时以外，若昼若夜，心心相续，无暂怠废，从翻大般若讫后，即不复翻译，唯行道礼忏。②

玄奘在龟兹听到木叉毱多攻击自己崇拜的《瑜伽师地论》的言论，自然是十分反感。加之龟兹是小乘说一切有部的基地，玄奘《大唐西域记》中记载龟兹“尚拘渐教”③。说明玄奘是看低龟兹佛教的。木叉毱多的“诳言”，更使玄奘留下不良的印象。只因“时为凌山雪路未开，不得进发，淹留六十余日”④，否则可能早就离开了龟兹。《大慈恩寺三藏法师传》的记载，反映龟兹佛教对弥勒菩萨的基本态度。

四、弥勒菩萨与龟兹石窟无缘

中心柱洞窟是龟兹石窟最有代表性的洞窟，是龟兹佛教思想的集中载体。中心柱窟形制源于印度“支提窟”，但龟兹中心柱窟是根据龟兹佛教思想理念结合自然条件而创造的新型洞窟。中心柱窟分前

① 《婆薮槃豆法师传》,《大正藏》第50册，第880页。

② 《大唐故三藏玄奘法师行状》,《卍新续藏》第88册，第373页。

③ 渐教是指佛法的内容与教法均处于浅显低级的阶段，一般是指小乘佛教。

④ 《大慈恩寺三藏法师传》卷二，第26页。

室、主室、后室。前室是佛教“护法”的部位，置诸天神众，护卫佛法。主室功能是观像礼佛，龟兹佛教思想特色都集中在此展示。主室正壁开龛设主尊像，大多为释迦牟尼成道后的标准“像好”。顶部中央绘“天相图”，象征佛教的“宇宙观”和佛法统摄大千世界的宏大境界。早期洞窟顶部两侧多绘“本生故事”，表现释迦牟尼“轮回时代菩萨”的种种事迹。中后期洞窟顶部突出表现“过去佛”授记和释迦牟尼佛度化众生等事迹，即所谓“因缘故事”。主室前壁上方绘“释迦菩萨兜率天说法”，与主室正壁释迦牟尼成佛相对照和连接，描绘出释迦菩萨“最后身”的完满结局。中心柱窟主室两壁重点表现释迦牟尼成道后的主要教化事迹。后室是展示涅槃的场所。中心柱窟巧妙地将说一切有部的释迦牟尼佛的基本历程，用譬喻方法抽象地诠释说一切有部的信仰特征——“唯礼释迦”。

克孜尔第110窟是描绘“唯礼释迦”思想的独特洞窟。此窟与中心柱窟不同之处是没有后室，不设“涅槃”部分。但“佛传故事”图像是龟兹石窟中最丰富的。主室三壁各三层连续绘出“佛传故事”达60幅。① 前壁入口上方绘“释迦菩萨兜率天说法”和正壁上方的“降魔成道”，两图相对，正是“最后身菩萨”阶段的开端与结尾。三壁的“佛传故事”以释迦牟尼成道前事迹为主，突出描绘了“最后身菩萨”思想（图2、图3）。

图2　克孜尔第110窟释迦菩萨兜率天说法图

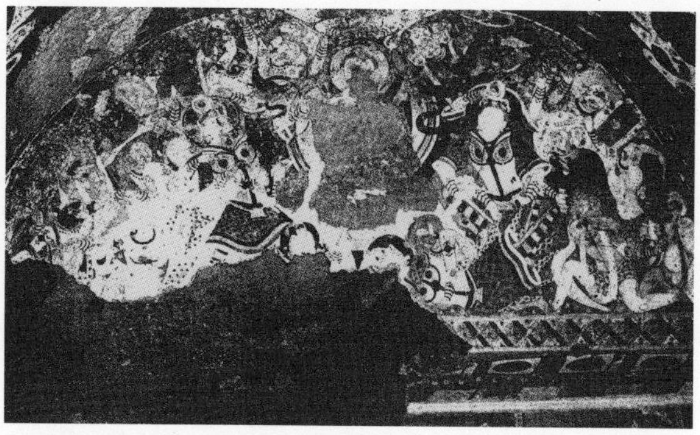
图3　克孜尔第110窟降魔成道

随大乘佛教的兴起，弥勒崇拜的经典纷纷产生。为了提高弥勒的地位，有的经典将弥勒的发心修道、降生人间等事迹，套用释迦牟尼的模式，也形成与释迦牟尼十分相似的传记故事。特别是《弥勒菩萨上生兜率天经》中，突出了弥勒到兜率天做“一生补处菩萨”的事迹，形式与释迦菩萨事迹几乎一样。后来出现的“弥勒六经”，都提到弥勒在兜率天的事迹，可能这就是有的学者认为龟兹石窟有“弥勒菩萨兜率天说法”的依据，因此也就认为龟兹佛教有弥勒崇拜的思想。这里要特别强调一点，“释迦菩萨兜率天说法”是与“本生故事”相连接的。“本生故事”是释迦菩萨旷劫积累的“资粮”，是成佛的基础，这点在中心柱窟图像的关系是十分清楚的。而弥勒菩萨是没有旷劫修行的“本生”经历的。据《弥勒菩萨所问本愿经》载：

佛告贤者阿难：我以十事致最正觉。何等为十？一者，所有无所爱惜；二者，妻妇；三者，儿子；四者，头目；五者，手足；六者，国土；七者，珍宝财物；八者，髓脑；九者，血肉；十

① 该窟“佛传”图像一部分脱落，一部分被德国探险队剥走。根据德国拍摄的照片和目前保存的图像，可识别内容的有29幅。

> 者，不惜身命。阿难，我以此十事疾得佛道。……佛语贤者阿难：弥勒菩萨本求道时，不持耳、鼻、头、目、手、足、身命、珍宝、城邑、妻子及以国土布施与人，以成佛道，但以善权方便安乐之行，得致无上正真之道。阿难白佛：弥勒菩萨以何善权得致佛道？佛言阿难：弥勒菩萨昼夜各三正衣束体，叉手下膝着地，向于十方说此偈言：我悔一切过，劝助众道德，归命礼诸佛，令得无上慧。佛语贤者阿难：弥勒菩萨以是善权，得无上正真之道最正觉。阿难，弥勒菩萨求道本愿：使其作佛时，令我国中人民，无有诸垢瑕秽，于淫怒痴不大，殷勤奉行十善，我尔乃取无上正觉。佛语阿难：后当来世人民，无有垢秽奉行十善，于淫怒痴不以经。正于尔时，弥勒当得无上正真之道成最正觉。所以者何？弥勒菩萨本愿所致。①

弥勒菩萨成道是以“正衣”“跪地”“偈诵忏悔”和发大愿等“善权方便”方式而得到的。因此，没有“本生故事”经历的弥勒菩萨，怎能取代以“十事”牺牲一切求得正觉的释迦菩萨？龟兹石窟怎可能将没有“本生”资本的弥勒菩萨取代释迦菩萨？

龟兹石窟中心柱窟是龟兹佛教“菩萨观”“佛陀观”“解脱观”“修道论”等思想统一体现的场所。如果采取割裂全局、主观想象的方法进行解读，龟兹石窟研究就必然走进“死胡同”。通过对龟兹佛教属性和思想特征、释迦菩萨与弥勒菩萨历史因缘、弥勒菩萨与小乘佛教的关系等进行研讨，我们认为，弥勒菩萨与龟兹石窟无缘。“弥勒菩萨兜率天说法图”应该正名为“释迦菩萨兜率天说法图”。

五、龟兹佛教的“菩萨观”

龟兹佛教属于部派佛教的说一切有部。如前所述，说一切有部有自己的“菩萨观”，主张菩萨从发愿到成佛分为三阿僧祇劫修行、百劫修行、太子诞生到逾城出家、三十四心断结成道（降魔成道）。日本佛学家木村泰贤将四个阶段分成过去世二分，现在世二分。过去世二分称为“轮回时代的菩萨”，现在世二分称为“最后身菩萨”。他还将四个阶段譬喻为：“第一三祇修行时代，是所谓预科时代，以术语说，是集菩提资粮之位、第二百劫修行时代，是本科。而第三四的现世时代，可说是快要卒业试验时代。”② 这种分法，是很有条理的。现按此种阶段划分，分别叙述。

其一，轮回时代的菩萨。包括三阿僧祇劫修行时代和百劫修行时代：

1. 三阿僧祇劫修行。此阶段释迦菩萨值遇无数过去佛，称为“逢事诸佛”。《阿毗达磨大毗婆沙论》曰：

> 问修此四波罗蜜多时，于一一劫阿僧企耶逢事几佛。答初劫阿僧企耶逢事七万五千佛，最初名释迦牟尼最后名宝髻。第二劫阿僧企耶逢事七万六千佛，最初即宝髻最后名然灯。第三劫阿僧企耶逢事七万七千佛，最初即然灯最后名胜观。于修相异熟业九十一劫中逢事六佛。最初即胜观最后名迦叶波。③

① 《弥勒菩萨所问本愿经》,《大正藏》第12册，第188、189页。

② 《小乘佛教思想论》，第61页。

③ 《阿毗达磨大毗婆沙论》卷一七八,《大正藏》第27册，第892页。

图 4　克孜尔第 187 窟释迦菩萨

释迦菩萨“逢事诸佛”中，有的佛曾为他“授记”，预言释迦未来成佛。在三阿僧祇劫中释迦菩萨通过布施、持戒、精进、智慧的“四度”，积累了成佛的“资粮”。“本生故事”就是“四度”的成果。“本生故事”里，释迦牟尼生前有各种身份：人类有国王、太子、王后、商人、婆罗门、修道者等；动物有狮子、猿猴、鹿、鸽、象、熊、马、龟等。在南传佛教的《小部》中，本生故事多达 547 则。北传佛教为数也不少。龟兹佛教非常注重“本生故事”的宣说，在龟兹现存洞窟中，本生故事图像可达百余种。

2. 百劫修行时代，亦称“修相异熟业”时代。主要目的是修“三十二相、八十种好”，亦称“百福庄严相”。佛教认为这是教化众生必不可少的重要资格和条件。在释迦牟尼修“百劫修行时代”中最重要的事件，就是前述的释迦牟尼为底砂佛弟子时，超越九劫用九十一劫完成“相异熟业”。释迦菩萨超越九劫，精进供养底砂佛的形象，在龟兹石窟中很多，造型独特，引人注目（图 4）。

其二，“最后身菩萨”。释迦牟尼完成“百劫修行”后，永久脱离了“轮回”，至兜率天做“一生所系菩萨”，然后下生人间，从悉达多太子到降魔成道，即“最后身菩萨”阶段。

1. 受生兜率天，准备下生人间。释迦菩萨经过“超越九劫”完成百劫修行后，即受生于兜率天，做“一生所系菩萨”。“一生所系菩萨”梵语原意是“最后的轮回者”，是菩萨修行的最高位。达到此位，必定于世间成佛。《阿毗达磨大毗婆沙论》列出了部派佛教中释迦菩萨要在兜率天做“补处菩萨”和在人界成佛的许多理由，这些理由综合起来是：

（1）兜率天是准备下降人间最合适的天界。因为兜率天之上的诸天根性钝重，而兜率天之下诸天烦恼放逸。唯兜率天是受生的理想境地。

（2）兜率天的寿量与菩萨成佛、世间众生善根成熟时间相称。如菩萨受生在兜率天之上的天界，其寿量未尽而菩萨的善根已熟。如受生于兜率天之下界，菩萨的寿量已尽，而所化之众生善根尚未成熟。

（3）兜率天有无数“乐法的菩萨众”，菩萨受生兜率天可以昼夜六时为这些菩萨说法。这在其他诸天是没有的。“释迦菩萨兜率天说法图”即是描绘向“乐法的菩萨众”说法的情景。

（4）释迦菩萨提倡“中道”，兜率天处于天界中间、从天界下到中印度降生、于中夜逾城出家、依中道思维成佛、于中夜涅槃。

（5）菩萨选择在人界成佛，理由是：诸天耽于欲乐，不适于精进修行，天界都是“化生”，“化生”易与妖魔混同。而人界根性猛利，适合接受佛的正法。菩萨的最后身必受胎生，与人界相适应。

说一切有部对菩萨兜率天预备投生阶段特别重视。其中追求“中道”的思想，是释迦牟尼在兜率天形成的重要理念，也是释迦牟尼一生处理重大事件时的指导思想。

释迦菩萨在兜率天为“乐法菩萨”说法，实际上是下降人间成佛说法的大“演练”，是佛教基本大法的提前“宣示”，是释迦菩萨下降人间成佛的最后准备，也是释迦菩萨将佛法“留与诸天，以作忆念”的贡献。

释迦菩萨在兜率天还有准备降生人间的重要内容，即“观察五事”。《根本说一切有部毗奈耶破僧事》说：

> 菩萨若在睹史多天，有五法观察世间。何谓五法，一者观察生处，二者观察国土，三者观察时节，四者观察种族，五者观察所生父母。①

“观察五事”就是释迦菩萨设计好的下降人间的“预案”。不仅有下生的时间、地点、种族，还选择好父母的身份，并阐述了充分的理由。这些都表示释迦菩萨降生人间都是必然的、注定的，是由菩萨成佛所谓的“常法”所决定的。

释迦菩萨即将下降人间，其天人的身份也就要结束，与所有天人寿命将终前的征兆一样，出现了“五衰相”，兜率天诸天人悲伤不已。《佛本行集经》卷五曰：

> 尔时护明菩萨大士，天寿满已，自然而有五衰相现。何等为五，一者头上花萎，二者腋下汗出，三者衣裳垢腻，四者身失威光，五者不乐本座。②

“五衰相”的含义，就是寿命无数的天人，也不可能永远享乐于天界，如果耽于享乐，不修福德，最后仍然要回到“生死轮回”之中。这是佛教为生灵立下的生死规矩。释迦菩萨在兜率天修相异熟业，不能没有止境，最后下降人间去追求最终解脱，才是唯一的道路。克孜尔第118窟保留一幅释迦菩萨显“五衰相”图像（图5）。

图5　克孜尔第118窟五衰相

释迦菩萨“受生兜率天，准备下生人间”，是“轮回时代菩萨”和“最后身菩萨”之间一个十分重要的过渡与连接，是下到人间成佛的全面准备和预演。

2. 从悉达多太子诞生到逾城出家。这段是释迦菩萨诞生人间，开始人的生活的“佛传故事”的前一阶段。按说一切有部的观点，从降生到“逾城出家”是“最后身菩萨”的第一阶段。这一阶段释迦菩萨的身份是悉达多太子，但仍在菩萨的“阶位”。其主要事迹有：“七步宣言”“龙王洗浴”“阿私陀占相”“太子试艺”“出游四门”“树下观耕”“宫中娱乐”“太子惊梦”“出家决定”“夜

① 《根本说一切有部毗奈耶破僧事》卷二,《大正藏》第24册，第106页。

② 《佛本行集经》卷五,《大正藏》第3册，第676页。

半逾城”等。

“出游四门”与“树下观耕”，是悉达多太子思想转变的重要契机。悉达多太子在优越的王宫中生活，娶妻生子，学艺习武，对人间生活没有直接感受。一次出游四门见到人的生老病死和种种苦难情景，引起太子对人生的思考。又见出家人，恒修善行，萌发涅槃之念。其实这就是“苦集灭道”的初始思维，是释迦牟尼启蒙思想的形成。《修行本起经》偈颂曰：

> 痛哉有此苦，生老病死患，
> 精神还入罪，经历诸勤苦。
> 今当灭诸苦，生老病死除，
> 不复与爱会，永令得灭度。①

“树下观耕”看见生灵相残，激发了太子的慈悲悯伤之心。《修行本起经》载：

> 太子坐阎浮树下，见耕者垦壤出虫，天复化令牛领兴坏，虫下淋落，乌随啄吞。又作虾蟆，追食曲蟺，蛇从穴出，吞食虾蟇，孔雀飞下啄吞其蛇，有鹰飞来，搏取孔雀，雕鹫复来，搏撮食之。菩萨见此众生品类展转相吞，慈心悯伤，即于树下得第一禅。②

经过“出游四门”和“树下观耕”，悉达多太子离欲出家的思想已经坚定。

悉达多太子见到世间苦难现象，出家思想日益增强。其父净饭王千方百计对太子进行严管与笼络。同时以妻女柔情及歌舞伎乐，使其回心转意放弃出走。然而太子见到宫中婇女丑陋的睡相，犹如坟墓中的死人，厌恶之心更为强烈。《根本说一切有部毗奈耶破僧事》曰：

> 当此之夜，婇女倡伎悉皆疲倦，昏闷眠睡，或头发披乱，或口流涕唾，或复谄语，或半身露，菩萨见此，虽在深宫犹如冢间见诸死人。③

“逾城出家”的意义，佛教界概括称“逾城出家示善离”。善就是“善逝”，指真实地去往涅槃，不再退返生死大海，佛教术语称之为“不受后有”。释迦牟尼佛号之一就是“善逝”。离指“出离”“离染”，即永离贪欲，离生死轮回之苦。“逾城出家”是释迦菩萨脱“烦恼”走向“解脱”的第一步。故说一切有部极为重视，菩萨由兜率天降生到“逾城出家”仅仅二十九年，但却视为菩萨修行中的四个阶段之一，是“最后身菩萨”的最关键的阶段。

3. “逾城出家”到“三十四心断结成道”。悉达多从出家到成佛，经历的事迹也很丰富。有“受出家衣”“乾陟舐足”“车匿辞还”“六年苦行”“商主贷宝”“乳女奉糜”“二商奉食”“四天王献钵”“帝释施草”等。但其中最重要的是“六年苦行”，是释迦牟尼成佛道路上的转折点。

---

① 《修行本起经》卷下,《大正藏》第 3 册，第 467 页。

② 《修行本起经》卷下,《大正藏》第 3 册，第 467 页。

③ 《根本说一切有部毗奈耶破僧事》卷二,《大正藏》第 24 册，第 115 页。

悉达多离开王宫后来到耆阇崛山旁仙人林中。观察众苦行者的修行状况，但都没有修炼成功者。后来悉达多来到尼连禅河畔森林处，决定在此地苦行修炼。随他苦修的还有五个弟子。悉达多经历极为艰难的磨炼。最初他每日只食一麻一麦，渐渐变成七日食一麻一麦，以至于最后不饮不食。这种折磨使他的身体变得极度消瘦，身体“形若枯木，手摸胸腹，能触背脊”。不久，悉达多意识到自己“所行非正智非正见，不能至无上菩提”。随后放弃苦行，吃了牧女奉献的乳糜恢复了体力。悉达多放弃苦行后，跟随的五比丘以为悉达多意志动摇，便离他而去。悉达多只身来到菩提树下，静坐思维并出誓言：“我今于此不得尽诸漏者，不起此座。”随之进入“三十四心断结成道”的境界。三十四心是：八忍、八智、九无碍（无间）、九解脱。结，即烦恼、系缚。说一切有部主张用三十四心去断烦恼之结。断结之后即得脱离生死之苦，进入“有余涅槃”之境。也就是悉达多达到大彻大悟，求得正果，觉行圆满，成为真理觉悟者。悉达多经无数劫的轮回打下量的积累，但还需要用最后的智慧来完成质的飞跃。这个飞跃就是三十四心断结成道。

《阿毗达磨大毗婆沙论》曰：

> 立如是誓我今要当不起此座，降魔军众永断诸漏证取无上正等菩提。立此誓已寻时摧破三十六俱胝恶魔军众。以三十四心得阿耨多罗三藐三菩提。[①]

以上通过对说一切有部“菩萨观”的考察，龟兹石窟中的“释迦菩萨兜率天菩萨说法图”的真实内容，已经昭然。就是释迦菩萨行“菩萨道”中，由旷劫的“轮回时代的菩萨”到“最后身菩萨”的关键过渡期——受生兜率天，做“一生补处菩萨”的重大事迹。

六、几个关联问题

其一，在龟兹佛教与石窟的研究中，类似“弥勒菩萨兜率天说法图”的偏颇还有不少。典型的例子如克孜尔第17窟后室绘出两身立佛的经典。该立佛站在莲花上，有头光、身光。头光中有“过去七佛”。佛身以腰部须弥山为界，上方有三列天界诸像：最上一列为坐佛；第二列为佛与菩萨；第三列为天人，表示佛教的“三界”。须弥山以下为欲界，有阿修罗、畜生、饿鬼等。佛的两腿膝盖处绘法轮。佛的双臂有护法诸神。身光中有两列立佛。此像的内涵是表示释迦牟尼继承过去诸佛的“法脉”，同时显示三世佛的传承关系。身上“三界”的天、人、地狱诸相，象征佛是统领“三界”的导师，即“天人师”。跪在佛前的是弟子阿难，他向佛请求演示正法。《根本说一切有部毗奈耶杂事》载：

> 时具寿阿难陀白佛言：世尊，如我今者解佛所说，命诸苾刍有疑当问，然此众中竟无一人，于佛法僧宝苦集灭道谛，有怀疑惑更须问者。佛言：善哉善哉阿难陀。汝能如实通达作如是语，于此众内我以智观，于谛宝中实无疑者，此是如来最后所作。尔时如来大悲愍故，遂去上衣现其

① 《阿毗达磨大毗婆沙论》卷一八二,《大正藏》第27册，第913页。

身相，告诸苾刍汝等今者可观佛身。汝等今者可观佛身。①

此像正是佛以大悲心“去上衣显其身相”，即用法身之相，向众比丘解四谛之疑，对众比丘作最后的教诲。但是，长期以来一些学者认为此像是华严宗的“卢舍那佛”，甚至有人说是密教的“大日如来”。这种“断章取义”“望文生义”式的研究方法，置龟兹佛教思想特质于不顾，任意解读，是非常不利于龟兹佛教研究的健康发展的。

其二，上述现象不仅出现在龟兹佛教历史和思想理论研究上，在龟兹佛教艺术研究上的问题也层出不穷。之所以出现这些问题，在于对龟兹佛教的历史、属性、教义缺乏准确的把握。为了杜绝上述问题的发生，使龟兹佛教与龟兹石窟的研究走上科学的道路，解决龟兹佛教研究的定位问题是个关键。根据实践体会，龟兹佛教研究应该抓住两个定位问题：历史定位和理论定位。

1. 历史定位：以往有的研究拘泥在龟兹佛教概念的肤浅表述上。对龟兹佛教的经典根据、理论特点、宗教派属和历史进程等不甚清楚。还有的承认龟兹佛教属于说一切有部，但却用大乘理念和典籍解读龟兹图像。结果是逻辑思维错讹，历史脉络混淆。这与对龟兹佛教的定位不清楚，有很大的关系。根据文献与形象资料和历史脉络的考察，龟兹佛教的历史定位是：佛教发展历史的第二阶段——“部派佛教”阶段。

2. 理论定位：龟兹佛教属性是部派佛教的说一切有部。其理论基础是“阿毗达磨”（论藏）即“毗昙学”。“毗昙学”是说一切有部对佛教发展的贡献。印顺大师赞誉：“阿毗达磨是说一切有部的光荣。”因此，龟兹佛教思想精神，就在“毗昙学”的理论体系之中。依据“毗昙学”的理论，对龟兹佛教展开“菩萨观”“佛陀观”“修道论”“解脱观”等命题的研究，龟兹佛教研究找到了可行的途径，龟兹佛教的奥义，逐步被揭示。故龟兹佛教理论定位是：部派佛教时期的重要理论——“毗昙学”。

两个定位明确后，龟兹佛教与石窟研究就有了明确的框架、清晰的脉络、可行的路径，在以往研究的基础上，必然会取得新的成果。除了上述两个基本定位的框架外，部派佛教的大众部、法藏部、经量部和印度大乘佛教等因素的影响，也是不可忽视的，研究时应予关注。

其三，中国南北朝初期，中国内地佛教出现了判教思想，目的是纠正佛经翻译的杂乱与矛盾，建立统一规范的佛经系统，后来发展成运动潮流。中国判教在中国佛教史上有特殊的功劳。龟兹佛教是中国佛教重要的组成部分，与内地交涉甚深。魏晋南北朝“毗昙”“般若”“涅槃”思想体系统摄中国佛教。属于小乘体系的毗昙学，即龟兹佛教思想理论基础。后来判教中突出了大小乘之争。至隋朝大乘佛教已占据统治地位，小乘佛教日益受到排斥和打击，中国内地小乘佛教从此一蹶不振，龟兹佛教必然也受到冲击。因此，在中国佛教史中，龟兹佛教长期处于“边缘化”的地位。②近代，龟兹佛教遗产的发现，引发了学术界与宗教界对龟兹佛教的重新审视和研究。但判教形成的固化观念，还在约束龟兹佛教研究的开展。本文所讨论的问题，其深刻的历史背景，就与中国佛教长期被大乘佛教统治，小乘佛教长期处于被“破斥”的地位，龟兹佛教长期处于“边缘化”密切相关。中国判教运动所产生的影响，是龟兹佛教研究不可忽视的重要课题之一。

---

① 《根本说一切有部毗奈耶杂事》卷三八，《大正藏》第 24 册，第 399 页。

② 见霍旭初《论隋代佛教“耻小慕大”思潮对龟兹佛教的影响》，《2014 敦煌论坛——敦煌石窟研究国际学术研讨会论文集》，兰州：甘肃教育出版社，2016 年。

龟兹石窟“菩萨兜率天说法图”的解读，虽然是对一幅图的重新认知，但却涉及非常广泛而深刻的佛教义学和佛教史的课题。通过这些问题的研判，不仅对龟兹佛教和石窟艺术研究有所推进，也会对中国佛教史乃至世界佛教史研究的充实和完善有所助益。

Maitreya Bodhisattva or Sakyamuni Bodhisattva? Textual distinguishment of the images of Bodhisattva in preaching in the Qiuci Grottoes: also discuss the Bodhisattva view of Qiuci Buddhism

Huo Xuchu (Kucha Research Institute of the Xinjiang Uygur Autonomous Region)

Abstract: There are paintings with the larger images of Bodhisattva in preaching which were mostly previously called the images of Maitreya Bodhisattva Tusita in preaching in Qiuci Grottoes. In recent years, the study of Qiuci Buddhism and grottoes has come into a new stage of all-round research in history, archaeology, religious study, sociology and art. With the new ideas, vision and methods, it is proved from Buddhist classics and literatures that the Qiuci Buddhism neither approved of Maitreya, nor formed the worship of Maitreya. So, this image should be the image of Sakyamuni Bodhisattva Tusita in preaching, and vividly shows the concept of Ultimate Body of Bodhisattva in Sarvāstivāda Bodhisattva View. Through the textual distinguishment of this case, it can lead us to a further comprehensive understanding of ideological connotation and characteristics of Qiuci Buddhism.

Keywords: Maitreya Bodhisattva, Sakyamuni Bodhisattva, Qiuci Buddhism, Bodhisattva View

隋代佛教造像的创新性与保守性

常　青（四川大学）

摘　要： 在中国佛教艺术史上，隋代造像上承南北朝传统，下启唐代风格。它的时代新风格是开始全面性地展示女性化佛教人物形象，虽然类似的形体之美在前朝已有一些先例，但隋代的首都长安是这种造像艺术的集散地，对其他地区产生着影响，也开了唐风佛教艺术的先河。但因隋朝为期太短，无法统一全国各地的艺术风格。于是，长安地区的很多造像依然保持着北周遗风。另外，在北方的北周旧地，许多地方仍然流行着北周旧风格。在北方的东部地区，北齐风格也有相当的保留。与此同时，在北齐与北周旧地，我们也能发现一些隋代新风格，是因为这些地区的艺术家在制作自己的作品时，虽然对前朝传统有所继承，但也或多或少地融入了新的时代风格，也就是传自长安的新样式。

关键词： 长安；佛教艺术；隋代；大住圣窟；驼山石窟；云门山石窟；麦积山石窟；莫高窟

577 年，北周武帝（560—578 年在位）灭北齐，统一北方全境，并控制三分之二中国版图，与陈朝以长江为界。翌年，武帝去世，北周实权逐渐旁落于外戚之手。581 年，北周宣帝（578—579 年在位）皇后之父杨坚（541—604）迫使其外孙北周静帝（579—581 年在位）退位，代周建隋。589 年，隋灭陈，统一中国，佛教及其艺术迎来了一个新时代。此后，南北朝时期的南方重义理、北方重坐禅实践的修习，融汇于首都长安，使二者都得到了更好的发扬。同时，在新的大一统时代，在没有战乱的日子，人们更多地关心自己的来世与如何摆脱固有恶业的困扰。于是，越来越多的人对研习义理感兴趣，并向往西方极乐净土，也就出现了许多为信徒们修习佛经义理而制作的建筑与造像。

短短的 37 年时间里，隋代佛教艺术家取得了辉煌成就。首都长安是全中国佛教及其艺术的中心，也是接受与创造新的造像样式的最佳地区。皇室对佛教的大力提倡，进一步推动着佛教及其艺术的发展。隋代长安的艺术家创造出不同于南北朝时期的风格独特的造像，着力于展现佛教人物女性般的优美形体与姿态。这种时代新风尚与印度笈多艺术的影响有关，而笈多的影响又可上溯至北齐与北周时期。隋代长安的新风尚还直接开启唐代造像风格，最终在全国形成统一的时代风尚，并引领后代佛教人物形象女性化的潮流。但是，隋朝毕竟为期不长，没有能够统一全中国的佛教艺术风格。于是，在隋代的中国北方，东半部仍然流行北齐风格，西半部则流行旧有的北周风格。但这并不意味着在长安以外地区就没有隋代新风格的造像。不同地区的人们对旧有传统风格与来自长安的新时代风尚的不同态度，决定了他们对新旧风格的取舍程度。

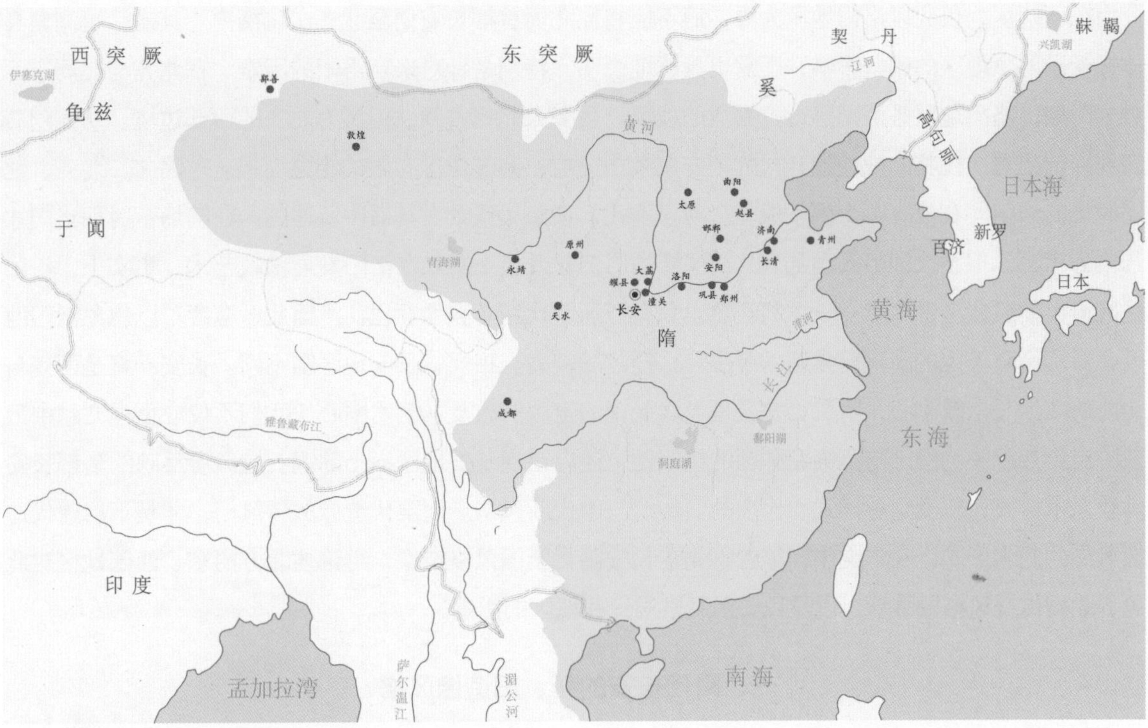

图 1　隋代疆域与主要石窟造像地点分布图　刘艺绘制

目前对隋代造像的研究多注重于不同的地域风格，而对长安新风格的出现及其影响论述不多。① 现存隋代佛教艺术主要是保存在山崖间的石窟与摩崖造像、隋代寺院遗址出土的铜石造像、各地传世的隋代铜石造像等，分布遍及北方大部分省区（图 1）。在过去半个多世纪，众多学者对各地区的隋代窟龛造像做了研究，成绩颇丰，基本勾画出了隋代佛教艺术的分布图卷。在这众多的研究中，2004 年出版的韩国学者梁银景的专著《隋代佛教窟龛研究》（文物出版社，2004 年）可谓是集大成者。她对前辈中外学者的隋代佛教艺术研究做了系统的总结，不再赘述。在研究方法上，她将所有现存隋代窟龛造像分为东西两大区：东区包括长安以及长安以东的山西、河南、河北、山东等地，以北齐故都邺城为中心；西区的重点是敦煌莫高窟，还包括甘肃、宁夏的一些石窟寺地点。通过对这些地区窟龛造像的分期排比，她认为东西两区均接受了南北朝的因素，是北周、北齐特点的融合，有的因素还影响到了唐初。而莫高窟受两京（长安与洛阳）地区影响较大，这个观点主要来自她对唐代文献中关于隋代长安寺院画题材与莫高窟壁画题材的比较，以及对莫高窟隋代联珠纹来源的研究。这些研究都对我们全面认识隋代窟龛造像贡献巨大。

但笔者尚有不同看法。首先，对现存隋代窟龛造像进行分区，应考虑隋代以前的行政区划、现在已不存在的重要寺院地点以及出土铜石造像的情况。在隋代以前，北齐与北周基本以洛阳地区为界，长安为北周首都。从现存北周与北齐窟龛造像风格来看，两地既有大的近似的时代风格，又各具特色。到了隋代，东西两地仍分别对北齐、北周风格有相当的继承。因此，如要将隋代中原北方艺术划

① 杨效俊《浅谈隋代长安佛教造像风格的多样性与融合性——以纪年石造像为中心》，《齐鲁文物》2012 年第 1 辑，第 109—125 页。

分为东西两区，仍应以洛阳地区为界，而不应将原北周首都长安划至北齐文化圈内。其次，莫高窟具体接受了两京地区的哪些影响，还需更具体地说明，特别是针对来自洛阳的因素。在北齐与北周东西对立时期，洛阳地区是两国进行拉锯战的战场，虽多为北齐占领，但实为北齐的西部边境。从龙门石窟现存情况看，仅将北魏晚期开凿的药方洞续凿完成，并开凿了有限的小龛而已。① 因此，北齐、北周时代的洛阳实在没有多少佛教根基。到了隋代，正如梁银景在其书中所述的：在隋炀帝时期洛阳才升格为东都，但不久即陷入动乱。② 在这样的历史背景之下实难在洛阳发展佛教艺术。事实上，洛阳地区最大的窟龛造像地点——龙门石窟也只有三所隋代纪年龛像而已。③ 因此，笔者难以想象洛阳地区会对莫高窟等地的隋代窟龛艺术产生什么样的影响力。相反，长安地区则不同。长安一直是西魏与北周的政治与宗教中心，隋代长安又是当之无愧的全国佛教及其艺术中心。我们不仅应重视文献中记载的当年寺院中的壁画与莫高窟画题的相似性，还应重视长安地区出土的铜石造像所反映的隋都长安佛教艺术样式，以及这种样式所代表的旧传统与隋代新风格。而隋代造像的新风格，才是下启唐代造像风尚的艺术形式。在本文中，笔者将先述长安隋代新旧风格造像，再论述北方的东、西部地区对北齐、北周传统风格的继承，以及长安新风格对一些地区的影响。

一、隋代长安的新、旧造像风格

隋代佛教的迅猛发展得力于杨坚对佛教的推崇。④ 据佛教文献记载，杨坚自幼得神尼智仙相助，13岁之前长期住在同州（今陕西省大荔县）一寺院，这种经历对他的一生影响巨大。自登极后，相信他的帝业得自佛的保佑与神尼智仙的教诲。在仁寿年间（601—604），他命令史官编撰神尼传，还命地方官员建造了100多座佛塔，并在塔内绘神尼像，以纪其功德。佛教史书记载了不少这些佛塔的神异，如郑州晋安寺塔之金佛等灵异故事。⑤ 在这些传说与皇帝的倡导下，越来越多的信徒热衷于佛教造像、建寺、修塔、写经等功德活动。据唐代文献记载，在杨坚执政时期，隋代共造像106580尊。隋炀帝杨广（604—618年在位）也热衷佛教。当他领隋军平陈时，曾命军队保护佛寺、佛像、佛经，还命人收集了不少南朝佛教艺术品带回长安。隋代艺术家在杨广执政时期共修理旧像101000多尊，

---

① 参见常青《龙门石窟北朝晚期龛像浅析》，刊于龙门石窟研究所编《龙门石窟一千五百周年国际学术讨论会论文集》，北京：文物出版社，1996年，第44—73页。

② ［韩］梁银景《隋代佛教窟龛研究》，北京：文物出版社，2004年，第117—120页。

③ 这三所纪年龛均位于宾阳洞区，为宾阳中洞外的开皇十五年（595）行参军裴慈明造弥陀像龛，宾阳中洞外北侧力士像右侧的大业十二年（616）蜀郡成都县募人季子赟造观音像龛，宾阳南洞北壁的大业十二年河南郡兴泰县人梁佩仁造释迦像二龛并四菩萨香炉狮子。参见刘景龙《宾阳洞》，北京：文物出版社，2010年，第228—230页。

④ 李凇在其《陕西古代佛教美术》（西安：陕西人民教育出版社，2000年）第69—70页介绍了一件据说是“近年”在宝鸡发现的铭刻有杨坚于北周宣政元年（578）造的铜制“佛法像一龛”，现藏陕西历史博物馆，以作为杨坚崇佛的证据之一。李凇在其《陕西佛教艺术》（北京：文物出版社，2009年）第68—69页再次发表此像以说明杨坚的崇佛。然细观此像，发现疑点颇多。其一，该像正面为一立佛并二立菩萨，既为北周造像，佛像的肉髻却不低平，明显较高，是唐代以后的特点。其二，二菩萨像或戴简单的冠，或戴单瓣冠，均头顶束一高发髻，也是唐代以后的样式。其三，二菩萨的帔帛披挂均直接自双肩处分垂体侧，是北齐的样式，在北周并不流行。其四，背面的塔形在中国历朝佛塔图像中均不见，不知为何风格。其五，铭文中称此像为佛法像，但在别的造像中从不见此种艺术题材。因此，这件铜制造像应为赝品，时代最早可至晚清或民国时期。

⑤ 参见道宣《续高僧传》卷二六，《大正藏》第50册，第667c—668a页。

许多是在北周武帝灭佛时毁坏的。此外，在杨广时期，艺术家们共造3850多尊新像。[①]于是，在隋朝皇室提倡与赞助下，在长安建成了新的佛教基地，开启了佛教发展的新纪元。

在隋代长安形成了禅义共修的局面。在隋代以前，北方僧侣注重习禅，与习禅相关的开窟造像便盛于北方各地。在南方，僧侣们则重在研习佛教义理、哲学。在大一统的隋朝，作为一个国际性的大都市，长安城吸引着南、北方的学者与僧侣，他们给长安城带来了南北两大佛教文化。这也是隋朝佛教不同于前朝的特征，并影响后世。在这种背景下，寺院经济得到了很好的发展，寺院拥有的田产足以供养寺僧生活与佛事活动所需，并为在学派的基础上形成宗派建立了基础。

在隋代长安佛教艺术界，艺术家们不仅发展着传统样式与风格，也开始创造隋代新风格造像。在创作写实性的以优美窈窕身材为特征的宗教人物造像方面，印度有着悠久的历史。事实上，这种写实性艺术体现着印度人的审美观，即印度社会欣赏女性优美身材的习尚。但在中国，以男性般的健美身材为特征的造像自佛教传入中国之始一直主导着艺术界，直到6世纪下半叶。就在隋代之前的北齐与北周，佛教造像的主要风格仍是身躯呈直筒状，以体现男性般的佛与菩萨的粗壮身材，如在河北邯郸响堂山石窟与宁夏固原须弥山石窟发现的分别造于北齐与北周的石窟造像。[②]与此同时，有些艺术家也在笈多艺术的影响下着力表现佛教人物的优美体形，见于长安与天水麦积山石窟发现的北周造像，以及山东青州龙兴寺出土的北齐造像。[③]这个艺术现象表明在6世纪下半叶，越来越多的艺术家开始欣赏具有女性般优美体形的造像风格了，而男性般的雄健风格造像逐渐退出艺术舞台。隋代应该是这种审美风尚的中间站，表现着中国佛教造像风格从欣赏男性体魄之美到女性窈窕之美的全面过渡。隋代也是女性形体造像风格在佛教艺术界占据主导地位的开始阶段，并下启后代审美风气，直至现代。长安正是隋代这种女性形体艺术审美风尚发展的中心。

目前，被学者们公认的表现女性般形体美的隋代佛教造像发现不少，但有铭文纪年的则不多见。在探讨这种造像风格时，最具说服力的只有纪年造像，在隋代长安造出的一套金铜组合像可作为代表性作品（图2）。这套像于1974年在西安市雁塔区八里村出土，铭文曰："开皇四年（584）七月十五日，宁远将军武强县承董钦敬造弥陀像一区，上为皇帝陛下、父母兄弟姐妹妻子，具闻正法……"可知主像为西方极乐世界教主阿弥陀佛。阿弥陀佛（或无量寿佛）是5世纪和6世纪流行的佛教艺术题材，同类造像见于甘肃永靖炳灵寺第169窟西秦作品，也见于河南洛阳龙门石窟的北魏窟龛。[④]除了二狮子外，五身主要造像均位于一带有围栏的坛上，为二菩萨与二力士胁侍一结跏趺坐阿弥陀佛。该佛坛的正面做成壶门状，模仿中国传统床榻的造型。但带有围栏的宝坛又可对应于唐代西方净土变相

---

① 参见道世《法苑珠林》卷一〇〇,《大正藏》第53册，第1026b页。

② 中国石窟雕塑全集编辑委员会《中国石窟雕塑全集6·北方六省》，重庆：重庆出版社，2001年，图版130、135；中国石窟雕塑全集编辑委员会《中国石窟雕塑全集5·陕西宁夏》，重庆：重庆出版社，2001年，图版168、173、178—181、185、187—189。

③ 天水麦积山石窟艺术研究所《中国石窟·天水麦积山》，平凡社、文物出版社，1998年，图版219；香港艺术馆《山东青州龙兴寺出土佛教造像展》，香港：康乐及文化事务署，2001年，第292、293页。

④ 参见拙文《炳灵寺169窟塑像与壁画题材考释》，刊于中国社会科学院考古研究所《汉唐与边疆考古研究》编委会编《汉唐与边疆考古研究》第一辑，北京：科学出版社，1994年，第111—130页。龙门石窟北魏无量寿像之例，见古阳洞北壁永熙三年（534）段桃树造无量寿像记，刘景龙《古阳洞》附册，北京：科学出版社，2001年，第59页。

图 2　西安市雁塔区八里村出土的宁远将军武强县承董钦造金铜组合像　高 41 厘米　隋开皇四年（584）　西安博物院藏

图像中的位于往生莲池前的宝台，而图像中的佛与众胁侍像正位于这个宝台之上。①因此，这组造像可视为《阿弥陀经变》的简化形式，以表现西方阿弥陀佛净土。主佛头顶有螺髻，但肉髻较低，明显继承北周与北齐佛像低平肉髻的特点。但与北周、北齐佛像普遍具有直筒状身躯不同，这尊阿弥陀佛像却有着女性般的窈窕纤细身材，面相也很接近女性的清秀面容，并有着较长的颈部，细长裸露的右臂，以及细腰特征。该佛身穿传自印度的右袒式大衣，内有僧祇支，衣纹有较强的写实感，展示着高超的雕塑与铸造技艺。主佛头后有火焰形项光，身下有莲花宝座，佛的大衣并没有像前朝佛像那样披覆座前，此样式被后代继承与发展。胁侍于主佛身旁的观世音与大势至菩萨像均有女性般的窈窕身段与秀丽面容，具有相当的宗教与艺术感染力。二菩萨的帔帛并没有直接从双肩处垂下，而是随意地挂于双肘处，很像是一位宫廷女官闲适的披挂方式，没有强调宗教造像的程式化。在香炉两侧，二力士仍然继承前朝的一些特点，如愤怒相面容、菩萨装、结实有力的身躯等。但他们的身体更显窈窕，并将身体扭向主佛，这应是女性化造像风尚影响所致。总体来看，坛上的这五身主像综合体现了女性化的自然与美丽相结合的时代风尚。

隋代长安地区还发现了一些展示同样时代新风格的造像。1915 年，一尊石雕立姿观世音像从西安地区一寺院移出，不久入藏美国波士顿艺术博物馆。该菩萨像有北周遗风：双肩披挂着复杂的长璎珞，窈窕的身段也与西安地区出土的一些北周白石菩萨像相似，如西安博物院藏西安汉城乡西查村出土的北周白石贴金画彩立菩萨像。但波士顿的菩萨像腹部挺起，以强调女性般的身姿（图 3）。一件在西安东部的潼关出土的石雕菩萨像有简单的长璎珞自其左肩处垂下，也是北周一些菩萨像的传统。②但它的头部显大，而身材更显细腰窈窕（图 4）。美国纽约大都会艺术博物馆收藏了一件珍贵的夹纻干漆结跏趺坐佛像，也展示着典型的隋代长安女性化造像风格（图 5）。它的基本风格与前述董钦造像中的主佛相似，制作年代应为隋开皇年间（581—600）。其头顶原有的螺髻多已脱落，留下了光滑的肉髻与发髻表面。它的身体比例和谐自然，并拥有慈善的面相，女性般的窈窕身材与细腰。与董钦造像主佛相比，这件干漆像的衣纹更加有自然的写实感，表面以红色、深红色涂染的田相袈裟图案象

---

① 如重庆大足北山石窟第 245 龛的观无量寿佛经变浮雕，约造于 9 世纪，参见中国美术全集编辑委员会《中国美术全集·雕塑编 12·四川石窟雕塑》，北京：人民美术出版社，1988 年，图版 113。

② 如宁夏固原须弥山石窟北周第 45 窟中心柱正壁龛中的立菩萨像。

图 3　观音石雕像　高 249 厘米　隋　美国波士顿艺术博物馆藏

图 4　陕西潼关老虎城村出土的石雕菩萨像　高 103 厘米　隋　西安碑林博物馆藏　采自东京国立博物馆《唐の女帝・则天武后とその时代展》

图 5　夹纻干漆坐佛像　高 96.5 厘米　隋　美国纽约大都会艺术博物馆藏

征着苦行僧的服装。与董钦造像主佛相似，这尊干漆像也着有僧祇支。它的双手已佚，但根据双手的位置，原双手应施禅定印。该佛的题材可能是释迦或弥陀，其高超的技艺很可能来自隋代皇家的手工作坊，并有可能是皇家的资助项目之一。当然，此像也可能产自长安以外地区，但非高官显宦或富贾资助莫属。不论何者推测属实，这件干漆佛像所展示的以欣赏女性般优美身材为特点的隋代长安造像新风尚是毋庸置疑的。[①] 无独有偶，华盛顿弗利尔美术馆也收藏了一件类似的夹纻干漆结跏趺坐佛像（F44.46），同样表现着隋代长安新风格。[②]

如果说隋代造像新风尚是来自笈多的影响，那么这个影响基础，即影响材料的来源应该是在北周时期就积淀成了。这个论点的实物证据就是上述开皇四年的董钦造金铜组合像。开皇四年，也就是隋代刚刚建立的第四年，一方面是在短短的前三年里是否就有大量的笈多造像流入长安成为艺术家们的

---

① 学者们对该像的年代意见不一，一种观点认为造于唐代，参见中国美术全集编辑委员会《中国美术全集・雕塑编 4・隋唐雕塑》，北京：人民美术出版社，1988 年，图版 77；Denise Patry Leidy and Donna Strahan, *Wisdom Embodied: Chinese Buddhist and Daoist Sculpture in the Metropolitan Museum of Art* (New York: The Metropolitan Museum of Art; New Haven and London: Yale University Press, 2010), cat. 13, pp. 88-89。日本学者松原三郎认为属五代作品，参见氏著《中国佛教雕刻史论》，东京：吉川弘文馆，1995 年，图版 809。

② 与大都会藏的干漆坐佛像相似，学者们也对弗利尔收藏的这件佛像年代意见不一。松原三郎认为属五代时期，参见《中国佛教雕刻史论》图版 810。一本弗利尔美术馆编写的馆藏图录认为是宋代作品，参见 Freer Gallery of Art, ed., *The Freer Gallery of Art* (Tokyo: Produced by Kodansha Ltd., 1971)。同样持宋代观点的还有中国美术全集编辑委员会《中国美术全集・雕塑编 5・五代宋雕塑》，北京：人民美术出版社，1988 年，图版 70。然而，在 1991 年，弗利尔美术馆的中国艺术策展人司美茵（Jan Stuart）就提出了该像为隋代造像的观点，记录在该馆的策展人档案中。笔者赞同这种观点。

参考对象尚不可知；另一方面是开皇四年造像的成熟性，绝不代表它的年代就一定是这种新风格的开始年代。所以，探讨隋代新风格的笈多渊源，就应该回溯到北周时期同印度和西域的交往。

从现存北周造像身上我们能看到来自印度与中亚的影响，古代文献也能支持这一艺术现象。北周一些立菩萨像的身躯均显窈窕，有细腰与宽胯的特点，应与印度影响有关。印度笈多朝造于4世纪和5世纪的菩萨像流行细腰、宽胯的窈窕身段，以体现女性般的理想与完美身材。同时将服饰刻得很薄，紧贴身体，以突出身材的优美。①在5世纪早期，笈多的影响就进入了今甘肃地区，可见于永靖炳灵寺第169窟S6的西方三圣塑像，时代为420年左右。到了5世纪中期，云冈石窟的菩萨像也开始表现这种笈多风格了。②由于孝文帝的汉化改制，汉式的秀骨清像风格逐渐取代了笈多风格，但有的北魏晚期菩萨像仍表现着优美身段，如龙门石窟古阳洞正壁的二胁侍立菩萨像，虽然它们已着汉式的服饰。③到了6世纪下半叶，在北中国的东部，佛与菩萨造像的体形重新开始表现笈多式的人体身段之美，如在1996年前后于山东青州龙兴寺遗址发掘出土的一批北齐佛与菩萨像即表现这种风格。④有趣的是，与北齐基本同时期的北周也出现了这种笈多风格。宿白先生认为：龙兴寺出土的身段优美的北齐佛教造像很可能来自笈多与中亚的影响，或是自梁朝传来的笈多样式。⑤

历史文献也提供了西方影响北周佛教的证据。隋费长房《历代三宝记》卷十是最早记录西僧前往北周、隋代长安译经的文献。据此书卷可知，波头摩国三藏攘那跋陀罗于明帝二年（558）在长安旧城婆伽寺译有《五明合论》一卷。天和年间（566—572），摩勒国僧达摩流支为大冢宰宇文护译《婆罗门天文》20卷。从保定四年（564）至天和六年（571），中印度摩伽陀国三藏阇那耶舍为宇文护在长安旧城四天王寺译有6部经共17卷，他的弟子耶舍崛多与阇那崛多（523—600）助其翻译。武帝年间，优婆国三藏耶舍崛多在长安四天王寺与归圣寺译经3部共8卷。另外，在武帝年间，犍陀罗僧阇那崛多在长安四天王寺与益州龙渊寺译经4部共5卷。《历代三宝记》卷一二还记载：

> 北天竺揵达国三藏法师阇那崛多，隋言至德译，又云佛德，周明帝世武成年（559—560）初，共同学耶舍崛多，随厥师主摩伽陀国三藏禅师阇那耶舍，赍经入国。师徒同学悉习方言二十余年，崛多最善。同世在京及往蜀地，随处并皆宣译新经。

阇那崛多在北周武帝毁灭佛教时被迫回国。开皇四年，他再次来到长安，住大兴善寺，继续从事传译佛经事业。在隋代长安城从事译经的印度僧人还有达摩笈多。⑥

唐代文献提供了更多的西僧在北周的情况。唐道宣《续高僧传》卷二说阇那崛多是犍陀罗人，27

---

① Susan L. Huntington, *The "Pala-Sena" schools of Sculpture*, Leiden: E.J. Brill, 1984, fig. 11.

② 中国美术全集编辑委员会《中国美术全集·雕塑编10·云冈石窟雕塑》，图版76、131、153、165。

③ 中国美术全集编辑委员会《中国美术全集·雕塑编11·龙门石窟雕刻》，图版4、5。

④ 山东青州市博物馆《青州龙兴寺佛教造像窖藏清理简报》，《文物》1998年第2期，第4—15页；青州市博物馆《青州龙兴寺佛教造像艺术》，济南：山东人民美术出版社，1999年。The Royal Academy of Arts, *Return of the Buddha: The Qingzhou Discoveries*, London: Royal Academy of Arts, 2002, plates 28, 30, 31, 33.

⑤ 宿白《青州龙兴寺窖藏所出佛像的几个问题》，刊于中国历史博物馆等编《山东青州龙兴寺出土佛教石刻造像精品》，北京：文物出版社，1999年，第14—23页。

⑥ 《历代三宝记》卷一二，《大正藏》第49册，第104b页。

岁受戒，立志游方弘法，经中亚的迦臂施国、厌怛国、渴罗盘陀国、吐谷浑国、于阗，于西魏大统元年（535）到达鄯州。在武成年间到达长安，住草堂寺。“稍参京辇，渐通华语，寻从本师胜名。被明帝诏延入后园，共论佛法。殊礼别供，充诸禁中。……为造四天王寺，听在居住。自兹已后乃翻新经。……传度梵文，即《十一面观音》《金仙问经》等是也。会谯王宇文俭镇蜀，复请同行，于彼三年，恒任益州僧主，住龙渊寺。又翻《观音偈佛语经》。”《续高僧传》卷一记载：“（南朝陈）太建十一年（579）二月，有跋摩利三藏弟子慧哿者，本住中原。值周武灭法，避地归陈。”因大乘佛教重视造像，西僧在传播佛教时多携带造像。因此，上述印度僧人大有可能携带一些造像进入长安。

梁国也接受着西域各国的影响，并有从印度传入造像的记录。唐道宣《广弘明集》卷一五记载：

> 荆州长沙寺瑞像者，东晋太元（376—396）初见于州城北。行人异之，试以刀击，乃金像也。长沙寺僧迎至寺。光上有梵书，云育王所造。梁武闻迎至都，大放光明。及梁灭，迎上荆州。至今见在。

《广弘明集》卷一五又记：

> 荆州大明寺檀优填王像者。梁武帝以天监元年（502）梦见檀像入国，乃诏募得八十人往天竺。至天监十年（511）方还。及帝崩，元帝于江陵即位，遣迎至荆都。后静陵侧立寺，因以安之。

另外，据唐姚思廉撰《梁书》卷五四，梁天监十八年（519），扶南国遣使送天竺旃檀瑞像。《续高僧传》卷二九记梁武帝在丹阳龙光寺得优填王像。由于北周与梁朝的密切往来，梁朝也大有将笈多样式传入北周的可能性。但是，笈多与中亚造像也有直接传入北周、隋代长安城的可能。

隋代长安造像的新风格虽然是在印度笈多艺术的影响下形成的，但却是与笈多艺术不尽相同的新风尚。笈多艺术追求的是人体的身段美，在宽肩、细腰、宽胯方面都十分突出。相比之下，北周造像更与笈多风格接近。而前述隋代长安造像的新风格虽然也表现人体的身段，但相比笈多与北周人物形象，在宽肩与宽胯方面并不十分突出，体现着更加纤细、窈窕的身材特征，即更加接近隋代人们欣赏的女性的修长与窈窕身材，与隋代墓葬出土的女陶俑和敦煌莫高窟隋代女供养人体形有诸多相似之处。

但是，以女性般优美身材为特点的造像新风在隋代还没有形成主流艺术样式。在长安，许多造像仍然表现着北周旧风格。西安碑林博物馆藏开皇四年（584）钳耳神猛造像碑上的佛像具有宽圆肩胖体的北周旧风格。[①] 同馆收藏的开皇六年（586）石雕菩萨立像为头大体短，身躯呈直筒状，不显任何身段。[②]1985 年西安市雁塔区隋正觉寺遗址出土的姚长华于大业五年（609）造的立佛残像，表现为更明显的北周旧式筒状身躯，身披北周流行的通肩式大衣。[③]

在长安外围地区，很多隋代造像也表现为旧有的北周样式与风格。例如，岐山县博物馆收藏的

① 西安碑林博物馆《长安佛韵——西安碑林佛教造像艺术》，西安：陕西师范大学出版社，2010 年，第 38 页。
② 西安碑林博物馆《长安佛韵——西安碑林佛教造像艺术》，第 68 页。
③ 西安文物保护考古所《西安文物精华——佛教造像》，北京：世界图书出版公司，2010 年，第 105 页。

图6　陕西耀县药王山摩崖倚坐菩萨像　高318厘米　隋　王保平拍摄

1979年于该县五丈原出土的开皇十二年（592）石雕释迦立像，虽略显身段，但头顶肉髻低平、面相丰满的特点仍为北周旧式。① 西安北部的耀县（今铜川市耀州区）药王山摩崖造像始雕于隋代，盛于唐代。② 其中最大的一尊造像为倚坐菩萨像，造于隋代（图6）。据河南洛阳龙门石窟敬善寺区发现的唐高宗时期题记，唐代的倚坐菩萨像题材为弥勒。③ 那么，隋代的这尊同类造像也应表现弥勒菩萨。该像有筒状身躯与椭圆形面相，都是北周菩萨像的典型特点。这些特征也见于西安汉城乡西查村出土、西安博物院藏北周白石贴金画彩立菩萨像。但是，药王山的这尊倚坐菩萨像的长璎珞却相对简单，只有一条，自双肩处垂下，在双膝部位绕作一圆环。这种璎珞披挂方式与潼关发现的隋代石雕立菩萨像相同（图4）。药王山的隋代弥勒菩萨像服装显得轻薄贴体，衣纹刻画写实感不强，也是前朝遗风。这件造像风格说明了艺术家们在面对隋代新风格与北周旧有传统时的取舍，取决于他们是否愿意接受新风尚，或是保持固有传统。但在更多情况下，即使是思想保守的艺术家，也会不自觉地接受一些时代新风，这也是我们能把一些上述无纪年造像年代断为隋代而不是北周的原因。

不论是新风格，还是旧样式，艺术家与赞助者的审美观似乎都不能完全代表某个民族性。在隋代，自4世纪以前入侵中原的“五胡”早已大部分融合于汉族，并接受了汉族文化与习俗。观察全中国范围的隋代造像，佛像的服装有3种：汉式的褒衣博带装与传自印度的右袒或通肩式大衣。以3种佛装造出的佛像，或具有北周旧风格，或具有隋代新风格。可以说，这3种佛装均为隋朝人所欣赏。从此，汉与印度的3种佛装都成了中国艺术家创作佛像时的参考服装，直至现代，而隋朝正是这种集多民族文化于一身的起始朝代，体现了隋朝强大的精神魅力。除了前文提到的隋代为数众多的单体造像，在短短的37年间，隋人还在陕西、宁夏、甘肃、河南、河北、山西、山东等地开凿了大量的石窟寺与摩崖造像，其中的许多造像也表现着传自长安的新风尚。与此同时，在隋代北方，东部地区的大量造像仍然保持着北齐遗风，而西部地区的众多造像则保持着北周风格，虽然有的造像身上可以看出一些长安新风格的影响（隋代主要石窟造像地点参见图1）。

二、北齐旧地的隋代造像

在北齐旧地的中心区域之一的别都晋阳（今山西太原）一带，东魏开凿的天龙山石窟在隋代仍在继续着佛教艺术活动。据现存铭文题记，天龙山第8窟完成于开皇四年（584），有前后两室。窟外

① 庞文龙《岐山县博物馆藏隋代石造像》，《文物》1991年第4期，第93—94页。

② 张砚、王福民《陕西耀县药王山摩崖造像调查简报》，《中原文物》1994年第2期。

③ 根据笔者实地调查的记忆，惜当年的笔记随历年的搬迁而遗失。

图7　山西太原天龙山石窟第8窟坐佛像　隋　采自常盘大定、关野贞《支那文化史迹》第8卷　图版VIII-17

前壁雕有汉民族传统的屋檐，有立柱支撑横枋、斗拱与屋檐，是北魏以来的旧有传统。后室后、左、右三壁间各开一大龛，窟顶做成覆斗式。这是传统的佛殿窟建筑结构，也见于同址的东魏与北齐洞窟。① 但是，第8窟的不同之处是后室中心有一平面方形的塔柱，连通着地面与窟顶。在塔柱的每面均开龛造像，龛表有宝帐装饰，形制与河南巩义市大力山石窟第1窟的基本相似。② 可以看出，天龙山第8窟综合了两种传统洞窟形制：为修禅的中心柱窟与为讲解佛经义理使用的佛殿窟。这种窟形很好地阐释了隋代佛教的特点：禅义均弘。但是，第8窟中的坐佛像主要继承了北齐的传统风格，有低平肉髻，身躯丰满呈直筒状，双肩较宽，充满力度（图7）。这些佛像身着质地轻薄的褒衣博带式大衣，右肩处有覆肩衣从背部披下，是以龙门石窟宾阳中洞主佛为代表的北魏晚期的旧样式。③ 大衣紧贴身体，衣纹刻画简单，没有写实感。大衣的衣摆没有覆盖宝座前部，则是北齐以来的风格，同样的形制见于河北邯郸南响堂山石窟第1窟佛像。④ 第8窟的菩萨像也保持着北齐风格，身披帔帛与长璎珞，均自双肩处披下，并在腹前穿一环。这些菩萨像也是主要表现为直筒状身躯，但略显细腰，使身段较北齐菩萨像窈窕一些。总体来看，隋代的天龙山艺术家仍然遵循着类似于北齐响堂山石窟的旧传统。北齐石窟中的佛像流行印度通肩式佛装，而这里的隋代艺术家则喜欢北魏晚期流行的汉化佛装。但这并不意味着隋代的天龙山艺术家比前代更加保守，只是表明他们对3种佛装的不同选择而已。在隋代艺术家眼里，所有汉式与印度式佛装均可为其佛像所用，但可据其审美不同而选择其一。

河南安阳宝山灵泉寺大住圣窟完成于隋开皇九年（589）。据窟内题记，该窟为高僧灵裕（517—605）开凿，而灵裕在唐人著述中有传。⑤ 窟外立面有二护法神王浮雕，右为迦毗罗神王，左为那罗延神王（图8）。二神王均戴盔披甲，手持兵器，很可能参照了北齐或隋代武将的装束。它们均将身

① 关于天龙山石窟的更多信息，参见李裕群《天龙山石窟调查报告》，《文物》1991年第1期，第32—55页；李裕群、李钢编著《天龙山石窟》，北京：科学出版社，2003年。

② 关于巩义市石窟寺，参见河南省文物研究所《中国石窟·巩县石窟寺》，平凡社、文物出版社，1989年。

③ 刘景龙《宾阳洞》，北京：文物出版社，2010年，图版18、19。

④ 参见中国石窟雕塑全集编辑委员会《中国石窟雕塑全集6·北方六省》，图版140。

⑤ 道宣《续高僧传》卷九，《大正藏》第50册，第495b—498a页。

图 8　河南安阳灵泉寺大住圣窟外壁右侧迦毗罗神王像　高 178 厘米　隋开皇九年（589）　采自《中国石窟雕塑全集 6 · 北方六省》 图版 59

图 9　河南安阳灵泉寺大住圣窟前壁西土传法二十四祖拓本　隋开皇九年（589）

体略扭向窟门一侧，表现着守护窟门的职责。在中国佛教美术史上，以这两位神王守卫窟门的仅此一例。该窟为方形平面的覆斗顶窟，在后、左、右三壁间各开一大龛，为传统佛殿窟形制。各龛内以一结跏趺坐佛像为主尊，以二立菩萨或一菩萨一弟子为胁侍。但根据洞窟题记，这里的三佛并不代表过去、现在、未来三世佛，而是表现卢舍那、弥勒、阿弥陀佛。该窟可以为僧侣们的禅修服务，但更大的可能性则是为了信徒们来世托生佛教净土的美好愿望，因为那三身佛像代表了三处佛教净土世界的教主。此外，根据题记，窟内还有十方世界的三十五佛题材。窟内另一种题材为七佛，表现过去六佛与现在佛释迦牟尼。所有造像均继承北齐旧有样式，具有宽肩、胖体的筒装身材特征，服装质地轻薄，衣纹刻画简单，没有写实感。[①] 河南沁阳悬谷山太平寺第 2 窟开凿于隋仁寿年间（601—604），为在后、左、右三壁各开一龛的三佛窟，布局与大住圣窟相似。窟内佛与菩萨像主要继承北齐旧式风格，以筒状身躯为主，只是腰部较细，略显窈窕身姿。身表衣纹刻画简单，也是北齐传统。[②]

① 宝山灵泉寺大住圣窟的更多信息，参见河南省古代建筑保护研究所《河南安阳灵泉寺石窟及小南海石窟》，《文物》1988 年第 4 期，第 1—14 页；河南省古代建筑保护研究所《宝山灵泉寺》，郑州：河南人民出版社，1991 年。

② 该窟客观情况，参见谷东方《河南沁阳悬谷山太平寺窟龛考察》，《石窟寺研究》2016 年刊，第 1—19 页；王振国《河南沁阳悬谷山隋代千佛洞石窟》，《敦煌研究》2000 年第 4 期，第 27—32 页。

大住圣窟的前壁东侧有一种隋代新出现的题材：从释迦牟尼处传承佛法的24位祖师像。在24位祖师中，以佛的大弟子迦叶居首，阿难第二（图9）。第24位为师子尊者（？—259），中印度人，主要活动于中亚的克什米尔地区。为表彰北魏佛法的源远流长，462年，沙门统昙曜与西域三藏吉迦夜编译了一部佛教史书《付法藏因缘传》，中述25位祖师自释迦处代代传播佛法，第25位为师子。大住圣窟的24祖师像应来自这25祖，因为艺术家将这些像配为12对，为此构图而舍掉了一位，有汉文题记标注着每位祖师之名，以纪其功德。这些佛教历史上的僧人实际生活在不同的时代，但隋代艺术家却采用跨越时空的形式将其配对，让他们面对面而坐，如同两两间共同讨论佛法、向观者介绍佛法传承700多年的悠久历史。沁阳悬谷山太平寺第2窟内四壁壁脚共雕刻25身立像，据像旁榜题可知为25传法祖师像，更完整地表现了这种题材。有趣的是，这25身像中有菩萨装者，应表明有些祖师在信徒心中的地位如同菩萨。① 入唐以后，禅宗僧人们又将25传法罗汉视为他们的祖师，并发展为29祖，绘制与雕刻他们的形象。② 以减地阴刻的浅浮雕技法表现人物形象，是汉代以来的传统。大住圣窟24位祖师像均剔掉背景，以阴刻线表现人物的细节特征。另外，所有罗汉均貌似中国僧人，很明显，艺术家使用中国僧人的形象来表现这些印度高僧，这样做可以给中国信徒带来一种亲切感，以便吸引更多人皈依佛门。

与山西、河南的发现不同，许多来自河北的隋代造像带有明显的长安影响因素。一套金铜造像被发现于20世纪早期的河北赵州（今赵县），现藏美国波士顿艺术博物馆，表现着典型的隋代造像新风格（图10）。据其铭文题记，这组像由范氏家族出资铸造于开皇十三年（593）。这套像的总体风格与前述开皇四年董钦造像有相似之处（图2）。主尊结跏趺坐佛的样式、风格与董钦造像主佛相似，只是范氏造像主佛于胸前系一带，表现为印度右袒装与汉式褒衣博带装的结合形式，在中国佛教造像史上不多见。与董钦造像二菩萨相似，范氏造像的二胁侍立菩萨也具有窈窕身材，只是不扭动身体，更似北齐菩萨像的直立之姿。二力士也与董钦造像力士相似，只是在比例上略小一些，也是扭动着身体。但此二力士的头部更显大，与北齐的力士像更接近一些。不同于董钦造像，范氏造像主佛还有二弟子与二辟支佛胁侍四像均着僧装，辟支佛头顶有螺形发髻，与现存最早的龙门石窟北魏晚期开凿的路洞门券处浮雕辟支佛的基本图像一致，可见前朝的图像传统。③ 同样，在甘肃天水麦积山的北魏晚期石窟中也能见到辟支佛形象。④ 北齐继续造立辟支佛像，也见于6世纪下半叶开凿的邯郸响堂山石窟。⑤ 与董钦造像相比，范氏造像表现了更多的西方净土信仰。主佛身后有两株娑罗树，树冠上开花，在上沿呈三角形排列的7朵花之上各有一尊小坐佛，以表现七佛题材。有三身飞天从两树上部俯冲而下，共同执一璎珞奉向主佛，以烘托西方净土世界的欢乐气氛。

河北还发现了其他具有长安新风格的隋代造像。在1953年河北曲阳出土的一大批白石造像中，

① 谷东方《河南沁阳悬谷山太平寺窟龛考察》，第12页。

② 参见龙门石窟研究所《中国石窟·龙门石窟》第2卷，平凡社、文物出版社，1992年，图版258；中国石窟雕塑全集编辑委员会《中国石窟雕塑全集4·龙门》，图版210。

③ 中国石窟雕塑全集编辑委员会《中国石窟雕塑全集4·龙门》，图版79。

④ 如麦积山第121窟中的辟支佛像，参见天水麦积山石窟艺术研究所《中国石窟·天水麦积山》，图版80。

⑤ Katherine R. Tsiang, ed., *Echoes of the Past: The Buddhist Cave Temples of Xiangtangshan*, Chicago and Washington D. C.: Smart Museum of Art, Arthur M. Sackler Gallery, 2010, pp. 210-211, 218-219.

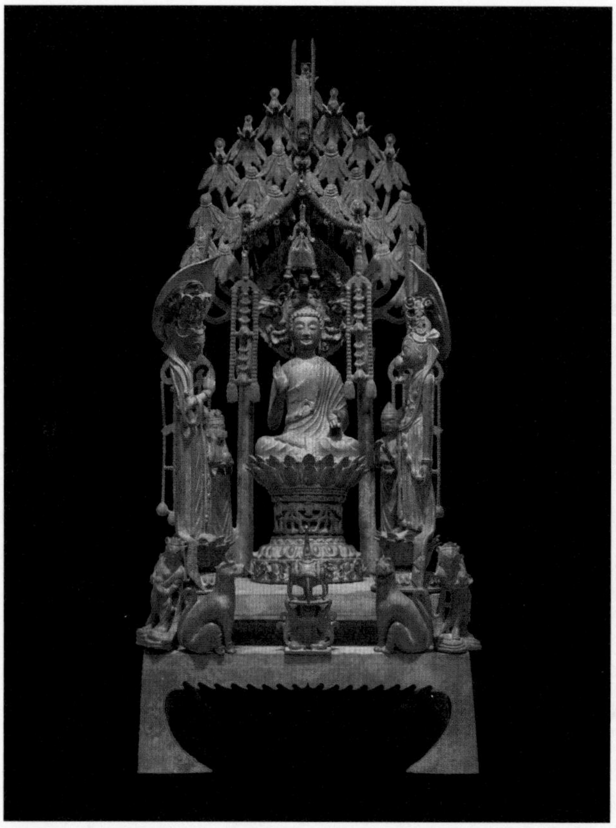

图 10　20 世纪早期河北赵州发现的范氏造金铜组合像（22.407, 47.1407—1412）　高 76.5 厘米　隋开皇十三年（593）　美国波士顿艺术博物馆藏

图 11　河北曲阳修德寺遗址出土的白石弥陀三尊像　高 29.8 厘米　隋开皇十一年（591）　故宫博物院藏　采自《中国美术全集·雕塑编 4·隋唐雕塑》 图版 5

有 48 件隋代纪年造像。[①] 其中一件开皇五年（585）造的小型造像表现一尊立姿弥勒佛与二胁侍菩萨，三像均具有女性般的窈窕身段，完全脱离了北齐特有的筒状身躯风范。另一件小型造像造于开皇十一年（591），为立姿弥陀佛与二弟子（图 11）。此三像也表现女性般的窈窕身材，主佛有圆肩、细腰、宽胯的特点。类似佛的体形特征还可见于同址出土的一件白石坐佛像，有质地轻薄的大衣紧贴身体，衬托佛的优雅姿态。[②] 河北发现的最引人注目的隋代白石立佛像造于开皇五年（图 12），具有椭圆形面相，双肩略窄，细腰，体现着窈窕与优雅的举止。与别的佛像相比，这尊大型立佛像展示着更多的人的自然内涵，即更多的人性，同时具有如中年女性般的慈善神情与佛的神性仪表。与前述两套隋代金铜造像不同，上述四件白石造像主佛均着汉式褒衣博带装，但无长带系于胸前。虽然服装有所不同，艺术风格却与两套金铜造像具有相似之处，展现着长安与河北之间的密切关系，也就是首都长安的造像新风东传河北。

在河北东部的山东，现存隋代造像集中发现于济南与青州两地。济南南部地区保存了一些隋代纪

① 曲阳修德寺遗址出土的白石造像基本情况，参见杨伯达《曲阳修德寺出土纪年造像的艺术风格与特征》,《故宫博物院院刊》1960 年总第 2 期，第 43—60 页；范登《曲阳修德寺遗址石造像出土三十周年有感》,《故宫博物院院刊》1984 年第 4 期，第 43—47 页。

② 中国美术全集编辑委员会《中国美术全集·雕塑编 4·隋唐雕塑》，图版 3、5、9。

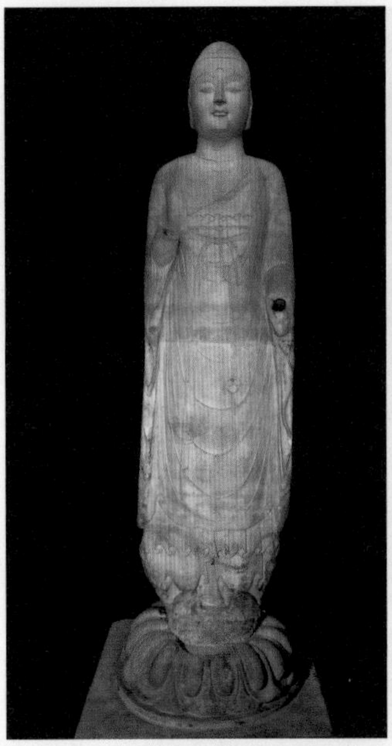

图 12　出自河北省曲阳县韩崔村崇光寺的白石立佛像　高 578 厘米　隋开皇五年（585）　大英博物馆藏　采自《中国古代雕塑》图版 3–95

图 13　山东济南长清区莲花洞石窟佛与胁侍像　隋　采自《中国石窟雕塑全集 6 · 北方六省》图版 159

年摩崖造像，其中隋代开凿的长清县（今济南市长清区）莲花洞后壁雕有一尊坐佛，旁边有胁侍二弟子、二菩萨像。主佛面相长圆，身躯较显窈窕，仍然保留着较多的北齐筒状身躯遗风。该佛身着褒衣博带式大衣，但在左肩处以带系一袈裟，是隋代出现的新式佛装（图 13）。青州龙兴寺遗址出土的一件约造于隋代的立佛像着有类似的袈裟。① 另外，济南历城神通寺千佛崖唐显庆二年（657）雕造的倚坐弥勒像也系此种袈裟，可知这种佛装曾在 6 至 7 世纪的山东地区流行。② 类似的袈裟也可见于甘肃永靖炳灵寺石窟中的隋代造像③，以及龙门石窟宾阳南洞约造于唐太宗时期的主佛像，而后者由从长安前往东都洛阳的魏王李泰及一批皇亲官员出资雕造。④ 这似乎说明着这种袈裟的佛像是从长安地区带到洛阳的，虽然我们还没有在长安地区发现相同之例。济南历城青铜山石窟中的大型结跏趺坐佛像表现为筒状身躯的北齐旧风格，它虽着印度通肩式大衣，但大衣开领较低，可见其僧祇支，并在胸前束带。⑤ 这种佛装在山东并不流行，但在北周造像中发现较多，很可能是在隋代从北周故地传至山东的，而长安更可能是其渊源。

青州驼山与云门山石窟中的隋代造像可见更多的北齐旧风格。驼山石窟共有五窟与一些摩崖造像龛。第 3 窟中有一尊大型阿弥陀佛像，有二立菩萨胁侍，其中观世音居左，大势至在右，表现着人们对往生西方净土的向往（图 14）。主尊身躯呈直筒状，头顶有低平肉髻，均为北齐旧有风格。该佛身

① 香港艺术馆《山东青州龙兴寺出土佛教造像展》，第 172—173 页。

② 中国石窟雕塑全集编辑委员会《中国石窟雕塑全集 6 · 北方六省》，图版 156。

③ 甘肃省文物工作队《中国石窟 · 永靖炳灵寺》，平凡社、文物出版社，1989 年，图版 116。

④ 参见拙文《龙门唐代贞观期龛像的保守与多样风格》，待刊。

⑤ 中国石窟雕塑全集编辑委员会《中国石窟雕塑全集 6 · 北方六省》，图版 163。

图 14　山东青州驼山石窟第 3 窟阿弥陀佛三尊像　隋　采自《中国石窟雕塑全集 6 · 北方六省》图版 170

穿褒衣博带式大衣，右手施无畏印，也是北朝旧式。观世音与大势至像也承自北齐的筒状身材做法，但比一般北齐菩萨像的腰部细一些，使身段略显窈窕。二菩萨自右肩处披下长璎珞，见于潼关发现的隋代立菩萨像（图 4），似乎在说明一种传自西部首都地区的图像样式。[①] 在窟的后壁还雕有众小佛像，似为千佛题材。在主佛座前，有铭文题记提到“大像主青州总管柱国平桑公”。这位平桑公即为曾历青、荆二州总管的平桑郡公韦操，历北周与隋二代，死于青州总管任上。[②] 因此，驼山第 3 窟应开凿于隋文帝执政早期。驼山第 2 窟造像也以阿弥陀三尊为主，并有千佛浮雕于后壁，风格与第 3 窟相似，应造于同一时期。因此，第 2 窟的资助者很可能也是韦操，或是与青州总管府有关系的某位高级官员。第 2 窟主佛像着褒衣博带式大衣，自左肩处系有袈裟，此式佛装与长清莲花洞主佛的服装相同（图 13）。青州云门山石窟共有三窟与二大龛，以及一则隋文帝年间的铭文题记。第 2 龛主尊原为阿弥陀佛像，已佚[③]，现存龛内的二胁侍立菩萨像风格类似于驼山第 2、3 窟中的菩萨像，有可能是由来自同一地区的同一组艺术家雕凿完成的。他们所保持的旧有传统以及对来自长安地区新风格的部分接受，使我们在山东地区既能看到北齐遗风，也能看到来自长安的新风格。这在山东地区隋代造像身上较为普遍。

① 类似装饰的菩萨像也见于青州龙兴寺遗址出土的造像，似为隋代作品。参见香港艺术馆《山东青州龙兴寺出土佛教造像展》，第 290—292 页。

② 《隋书》卷四七，北京：中华书局，1973 年，第 1271 页。

③ 中国石窟雕塑全集编辑委员会《中国石窟雕塑全集 6 · 北方六省》，图版 179、180。

图 15　甘肃天水麦积山石窟第 5 窟彩塑天王像　隋　采自《中国美术全集·雕塑编 8·麦积山石窟雕塑》 图版 174

图 16　甘肃天水麦积山石窟第 37 窟彩塑立菩萨像　隋　采自《中国美术全集·雕塑编 8·麦积山石窟雕塑》 图版 160

三、北周旧地丝路沿线的隋代石窟造像

在甘肃省的丝路沿线还保存着许多隋代石窟，反映着北周旧地长安以外地区的一些隋代佛教艺术面貌，且内容极为丰富，极大地补充着隋代长安的艺术内容。仁寿四年（604），隋文帝下令各州造立佛塔，天水麦积山的僧众也在石窟所在地造了一座佛塔，还开凿了一些新洞窟与造像龛。总体来看，隋代的麦积山所开新洞窟多为佛殿窟，继承着前朝传统，有方形平面与覆斗顶。第 5 窟为隋代麦积山的代表作，在窟门两侧各开一大龛，门外右侧有一身天王像守护窟门。这里的天王表现为中国中年军事将领模样，他脚踩一牛，留着长须，头戴冠，身披铠甲，大眼，身材魁梧如直筒状，展示着这位天神的力度（图 15）。麦积山的隋代菩萨像则有更多长安新风格的影响，表现为窈窕的身段与秀美的容貌，颇具女性般的魅力（图 16）。人物写实的表现手法与恰当的比例展现了艺术家们的高超技艺。与麦积山的佛殿窟相似，永靖炳灵寺第 8 窟也具有方形平面，窟内后、左、右壁前均安置一组泥塑结跏趺坐佛像并二立菩萨像，均具有长安传入的突出女性般窈窕身段的新风格。这些坐佛像着右袒式大衣，自左肩处系一袈裟[1]，与前述着袈裟的隋代山东佛像样式相近。由于缺乏证据，笔者不知炳灵寺的

① 甘肃省文物工作队《中国石窟·永靖炳灵寺》，图版 116。

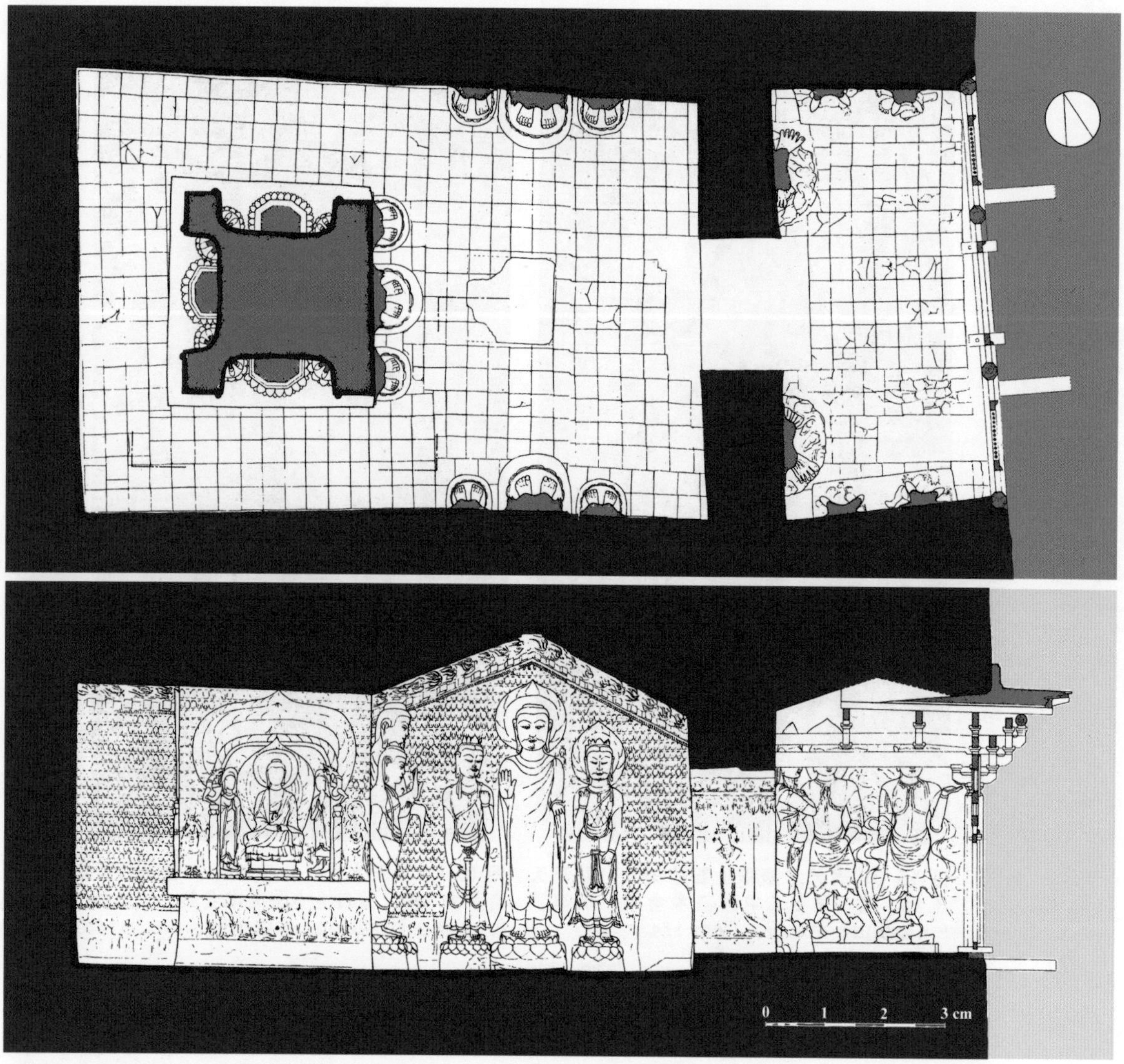

图 17　敦煌莫高窟第 427 窟平剖面图　隋　采自《中国石窟·敦煌莫高窟》第 2 卷

这种样式是否直接从山东地区传入，而更令人信服的结论应该是自长安传来的样式。虽然至今还没有在长安地区的隋代造像中发现这种服饰，但不表明当年的长安一定没有过。

最为丰富的隋代佛教艺术保存在敦煌莫高窟。敦煌莫高窟第 302、305、282 窟分别具有隋开皇四年（584）、五年（585），大业九年（613）的墨书开窟发愿记。敦煌研究院的考古学者根据这些年代学资料，通过分析与比较，确定了 101 所隋代的洞窟，然后运用考古学的方法对莫高窟的隋代洞窟进行了排比研究，共分为早、中、晚三期，并于 1984 年发表了研究成果——《莫高窟隋代石窟分期》。① 这三期中，早期的洞窟有的属于北周至隋年间，晚期的洞窟有的属于隋末至唐初，而中期的洞窟真正代表了隋代的艺术风格。这些隋窟内保存有当年的彩塑与壁画，平均一年开凿两所半洞窟。实际上，有些巨大的洞窟是不可能在一年内完成的，这些均说明了隋代莫高窟佛教艺术活动的繁荣。② 有几座

① 参见樊锦诗、关友惠、刘玉权《莫高窟隋代石窟分期》，刊《中国石窟·敦煌莫高窟》第 3 卷，文物出版社、平凡社，1984 年。
② 关于隋代莫高窟情况，参见敦煌文物研究所《中国石窟·敦煌莫高窟》第 2 卷。

图 18　敦煌莫高窟第 302 窟平剖面图　隋　采自《中国石窟 · 敦煌莫高窟》第 2 卷

大型的中心柱窟具有前后两室，在前室安置大型的天王与力士像，以守护窟门；后室中部有一平面方形的中心柱，直通窟顶。在中心柱的左、右、背面各开一龛，龛内造像。在中心柱的正面不开龛，而是直接贴壁塑制大型立佛像与二胁侍菩萨像，高度在 3 至 4 米。同时，另有两组类似体量的立佛与二菩萨像被安置在后室的左右两壁，三组大像共同组成了三世佛题材（图 17）。在中心柱的前面形成了一个较大的空间，可用于各种佛教聚会。这样的窟内空间实际上结合了传统的中心柱窟与佛殿窟的功能，也结合了前朝的坐禅与研讨义理的修习，完美地体现着隋代佛教的新气象。

从莫高窟窟形的总体情况看，研习义理应是那里的隋代僧众的主要修习。艺术家们设计了一种独特的中心柱窟形，即将中心柱体上部表现为须弥山（图 18）。这种柱体的中部柱身与下部基座平面呈方形，在柱身四面各开一小龛，龛内造像。柱体上部制作成须弥山形，由莲台与四条中国传统的龙承托着。呈倒锥形的须弥山表面有六层浮雕小坐佛像，以象征居住在山上的诸佛。在这种新型洞窟里，信徒们将会被这种佛教世界的魅力感染，是讲解佛教世界观的极佳场所。

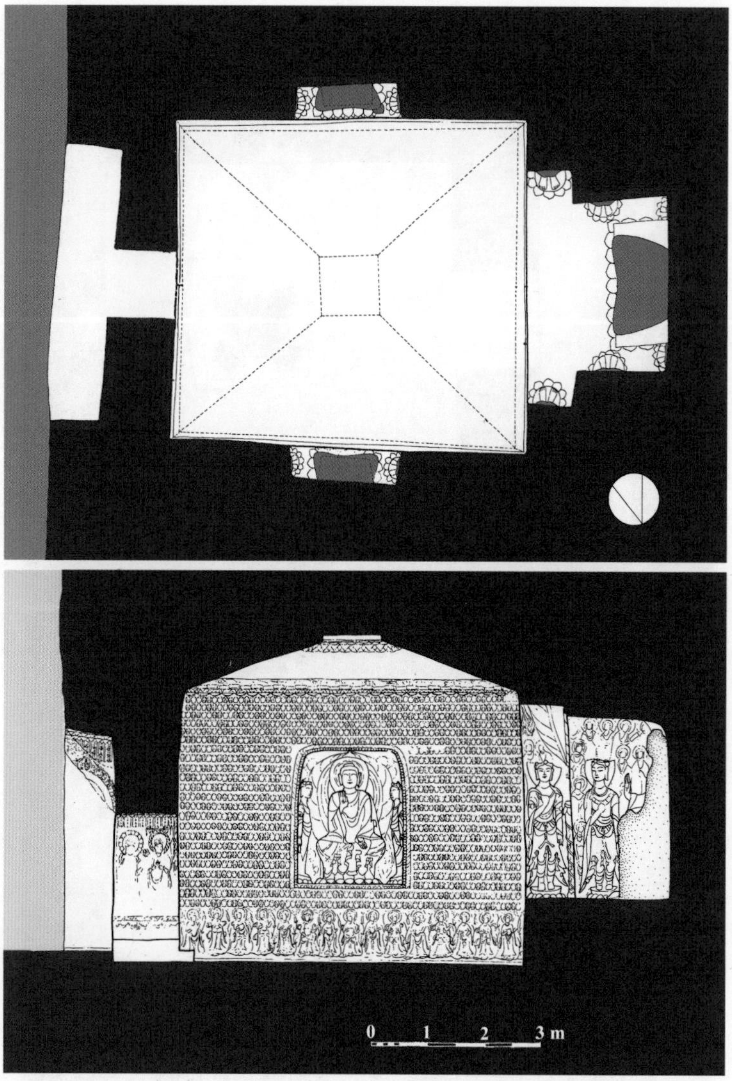

图 19　敦煌莫高窟第 420 窟平剖面图　隋　采自《中国石窟 · 敦煌莫高窟》第 2 卷

尽管有的洞窟在效仿中心柱窟，但它们的主要功能仍然是佛殿或讲堂。有的中心柱只有基座与柱身，没有上部的须弥山形；有的只是模仿中心柱窟形，但却没有中心柱。很明显，这些洞窟并不是用来礼拜与修禅的，更适合用作佛殿或讲堂。其实，在隋代的莫高窟，佛殿窟占有主导地位，一般继承北周旧式，具有方形平面、覆斗顶。一些小型佛殿窟只在后壁开一所大龛，龛内造像；还有一些佛殿窟则在后、左、右三壁各开一大龛，龛内造像。所有这些窟形均承自前朝（图 19）。佛殿窟是汉式窟形，并无印度与中亚原型。窟内的彩塑主要为讲经说法服务，也可用以礼拜。这种彩塑的功能可为一些窟内壁画功能所证明。与佛传、本生题材不同，隋代壁画多表现佛会图，以及一些著名佛经的经变画，如《法华经变》《阿弥陀经变》《维摩诘经变》等，应与首都长安地区的影响有关。[①] 在这种洞窟里，修习佛经与佛法的活动直接与人们的往生净土愿望相关联，以后将为唐代佛教界所继承。与隋代以前相比，隋代佛教界更希望为人们提供一条快速成佛之路。

① ［韩］梁银景《隋代佛教窟龛研究》第四章第二节“莫高窟隋代壁画题材与南朝、两京地区”，第 149—181 页。

隋代莫高窟彩塑不仅继承着北周遗风，也接受了长安传来的新风格的影响。在隋代早期的莫高窟中，彩塑人物一般表现为筒状身躯、头部显大、宽肩、短腿，类似于北周风格，说明了长安风格还未传入敦煌这个西北偏远小城。到了隋代晚期，莫高窟的艺术家做了极大的改革，多数彩塑人物都具有优美的女性体态特征，具有削肩、细腰与窈窕、修长的身段（图20）。在塑像表面施以各种颜色，如自然的肤色，多彩的冠饰与服装。菩萨像更加具有女性特征，有着秀丽的面容、柔美的身姿。有的菩萨像微屈一腿，非常自然而悠闲地将身体倾向主尊佛像，展示着女性般极其优雅的举止。若将隋代晚期莫高窟与长安造像相比，遥远的两地具有明显的艺术风格相似性，说明来自长安的艺术新风尚影响到了敦煌。这是中国佛教艺术的高峰期在唐代来临的曙光。

图20　敦煌莫高窟第427窟中心柱前壁立佛三尊像　隋
采自《中国石窟·敦煌莫高窟》第2卷　图版53

结束语

虽然类似的形体之美在前朝已有一些先例，但隋代是开始全面性地展示佛教人物形象女性化的时代。隋代的首都长安是以女性般的优美身材为特征的造像艺术的集散地，对其他地区产生着影响，也开了唐风佛教艺术的先河。隋代的这种新风尚应与进一步引入重在表现人体优美写实造型的印度笈多艺术的影响及自身的再创作有关。但因隋朝为期太短，无法统一全国各地的艺术风格。因此，长安地区和北方的北周旧地的很多造像依然保持着北周遗风。在北方的东部地区，北齐风格也有相当的保留。与此同时，在这些地区我们也能明显地看出隋代造像风格，是因为这些地区的艺术家在制作自己的作品时，虽然对前朝传统有所继承，但也或多或少地融入了新的时代风格，也就是传自长安的新样式。然而，隋代长安的新样式称不上模式，因为它没有对各地区产生普遍与深入的影响。

The Creations and Conservative Styles of Sui Dynasty Images

Chang Qing (Sichuan University)

Abstract: In the history of Chinese Buddhist art, the images of Sui Dynasty inherited the old tradition of Southern and Northern Dynasties (420-589), and influenced the style of the Tang Dynasty (618-907). The new style of the Sui is to comprehensively demonstrate the feminine style figures of Buddhism, although one can find some examples from the previous periods. The Sui Dynasty capital Chang'an was the center to create the new style, which influenced other regions of the period. However, because of the short period of the Sui, the dynasty could not unify the style of the Buddhist images in the whole empire. Therefore, in the area of Chang'an, one can see many images with old Northern Zhou (557-581) style. In the other regions of Northern Zhou in northwest China, numerous Buddhist images still inherited the style of Northern Zhou, instead of Sui. Meanwhile, in the eastern part of northern China, the previous regions of Northern Qi (550-577), many Buddhist images still followed the style of Northern Qi. On the other hand, in northern China, one can also find the new creations of the Sui among the old styles, demonstrating that the local artists selected some new styles from the capital Chang'an when they created their own works of art based on the old conservative style.

Keywords: Chang'an, Buddhist art, Sui Dynasty, Dazhusheng cave, Tuoshan grottoes, Yunmenshan grottoes, Maijishan grottoes, Mogao grottoes

"中巴经济走廊"框架下中国与巴基斯坦贸易面临的机遇、挑战及对策*

宋利芳　毕少斌（中国人民大学）

摘　要："中巴经济走廊"是"一带一路"六大经济走廊的核心工程。"中巴经济走廊"2013年启动建设目前正处在全面建设阶段。"中巴经济走廊"建设为中国与巴基斯坦两国之间的贸易提供了重大机遇，但同时也面临着多重挑战。本文从"中巴经济走廊"的背景及进展情况出发，分析了"中巴经济走廊"给中巴贸易带来的机遇以及面临的问题和挑战，进而从中国国家层面、企业层面以及中巴合作层面三个方面提出了在"中巴经济走廊"框架下促进中巴贸易进一步发展的对策建议。

关键词："中巴经济走廊"；中国；巴基斯坦；贸易

一、"中巴经济走廊"的背景及主要内容

（一）"中巴经济走廊"的背景

巴基斯坦毗邻中国，中国与巴基斯坦是友好邻邦。新世纪以来，两国经贸往来不断加强，2006年中巴两国签订了自由贸易协定，2009年又签订了《中巴自贸区服务贸易协定》，进一步加快了中巴自贸区建设，丰富了中巴两国贸易领域。值得关注的是，虽然中巴经贸关系稳定发展，但同其他重要贸易伙伴国相比，中巴双边贸易总额依然较小；同两国亲密的政治伙伴关系相比，经贸关系明显滞后。

2013年习近平主席提出了"一带一路"倡议。2013年5月，李克强总理访问巴基斯坦，提出加强中巴互联互通，打造"中巴经济走廊"。"中巴经济走廊"是"一带一路"沿线国家规划建设的六大经济走廊①之一，并且被视为"一带一路"的核心工程。因此如何规划和筹建"中巴经济走廊"，将成为共建丝绸之路经济带的焦点。"中巴经济走廊"设想的提出，意味着中巴两国将进入一个全面合作的新时期，也为中国未来走向印度洋奠定基础。随着"中巴经济走廊"的进一步建设，中国与西亚、中亚、南亚、海湾地区以及北非在经贸、基础设施、能源等方面的合作将进一步深化。在"中巴经济走廊"提供的优良政策环境下，中巴经济贸易的发展将会得到进一步提升，中巴经贸关系将更加紧密，同时中巴两国尚未合作的领域也会得到开发。

* 本文系中国人民大学中国特色社会主义经济建设协同创新中心项目的阶段性研究成果之一。

① 六大经济走廊是指中蒙俄、新亚欧大陆桥、中国—中亚—西亚、中国—中南半岛、中巴、孟中印缅经济走廊。

“中巴经济走廊”的提出，满足了中巴两国特别是巴基斯坦发展的需要。巴基斯坦国内基础设施落后，公路、铁路覆盖密度低。为了改善国内的交通情况，巴基斯坦早在1997年就提出了一个建设全国道路的计划，主要是为了将巴基斯坦南部瓜达尔港、卡拉奇和巴基斯坦其他地区连接起来，从而打通国内的交通运输网络。穆沙拉夫政府执政后，针对巴基斯坦国内能源短缺但周边国家石油产量丰富的现状，提出了“国家贸易能源通道”计划，这不仅可以解决巴基斯坦国内能源问题，同时也打开了中国与中东地区的贸易通道，扩大地区贸易。但是这两个计划最终并未付诸实施。“中巴经济走廊”的提出，其意义则远远超过了巴基斯坦的上述两个计划，这是因为，北起新疆维吾尔自治区喀什，南至巴基斯坦瓜达尔港的“中巴经济走廊”一旦建成，就意味着建成了连接东亚、南亚、北非、海湾地区的交通网络，将会形成包括贸易、基础设施、优势产业诸多方面的互联互通，这样“中巴经济走廊”将不仅仅惠及巴基斯坦一个国家，而是连通多个国家、繁荣整片区域的合作项目。在“中巴经济走廊”整体规划中，巴基斯坦瓜达尔港被定位为未来的国际自由港，这将会帮助巴基斯坦成为区域贸易中心，从而促进巴基斯坦与南亚、东盟、中亚及西亚地区的经济一体化。

（二）“中巴经济走廊”的主要内容

“中巴经济走廊”总长约4625公里，从中国新疆维吾尔自治区的喀什直达巴基斯坦俾路支省的瓜达尔港，途经红其拉甫，巴基斯坦苏斯特、洪扎、吉尔吉特、白沙瓦、伊斯兰堡和卡拉奇。总工程费达450亿美元，计划于2030年完工。其中，第一阶段将在2017年前重点开发瓜达尔港并建设国际机场。同时还将拓宽通向中国的喀喇昆仑公路，改善南起卡拉奇东至拉合尔北达白沙瓦的铁路网。此外，还将铺设中巴之间的光纤电缆。①

自2013年中国提出建设“中巴经济走廊”以来，中巴两国的合作日益加强，“中巴经济走廊”的远景目标正在逐步实现。从2013年中巴联合合作委员会成立至2017年，已经召开了6次会议，每次会议都会根据走廊建设的最新情况，调整远期规划并制订短期计划，结合实际为走廊建设提供新的建议、拓展合作领域。习近平主席在2015年访问巴基斯坦期间提出建议，为了拓宽中巴合作领域，可以将走廊建设作为中巴合作中心，以其他相关领域作为两国合作延伸的重点方向。伴随着中巴政治、经济关系的全面升温，“中巴经济走廊”建设也取得了实质性进展，目前已形成了以“中巴经济走廊”建设为中心，以瓜达尔港、交通基础设施、能源、产业合作为重点的合作格局。

首先，瓜达尔港的建设稳步推进。2013年2月18日，新加坡国际港务集团将瓜达尔港股份转让给中国海外港口控股公司。2015年11月11日，巴方将瓜达尔港2281亩土地长期租赁给中国，并支持中国全面建设瓜达尔港。2016年11月13日，中国商船经由瓜达尔港向中东和非洲大规模运载集装箱，这也意味着瓜达尔港正式投入经营，进入全面建设时期。中国企业在瓜达尔港规划的快速公路、新瓜达尔国际机场、瓜达尔自由贸易区等项目也在积极建设当中。未来中国企业还会援助瓜达尔地区建立学校、医院，开展新能源发电。瓜达尔港不仅为巴基斯坦发展带来了巨大红利，同时也缩短了中国能源运输航线，降低了航运风险，未来的瓜达尔港将会成为一个与迪拜、新加坡媲美的港口城市。

其次，中国与巴基斯坦交通往来更加便捷。中巴经济特别是中巴贸易的发展离不开基础设施的

---

① 李丽、苏鑫《巴基斯坦安全形势对中巴经济走廊建设的影响》,《国际经济合作》2015年第5期，第18页。

完善。长期以来，巴基斯坦国内基础设施落后，不利于中巴贸易往来。中国从2013年开始至2017年已向巴基斯坦投资基础设施近30亿美元。公路方面，中巴两国唯一的陆路交通通道（喀喇昆仑公路）在新疆维吾尔自治区境内奥依塔克镇至布伦口乡的公路改造项目已经开始施工，布伦口乡至红其拉甫段公路建设项目总投资32.55亿元，计划2017年开工建设，2020年完工。2016年4月28日，由中国建筑股份有限公司承建、中国进出口银行提供融资的喀喇昆仑公路二期改造项目——巴基斯坦北部城市哈维连至巴基斯坦塔科特段公路改造正式开工，投资13.15亿美元。2016年5月6日，同样由中国建筑股份有限公司承建、中国进出口银行提供融资的基础设施项目——巴基斯坦境内白沙瓦至卡拉奇高速公路项目（全长392公里）开工，投资约28.9亿美元，这是到2017年“中巴经济走廊”金额最大的基础设施项目。此外，巴基斯坦俾路支省境内的870公里的走廊西线公路已经竣工。铁路方面，中国与巴基斯坦已经签署协议，中国将帮助巴基斯坦升级巴基斯坦1号铁路线，将铁路线由目前的北部尽头哈维连向北延伸，经红其拉甫延伸至喀什，进一步扩大集装箱业务。航空方面，2015年，北京至巴基斯坦首都伊斯兰堡、北京至巴基斯坦第一大城市卡拉奇两条航线的开通，打开了中国与巴基斯坦的空中通道。“中巴经济走廊”基础设施项目的完善，将极大地丰富巴基斯坦南北交通网，为物流贸易往来提供便利。

再次，快速推进能源、电力合作项目。巴基斯坦能源匮乏且结构严重失衡，供电设备短缺，输电损失严重，电力缺口十分明显，这成了制约巴基斯坦经济的一大瓶颈。在“中巴经济走廊”的建设进程中，中国对巴基斯坦也进行了诸多能源、电力方面的投资。2015年5月21日，首个“中巴经济走廊”能源项目——卡西姆港1320兆瓦火电项目在山东青岛签署，项目竣工后估计每年为巴基斯坦输出电力95亿千瓦时，有望大幅改善巴基斯坦国内电力短缺的局面。2015年12月21日，中国投资的第一个巴基斯坦煤电一体化项目（塔尔煤田二区煤矿和电站项目）落地，中国总投资超过20亿美元。2015年12月，“中巴经济走廊”优先实施项目（中兴能源900兆瓦光伏项目）在巴基斯坦旁遮普省开建，项目总投资超过15亿美元，每年可提供清洁电力12.71亿千瓦时，极大缓解周边用电紧张局面。2016年，走廊的第一个水电投资项目——卡洛特水电站开始建设，总投资额16.98亿美元，年发电量32.13亿千瓦时，建成后能更加保障首都伊斯兰堡的用电需求。2017年2月15日，瓜达尔港300兆瓦燃煤电站项目获批准，该电站建成后将为瓜达尔这一国际自由港的建设提供充沛的电力供应，极大促进瓜达尔港的贸易往来和基础设施建设。2017年2月15日，首条由私人投资建设的高压输电线路——巴基斯坦境内默蒂亚里县至拉合尔的660千伏高压输变电项目获批。2017年3月22日，中国电力胡布发电公司在巴基斯坦成立胡布燃煤电厂，预计投资20亿美元，发电量达1320兆瓦。①

中巴两国将“中巴经济走廊”建设分为4个阶段：2014—2018年为早期收获阶段；2018—2020年为近期收获阶段；2020—2025年为中期收获阶段；2025—2030年为建成阶段。②目前正是“中巴经济走廊”建设的早期阶段。今后中国与巴基斯坦在“中巴经济走廊”的联动建设中将会成为真正的命运共同体。

---

① 刘宗义《中巴经济走廊建设：进展与挑战》,《国际问题研究》2016年第3期，第125页。

② 商务部国际贸易经济合作研究院《对外投资合作国别（地区）指南—巴基斯坦（2016年版）》，2016年。

二、“中巴经济走廊”框架下中巴贸易面临的机遇

（一）中巴贸易具有现实的基础

进入21世纪以来，中国与巴基斯坦两国的贸易总额总体上呈上升态势（见表1），从2000年的11.62亿美元增长到2015年的189.58亿美元。2013年开始的“中巴经济走廊”建设使中巴两国逐步实现互联互通，这对两国贸易起到了实质性的促进作用。

表1　2000—2015年中国对巴基斯坦贸易规模（单位：亿美元）

年份	进口额	出口额	进出口总额
2000	4.92	6.70	11.62
2001	5.82	8.15	13.97
2002	5.58	12.42	18.00
2003	5.75	18.55	24.30
2004	5.95	24.66	30.61
2005	8.33	34.28	42.61
2006	10.07	42.39	52.46
2007	11.04	58.31	69.35
2008	10.07	60.51	70.58
2009	12.60	55.15	67.75
2010	17.31	69.38	86.69
2011	21.18	84.40	105.58
2012	31.40	92.76	124.16
2013	31.97	110.20	142.17
2014	27.55	132.46	160.01
2015	24.77	164.81	189.58

资料来源：由 https://comtrade.un.org/ 计算得到。

从中国与巴基斯坦的贸易结构看，2000—2015年间，中国对巴基斯坦出口的产品集中在机电产品、化工产品、贱金属及制品、纺织原料及制品、运输设备、塑料及制品以及光学仪器等。其中机电产品是中国对巴基斯坦出口的第一大产品，出口份额常年维持在30%以上。中国从巴基斯坦进口的产品则集中在纺织原料及制品、矿产品、贱金属及制品、植物产品、皮革制品、动物产品以及塑料制品等，这七大类产品占中国从巴基斯坦进口总额的80%以上，其中纺织原料及制品占总进口额的70%左右。总体而言，巴基斯坦对中国的出口以初级产品为主，贸易结构相对简单。①

（二）巴基斯坦对中国优惠的投资政策

随着“中巴经济走廊”的全面建设，越来越多的投资计划纷纷出台。2015年中巴达成了51份总额高达460亿美元的双边协议投资计划，合作的重点集中在能源开发和基础设施建设。为了吸引中国

① 联合国贸易与发展会议网站数据库，https://comtrade.un.org。

企业到巴基斯坦投资，促进中巴经贸合作，巴方给中国投资者制定了极为优惠的投资政策，尤其体现在能源贸易、基础设施等重点合作领域。中国企业租用土地建厂、经销商品可以享受相应的津贴和税收减免等政策福利。为了缓解巴基斯坦电力短缺的现状，吸引中国电力企业到巴基斯坦投资，巴基斯坦免除了这些企业的企业所得税、流转税，并与中国协商给予这些企业一定税收减让，同时为中国投资企业提供法律服务、外汇兑换担保、出口信用保证等许多有利条件。另外，为了防止通胀率变化使中国电力投资企业蒙受不必要的损失，电价指数化改革也被提上议程。优惠的政策、走廊建设的引致需求等因素，从长远看，都会扩大中巴两国原有的贸易规模、丰富贸易种类，有利于中巴贸易持续不断地发展。

（三）有助于扩大中国部分优势产业的产品出口

“中巴经济走廊”的建设不仅包括工业和农业，还包括建筑业，这些行业不论涉及开发还是建设，都需要钢铁产品、矿产品等的开发利用，这会促进中国部分优势产业的产品出口，同时扩大巴基斯坦从中国的钢铁进口，为缩小巴基斯坦国内钢铁产能缺口提供了契机。图 1 反映了 2011—2015 年我国钢铁产业的产能利用率逐年下降的趋势，2015 年下降到 67%，说明我国钢铁行业供给超过了本国需求，存在一部分闲置的生产能力。与此相对照，巴基斯坦国内虽然铁矿石资源丰富，但是机械设备落后、资金匮乏，导致其钢铁产量供不应求。随着“中巴经济走廊”的建设，将会有更多的基础设施、发电站、建筑等需要大量钢铁，这将会大大增加巴基斯坦对我国钢铁以及一些生产设备的进口需求，同时有助于我国钢铁企业到巴基斯坦投资建设。这种产业转移满足了巴基斯坦的建设需求，同时扩大了中巴双边贸易额。

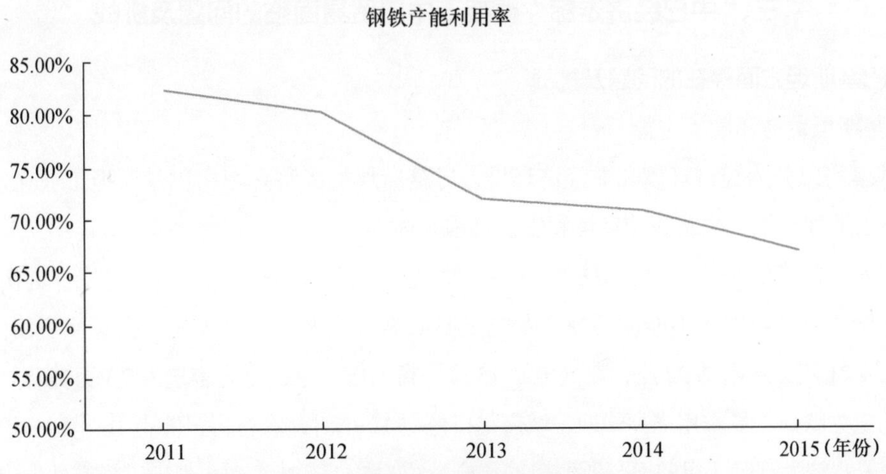

图 1　中国钢铁产能利用率情况

资料来源：根据历年《中国统计年鉴》的数据整理而得。

（四）促进中国新疆维吾尔自治区与巴基斯坦的贸易

中国与巴基斯坦的出口贸易主要是通过陆路运输至天津港，然后再航运到巴基斯坦。中国新疆维吾尔自治区的红其拉甫作为中国与巴基斯坦唯一的内陆通商口岸，在喀喇昆仑公路通车前一直处于闲置状态。中国新疆维吾尔自治区与巴基斯坦的贸易额占中巴贸易额的比重总体上呈逐年下降趋势，从2003年的10.5%下降至2015年的1.99%。这表明新疆维吾尔自治区在以往中巴贸易中的地位并不突出。

1977 年“中巴友谊之路”——喀喇昆仑公路的通车，为中巴陆路贸易往来打开了通道。虽然该公路是季节性通车，但却改善了中巴边境贸易的交通状况，促进了中国新疆维吾尔自治区与巴基斯坦贸易的发展。中国新疆维吾尔自治区与巴基斯坦接壤，同时宗教文化习俗又有许多相似之处。随着“中巴经济走廊”的建设，新疆维吾尔自治区的区位优势将更加凸显。中巴两国铁道部门在 2015 年签订了中巴铁路框架协议，该协议的目的有两个：一是改造升级巴基斯坦最主要的铁路动脉，二是希望建成中巴铁路，使巴基斯坦哈维连站向北与新疆维吾尔自治区喀什铁路连接。随着新疆维吾尔自治区喀什至贸易口岸红其拉甫铁路的修建，新疆维吾尔自治区本地与巴基斯坦的贸易往来将会增加一条快速通道，必将促进新疆维吾尔自治区出口贸易，带动新疆维吾尔自治区优势产业的进一步发展。公路方面，喀喇昆仑公路新疆维吾尔自治区境内奥依塔克镇至布伦口乡的公路改造项目已经开始建设，布伦口乡至红其拉甫段公路建设计划于 2020 年竣工，同时喀喇昆仑公路升级改造二期哈维连至塔科特段正式开工。未来新疆维吾尔自治区与巴基斯坦的陆路交通将更加顺畅，势必改变目前以航运为主的贸易方式，促进新疆维吾尔自治区与巴基斯坦的贸易往来。巴基斯坦电力能源稀缺，发电设施落后。面对巴基斯坦国内庞大的用电需求，新疆维吾尔自治区可以利用自身风电、太阳能发电的产业优势向巴基斯坦出口电力，同时可以带动用电设备、供电设备等一系列配套设施的出口。另外，虽然巴基斯坦纺织原料，比如棉花资源丰富，但巴基斯坦的纺织加工业比较落后，产业链不完善。新疆维吾尔自治区可以利用“中巴经济走廊”带来的便利性，扩大巴基斯坦纺织原料的进口，加工纺织品，然后向包括巴基斯坦在内的南亚、中亚国家出口，将纺织业作为自己的优势产业。这种经济上的互补性将极大促进中国新疆维吾尔自治区与巴基斯坦贸易的发展。

三、“中巴经济走廊”框架下中巴贸易面临的问题及挑战

（一）巴基斯坦方面存在的问题及挑战

1. 巴基斯坦贸易环境不完善

贸易环境可以分为经济环境和非经济环境。巴基斯坦的经济环境由巴基斯坦工业化水平来体现，非经济环境由地理环境、政治法律环境和安全环境来体现。

工业化水平的高低制约着对外贸易的发展。发电量、钢铁产量和基础设施可以作为衡量工业化水平的主要指标。巴基斯坦国内能源稀缺，发电主要依靠传统火电。2015 年，巴基斯坦国内 66 座电站中[①]，火电站 21 座，水电站 22 座，燃气电站 15 座。目前巴方总的电力容量为 2.1 万兆瓦，每年面临约 4000 兆瓦的电力缺口。夏季用电高峰期，城市每日停电 12 小时，农村每日停电 16 小时。巴基斯坦工业尤其是钢铁工业较为落后，目前巴基斯坦粗钢年产量约为 243 万吨。[②] 在基础设施方面，由于受地理环境因素和经济水平的限制，巴基斯坦交通基础设施建设落后于南亚许多国家。巴基斯坦国内以公路、铁路、海运作为货物运输的主要方式，其中公路运输是货物运输首要的方式。截至 2014 年底，巴基斯坦国内仅有 6 条高速公路、23 条国道、3 条战略公路和若干辅助公路，公路通车总里程为 26.37 万公里[③]，公路密度低于同为南亚国家的孟加拉国和斯里兰卡。巴基斯坦国内铁路运营里程已经连续 10 年保持在

① 中国驻巴基斯坦大使馆经济商务参赞处，http://pk.mofcom.gov.cn。

② 巴基斯坦统计局，http://www.pbs.gov.pk。

③ 中国驻巴基斯坦大使馆经济商务参赞处，http://pk.mofcom.gov.cn。

约7791公里[①]，没有明显的改观，并且线路以南北线为主。目前巴基斯坦主要铁路干线仍为南北1号干线，且存在运输设施老化严重、运输能力较低的问题。巴基斯坦与邻国铁路连线不紧密，与中国、阿富汗尚无铁路连接，与印度和伊朗虽然有铁路连接，但利用率不高。港口方面，巴基斯坦有卡拉奇、卡西姆、瓜达尔三大海港，但本国海运能力较弱，全国仅15艘远洋货轮，载重总量63.6万吨。2015年，卡拉奇港和卡西姆港货物年吞吐量分别为4342万吨和3001万吨。[②]瓜达尔港目前尚在建设，并且未与巴基斯坦国内运输网络有效连接，因此运输能力也有限。虽然“中巴经济走廊”的建设会改善巴基斯坦目前国内公路、铁路的现状，但短期内难以取得显著成效，贸易十分不便捷。

巴基斯坦的非经济环境也制约着中巴贸易的发展。地理环境方面，巴基斯坦全境五分之三的面积为山地和丘陵，特殊的地理环境制约了道路交通的发展，不利于贸易便利化。在政治法律环境方面，巴基斯坦实行联邦制，国内政党有200多个，政党主席更迭频繁。巴基斯坦国内与贸易相关的法律主要有《公司法》《贸易组织法》《贸易垄断与限制法》《海关法》《反倾销法》《反囤积法》等，法律法规相对不健全。巴基斯坦投资委员会规定，包括“中巴经济走廊”建设的中方人员，进入和离开瓜达尔港，必须有俾路支省内务和部落事务部签发的无异议证明，否则不允许任何人和货物离开港口。未来瓜达尔港将成为中国通过巴基斯坦进口能源和货物贸易的重要港口，巴方这一规定会使得贸易效率大大降低。在安全环境方面，巴基斯坦国内的恐怖主义、极端主义势力猖獗，巴基斯坦与邻国边境的安全形势更加严峻。瓜达尔港所处的俾路支省尤甚，每年宗教冲突和暴力袭击事件不断。2016年巴基斯坦境内由于暴力事件死亡1369人。因此，巴基斯坦国内安全局势不容乐观。虽然中巴目前是良好的合作伙伴，但是巴基斯坦境内恐怖势力对中国投资者的人身安全影响并不能得到消除，在生命安全得不到保障的情况下，推动中巴贸易进一步发展依旧困难重重。[③]

2. 走廊建设扩大了对华贸易逆差

近年来，巴基斯坦国内产业结构由原来以农业为主逐渐转变为农业和服务业齐头并进的产业现状，巴基斯坦在工业领域也逐渐形成了自己的特色产业，比如纺织业、皮革业、水泥业等，但是相对于农业而言，比重仍然很小。但是，巴基斯坦的制造业水平始终没有显著的进步，制造业占GDP的比重远低于南亚其他国家。巴基斯坦目前的工业和制造业不仅制约了巴基斯坦本国的经济发展，也影响了中巴贸易的进一步扩大。2015年，巴基斯坦对华贸易逆差达140亿美元，长期巨额的贸易逆差已经成为制约中巴贸易发展的另一因素（见表2）。相应地，巴基斯坦对中国的贸易依存度也日趋上升。2015年，巴基斯坦进出口贸易总额为660.79亿美元，中巴贸易额为189.58亿美元，巴基斯坦对华贸易依存度为28.7%，出口依存度为11.2%，进口依存度为37.5%。[④]

表2　2000—2015年巴基斯坦对中国的贸易逆差（单位：亿美元）

年份	贸易逆差	年份	贸易逆差
2000	1.78	2002	6.85
2001	2.33	2003	12.8

① 世界银行网站数据库，http://data.worldbank.org.cn。

② 中国驻巴基斯坦大使馆经济商务参赞处，http://pk.mofcom.gov.cn。

③ 李丽、苏鑫《巴基斯坦安全形势对中巴经济走廊建设的影响》,《国际经济合作》2015年第5期，第17页。

④ 根据联合国贸易与发展会议和中国海关统计年鉴的数据计算而得。

续表

年份	贸易逆差	年份	贸易逆差
2004	18.71	2010	52.07
2005	25.94	2011	63.21
2006	32.32	2012	61.36
2007	47.27	2013	78.23
2008	50.44	2014	104.91
2009	42.55	2015	140.04

资料来源：由世界银行网站数据库（http://data.worldbank.org.cn/）整理而得。

巴基斯坦工业化水平、国内产业结构在短期内难以改变。如果巴基斯坦仍然维持目前以原材料为主要出口产品的贸易结构，中巴贸易结构问题不会有很大的改善，中巴贸易逆差甚至会继续扩大。由于巴基斯坦缺乏相应的生产条件，随着“中巴经济走廊”建设的全面展开，对巴基斯坦所需的中国部分优势产业产品，如钢铁、汽车加工零部件、供电设备、输电设备等，中国对巴出口将会进一步增长，巴基斯坦对中国的贸易逆差和贸易依存度也会持续上升，这不利于中巴贸易的长远发展。

3. 巴基斯坦国内银行坏账率高、卢比波动剧烈

“中巴经济走廊”虽然有世界银行、中国国内银行和丝路基金等金融机构的资金支持，但是巴基斯坦却缺乏相应的有实力的金融机构支持。目前，巴基斯坦全国一共有60多家银行，其中，国有银行9家，银行数量较少，资本实力不足。另外，巴基斯坦国有银行“烂账”现象较多，不良贷款率长期居高不下（见表3），2015年巴基斯坦银行业不良贷款率高达11.36%。由于巴基斯坦没有相应的金融机构支持走廊建设，走廊建设相应的物资采购缺乏充足的资金支持，资本的缺乏会对贸易产生不利影响。

表3　2000—2015年巴基斯坦银行业不良贷款率

年份	银行不良贷款率（%）	年份	银行不良贷款率（%）
2000	19.5	2008	9.13
2001	23.4	2009	12.15
2002	21.8	2010	14.75
2003	17	2011	16.21
2004	11.6	2012	14.47
2005	8.98	2013	12.99
2006	7.3	2014	12.27
2007	7.44	2015	11.36

资料来源：世界银行网站数据库，http://data.worldbank.org.cn。

巴基斯坦经济低迷使巴基斯坦卢比持续贬值，人民币却整体上呈升值的趋势（见表4），这会在一定程度上缓解巴基斯坦对中国的贸易逆差。但是，巴基斯坦卢比汇率的大幅度波动，将使中国在巴基斯坦的投资者面临重大的不确定性，甚至会出现重大损失。同时，由于目前人民币与巴基斯坦卢比之间的市场汇率尚未形成，两国的贸易结算仍以美元为主，这一结算方式的套利性也导致了巴基斯坦

外汇黑市的活跃。随着“中巴经济走廊”建设的推进，这种缺乏双边本币作为兑换货币的不稳定的汇率机制，也制约了中巴贸易的正常进行。

表 4　2000—2015 年中巴两国汇率变动（单位：1 美元兑本币）

年份	巴基斯坦卢比	中国人民币元
2000	53.64819	8.278504
2001	61.92716	8.277068
2002	59.72378	8.276958
2003	57.752	8.277037
2004	58.25786	8.276801
2005	59.51448	8.194317
2006	60.27134	7.973438
2007	60.73852	7.607533
2008	70.40803	6.948655
2009	81.71289	6.831416
2010	85.19382	6.770269
2011	86.34338	6.461461
2012	93.3952	6.312333
2013	101.6289	6.195758
2014	101.1001	6.143434
2015	102.7693	6.227489

资料来源：世界银行网站数据库，http://data.worldbank.org.cn。

4. 巴基斯坦政策执行效率低

巴基斯坦民族众多，各个民族对国家的忠诚度也不相同。巴基斯坦长期以来政治体制的摇摆使得各个民族缺乏统一的身份认识。穆沙拉夫执政时期，巴基斯坦依靠强力维持政治和社会的稳定。在民主政治时期，巴基斯坦社会陷入了不稳定状态。巴基斯坦不稳定的政治状态对“中巴经济走廊”的建设以及中巴贸易产生了巨大的负面影响。尽管自 20 世纪 70 年代以来，巴基斯坦每任总理都表示出亲华的政策，但是在执行效率方面，由于受执政环境的影响，巴基斯坦领导人在处理国内政治方面往往捉襟见肘，很难将过多的精力投放在中巴贸易的合作项目上。同时，由于巴基斯坦国内政治领导人更迭频繁，新上任的领导人很难将“中巴经济走廊”建设及中巴经贸合作作为执政后的第一要务，甚至在经贸合作方面往往缺乏政策的连续性，或者存在政策的滞后性。因此，巴基斯坦国内政策方面的执行效率也成为制约中巴贸易进一步发展的一个重要因素。

（二）中国方面存在的问题及挑战

1. 喀喇昆仑公路环境恶劣

作为中巴两国唯一的陆路商贸运输方式，随着“中巴经济走廊”项目中喀喇昆仑公路二期改造项目的进行，未来将改变目前中巴两国贸易以航运为主的交通运输方式。但是目前来看，喀喇昆仑公路恶劣的环境条件仍然制约着中巴两国的贸易。喀喇昆仑公路被称为“世界十大险峻公路”之一，最高点位于中巴在新疆维吾尔自治区的通商口岸红其拉甫，当地地质情况极其复杂，公路需要穿过喜马拉雅山脉，对中方公路建设的技术要求很高。喀喇昆仑公路常年伴有雪崩、山体滑坡、塌方、地震、积冰、积雪，大部分时间由于气候原因会被封锁，这不仅不利于中巴贸易通商，更危及人员安全。据统计，在喀喇昆仑公路建设过程中，巴方遇难的建设者有500多人。这对中国未来全面打开对巴陆路贸易提出了极大挑战。

2. 巴方对中国产品频频发起反倾销调查

随着“中巴经济走廊”的建设，铁路、公路等基础设施建设需要大量的优质钢材和化工产品，并且巴基斯坦将瓜达尔港长期租赁给中国经营，对中国优质钢铁的出口有很大促进作用，这也对巴基斯坦本国的产品带来了一定的冲击。相应地，2000年以来中国出口到巴基斯坦的产品频频遭遇巴方的贸易救济措施，尤其体现为针对中国出口产品的反倾销调查。巴基斯坦对中国出口产品的反倾销调查起始于2006年，反倾销产品则集中在钢铁产品、化工产品和纸制品三大类，具体包括：钢铁线、钢卷产品、螺纹钢、异形混凝土钢筋冷轧板卷、连铸坯材、镀锌卷板、甲酸、苯酐、磺酸、过氧化氢、邻苯二甲酸酐、悬浮级聚氯乙烯、聚酯短纤、涤纶短纤维、聚酯长丝纱线、双轴取向聚丙烯薄膜、纸张、单面涂层纸板、单面涂层双层纸板、涂布和未涂布书写 / 印刷纸、涂布白底漂白板 / 折叠箱板、胶印油墨以及瓷砖等。① 可以预见，伴随“中巴经济走廊”建设而来的大量引致需求以及中国优势产品对巴出口的不断增加，巴方对中国的反倾销调查涉及产业将更广，力度将更大，这对中国未来进一步扩大对巴贸易将会是一个重大的挑战。

3. 其他贸易伙伴对中巴贸易的干扰

由于巴基斯坦地缘政治位置的特殊性，“中巴经济走廊”的建设会引发美国、印度、俄罗斯等重要贸易伙伴国的疑虑和反应。首先，美国针对中国的“一带一路”倡议提出了“新丝绸之路计划”，并诱迫巴基斯坦加入，排挤中国，加上巴基斯坦国内一些高级知识分子西化严重，这势必对中巴贸易产生一定的影响。其次，“中巴经济走廊”经过印巴敏感地带克什米尔地区，印度曾公开反对“中巴经济走廊”，认为中国援建瓜达尔港是出于在印度洋布置军事力量的战略诉求，另外走廊的建设完善了我国进口能源的途径，从而加剧与印度能源的竞争程度。印度的态度可能会影响“中巴经济走廊”的进程从而影响中巴贸易。最后，“中巴经济走廊”将使中国石油进口渠道多样化，这可能会影响俄罗斯的利益。俄方担心走廊的建成将大量减少俄方对中国石油的出口。美、印、俄三国皆是中国重要的贸易伙伴，因此，如何消除上述国家的疑虑将成为“中巴经济走廊”建设背景下中巴贸易面临的新挑战。

4. 中国新疆维吾尔自治区缺乏对巴基斯坦贸易的优势产业、不利于扩大陆路贸易

巴基斯坦自中国的进口商品集中在机电产品、化工产品、贱金属及制品、纺织原料及制品、运输设备、塑料及制品以及光学仪器。巴基斯坦对这些工业产品的采购主要来自我国东部沿海制造业，而新疆维吾尔自治区长期以来形成的重工业过重、轻工业过轻的产业结构不利于对巴基斯坦出口这些产品。随着“中巴经济走廊”建设的全面推进，巴基斯坦国内的基础设施建设、发电站的建设、瓜达尔

① 根据中国贸易救济信息网数据库（http://www. cacs.mofcom.gov.cn/cacs/newlmzt/ztlist.aspx?navid=C01&cyid=1&lmid=2&p=4）整理而得。

港口的建设需要更多的机电设备、化工产品、运输设备和钢铁产品等，但由于新疆维吾尔自治区制造业特别是装备制造行业与内地相比较为落后，原有的经济结构和贸易方式难以满足“中巴经济走廊”建设的需要，从而制约新疆维吾尔自治区与巴基斯坦贸易的扩大。

四、“中巴经济走廊”框架下促进中巴贸易进一步发展的对策建议

（一）中国国家层面的对策

1. 扩大中巴贸易规模和种类，促进贸易平衡发展

自2013年开始，中国成为巴基斯坦第二大出口目的地，但2015年巴基斯坦对中国出口额只有19.35亿美元[①]，同年向美国出口36.62亿美元，说明中巴贸易存在着巨大的潜力。2015年，巴基斯坦颁布了未来三年的贸易规划——《2015—2018年贸易政策框架》，框架制定了2017年至2018年出口额提高至350亿美元的目标[②]，除了要加大巴基斯坦本身初级产品的出口外，还确定了扩大加工产品的出口额，努力形成加工贸易的出口优势。针对巴基斯坦贸易结构改革的举措，中国应该在“中巴经济走廊”框架下，积极扩充从巴基斯坦进口商品货物的种类，利用巴基斯坦出口产品价格低廉的优势，将国内更多的优势资源集中于新兴产业。首先，扩大农产品进口，包括水稻、小麦、小米、大麦、高粱、热带水果、原棉、优质海鲜、畜产品和鱼类产品等。其次，扩大矿产品进口。巴基斯坦矿产资源丰富，矿产品是巴基斯坦重要的出口产品。但由于巴基斯坦受资金和勘探开发技术所限，矿产品产量有限。随着“中巴经济走廊”能源开发项目的推进，以及中国企业对巴矿产资源投资的加大，可以增大巴基斯坦矿产资源的进口，以满足我国对部分稀缺矿产品的需求，同时扩大中巴贸易额。最后，随着“中巴经济走廊”进入全面建设阶段，除了进一步扩大传统的能源、电力、采矿等领域的投资外，应当在巴基斯坦寻求更多其他的商机。商业投资方面，中国投资者可以在商业、零售、酒店、餐饮等领域扩大投资。中国可以扩大商业服务贸易的出口，包括商业电影、审计、税收、房地产、广告、城市规划和咨询服务等。金融方面，世界银行、亚洲基础设施投资银行、丝路基金、国家开发银行、中国进出口银行、四大国有银行等越来越多的金融机构为走廊的建设提供融资支持，因此对于资金的调配和管理显得越发重要，为此，可以在新疆维吾尔自治区建立区域性金融中心，完善人民币跨境结算相关政策服务。文化教育方面，拓展中巴两国的文化艺术节，在巴基斯坦设立孔子学院，互派留学生交流。物流方面，随着中巴交通运输网络的形成和中巴物流体系的建立，可以在新疆维吾尔自治区乌鲁木齐、库尔勒、喀什等地区建立“商贸物流中心”，引用国际配送标准，设立物流公共信息平台，从而促进巴基斯坦电子商务的发展。医疗方面，利用先进的医疗设备，结合特色的中医治疗疑难杂症的技术，推动与巴基斯坦等国家的医疗服务贸易。

2. 设立针对巴基斯坦的产业群和贸易加工基地

中国新疆维吾尔自治区与巴基斯坦接壤，但是巴基斯坦与新疆维吾尔自治区在农产品、矿产品等方面具有很大的相似性，因此与新疆维吾尔自治区的贸易并不频繁，未来还有很大的贸易空间。目前中巴商贸往来主要是通过中国沿海港口航运完成的，贸易商品也多由内地生产，某种意义上新疆维

---

① https://comtrade.un.org/data.

② 中华人民共和国商务部网站，http://www.mofcom.gov.cn/article/i/dxfw/cj/ 20160301284177.shtml。

吾尔自治区只是担当了“贸易通道”的角色。“中巴经济走廊”的建设虽然改善了贸易不畅通的现状，制约新疆维吾尔自治区出口的问题有所改善，新疆维吾尔自治区对巴基斯坦的出口额也呈逐年增加的趋势，但是新疆维吾尔自治区与巴基斯坦贸易往来的内容并没有实质性的改变，制约新疆维吾尔自治区向巴基斯坦出口的根本因素仍然存在。要改变这一现状，应当努力使新疆维吾尔自治区成为中国面向巴基斯坦乃至中亚、南亚、北非地区的区域贸易中心，在新疆维吾尔自治区建立针对不同国家出口的产业集群和出口加工基地。依托新疆维吾尔自治区喀什经济开发区、喀什综合保税区和南疆地州工业园区的区域优势，新疆维吾尔自治区可以积极引进内地的知名加工企业落户喀什地区。通过在新疆维吾尔自治区建立产业集群和出口加工地，未来中国新疆维吾尔自治区与巴基斯坦的贸易往来将更加密切，使中巴贸易再上一个新台阶。

3. 加快推进人民币成为区域结算的货币

针对巴基斯坦国内财政能力不足、银行坏账率高的状况，可以积极推进中国与巴基斯坦互设金融机构，鼓励我国银行入股巴基斯坦银行，适度降低两国设立金融机构的门槛，建立“中巴经济走廊”融资的统一标准，探索共同的信用评审机制和投资担保机制。以丝路基金为资金源头，设立专门的“中巴经济走廊”发展研究基金，满足中巴相关优势产业的投资需求，加大人民币在巴基斯坦的交易结算规模。随着“中巴经济走廊”的全面建设，丝路基金和亚洲基础设施投资银行、世界银行、国家开发银行等国内外银行以及越来越多的国内外资本的流入，区域性经济金融服务中心的设立也成为必然。中国可借机推进中巴双方贸易、投资的人民币结算，搭建货币跨境结算平台，研究现钞跨境流动机制，推进人民币对巴基斯坦等南亚国家的挂牌交易和兑换业务，降低对美元的依赖以及汇率波动带来的风险。待时机成熟，可考虑在乌鲁木齐市设立“丝绸之路经济带区域金融中心”，推动人民币成为中亚、西亚、南亚的区域性国际结算货币，从而提高贸易的便利化程度。

4. 建立对巴立体交通网络、提高贸易通关效率

针对喀喇昆仑公路严峻的自然条件对中巴陆路贸易的干扰，中国方面应该尽快提高公路等级，尽量解决贸易运输瓶颈问题，保证货物及时运输。空运方面，增加新疆维吾尔自治区阿克苏地区往伊斯兰堡和瓜达尔港口的客货航线，以解决冬季公路关闭造成的货物运输不及时的问题。同时增加内地城市前往伊斯兰堡和卡拉奇等巴基斯坦城市的航班，尽可能地扩大两国旅游等服务贸易。铁路方面，尽快建立由巴基斯坦经红其拉甫向北到喀什的铁路干线，弥补目前中巴陆路贸易运输方式单一的缺点，进一步降低中巴贸易的物流成本，提高贸易便利化程度。航运方面，加快瓜达尔港的建设，提高港口的货物运输能力，将港口与巴基斯坦国内铁路、公路接线打通，同时完善港口海关管理制度，提高过关的效率。

（二）中国企业层面的对策

1. 重视贸易伙伴信用、完善风险管理体制

针对不断增加的贸易纠纷，中国企业应当加强对巴基斯坦当地政治形势、法律环境、银行企业信用状况的了解。由于巴基斯坦大部分地区商业诚信文化基础薄弱，企业信用和银行信用也较差，我国企业要建立相应的风险管理机制。首先，出口企业应当利用合适的渠道发展客户，充分利用当地商会或协会的信息，关注贸易伙伴是否是当地商会会员单位，通过协会查看客户的工商资料是否健全。其次，我国企业还可以通过中国出口信用保险公司、信用评级机构的信息，对贸易伙伴进行信用打分。

此外，我国企业也要注重合同条款，关注质量规定、数量损耗、付款方式等内容。针对巴方企业付款产生的贸易纠纷，建议我国企业选择较低风险的付款方式，要求进口商开具不可撤销的即期信用证，并由信誉良好的第三国保兑，尽量不要选择远期付款方式。再次，针对贸易纠纷的补偿机制，建议我国出口企业可以根据业务情况投保出口信用保险，这样能为企业在发生贸易损失时提供一定补偿。最后，可以多渠道解决纠纷，出口企业可以到驻巴使馆进行反映，通过外交方式进行解决，还可以委托涉外律师事务所来解决。

2. 扩大出口产品差异化、拓宽对巴出口渠道

“中巴经济走廊”基础设施的建设需要大量的优质钢材，伴随中国对巴钢铁产品出口的增加，巴方反倾销力度逐渐加大。鉴于此，首先，我国出口企业要对巴基斯坦当地钢铁市场进行调查，了解当地营销方式和价格、主要产品和营销渠道。其次，出口企业可以运用标准化和差异化结合并以差异化为主的策略，使中国企业生产的钢铁产品与巴基斯坦本地的产品形成互补，尽量避免巴基斯坦的反倾销调查。再次，可以在巴基斯坦选择培养出口企业的代理商，并充分利用巴基斯坦政府对中国企业实施的优惠的税收政策、信用担保政策，拓宽出口企业在巴的销售渠道。最后，出口企业要熟悉中巴自贸协定和世贸组织反倾销规则及机制，建立企业的反倾销预警机制，以便在遭受反倾销调查时及时采取措施，通过预警机制化解反倾销问题。

3. 完善对巴基斯坦陆路贸易员工激励机制和安全保障

随着“中巴经济走廊”的开通，陆路贸易将成为中国企业对巴贸易的一大方式。喀喇昆仑公路严峻的自然条件，以及走廊穿过的巴基斯坦克什米尔地区、俾路支省等地区的恐怖势力，都对人员安全提出了巨大的挑战。为此，出口企业应当对企业参与陆路贸易的员工给出更好的激励举措和安全保障。同时，企业应该与中国驻巴基斯坦使领馆保持密切联系，当人员安全受到威胁时，可以寻求使馆领事馆保护。同时企业可以建立并启动应急预案，对巴基斯坦当地进行全面评估，预留安全经费，平时加强对员工的安全教育，并定期模拟演习突发事件应急处理。此外，企业也要处理好与巴联邦政府、议会和各级政府的关系，引导员工了解和遵守巴基斯坦当地各种法律、法规和政策。

（三）中巴合作层面的对策

1. 完善两国沟通协调机制

随着“中巴经济走廊”的全面建设，中巴两国各领域的合作将更加密切，因此，中巴双方必须建立起更高效的合作机制，促进中巴贸易的进一步发展。以中巴联合合作委员会作为中巴两国政府沟通的桥梁，针对走廊建设出现的问题，中国应借助中巴联合合作委员会与巴基斯坦进行协商沟通。同时，要完善贸易纠纷的解决机制，反对各种形式的贸易保护主义，维护中国贸易企业的正当利益。中巴两国目前已签署了《关于建立全天候战略合作伙伴关系的联合声明》，未来可以以联合声明为基础，签订延伸到各个行业的合作框架和法律，使中巴贸易纠纷有具体的法律依据可循。针对巴基斯坦严峻的安全形势，中巴应该加强对打击恐怖势力、极端主义的军方合作，建立更加完善的协调机制。特别是巴基斯坦方面，克什米尔地区、俾路支省各方的利益关系错综复杂，安全形势极度不稳，巴基斯坦要加大军事投入力度，以保障“中巴经济走廊”及中巴贸易往来人员的安全。同时，中国公安部和巴基斯坦内政部可以互设热线电话分享反恐情报，定期与巴基斯坦武装部队在中巴边境进行反恐军事演习，开展地区安全问题磋商。

2. 扩大中巴自贸区范围

面对一些国家出于地缘政治的质疑，中巴两国可以在已有的自贸区基础上扩大合作领域，使得“中巴经济走廊”带来的贸易便利化惠及更多国家。首先，中国和巴基斯坦两国已经建立了部分友好合作城市关系，可以考虑先在友好合作城市之间设立产业园区，推进双边产业合作，通过示范性效果再将产业园区推广到其他地区和城市。其次，可以在中国和巴基斯坦国内设立自由贸易试验区，中巴两国海关可以合作试行“互联网 + 海关”的特色服务，建设国际先进水平的贸易“统一平台”，实现高效率业务办理模式，从而使中巴自贸区贸易更加便捷。[①] 最后，发挥中国—亚欧博览会的平台作用，吸引更多国家的优质企业和产品参会，完善区域贸易往来的信息、拓宽贸易渠道，使中巴自贸区、“中巴经济走廊”真正惠及中亚、南亚、西亚、北非国家，以应对国际上针对中国的质疑。

Opportunity, Challenge and Suggestion for Trade between China and Pakistan under the Framework of "China-Pakistan Economic Corridor"

Song Lifang Bi Shaobin (Renmin University of China)

Abstract: "China-Pakistan Economic Corridor" is the core project of the six economic corridors under "the Belt and Road Initiative". Since the start-up of the construction of "China-Pakistan Economic Corridor" in 2013, it has been in the stage of comprehensive construction. The construction of "China-Pakistan Economic Corridor" has provided an important opportunity for the trade between China and Pakistan. However, the construction of corridor has also faced many problems and challenges. This paper begins with the study of the background and current progress of "China-Pakistan Economic Corridor", and both the opportunity and challenges to the trade between China and Pakistan under "China-Pakistan Economic Corridor" have been analyzed. For the further development of China-Pakistan trade under the framework of "China-Pakistan Economic Corridor", the corresponding suggestions for policy and measures are put forward from three aspects of China, Chinese enterprises, and the bilateral cooperation between China and Pakistan, respectively.

Keywords: "China-Pakistan Economic Corridor", China, Pakistan, Trade

① 张红星、何颖《“一带一路”战略下中巴自由贸易协定研究》,《国际经济合作》2016 年第 9 期，第 84—89 页。

“一带一路”倡议下中国与哈萨克斯坦农业合作的可能性与挑战

胡 霞 郭 锐（中国人民大学）

摘 要： 农业合作是“一带一路”倡议的重点合作领域，哈萨克斯坦也是中国对中亚及“丝绸之路经济带”沿线国家农业合作的重点和核心区域。“一带一路”倡议的实施能够为中国与哈萨克斯坦开展农业合作提供有效的指导，但具体的实施过程仍面临着多方面的挑战。本文从农业土地、劳动力、技术、资金和贸易合作五个角度，分析了中国与哈萨克斯坦农业合作的现状和特点，并总结了在“一带一路”倡议下中哈两国进行农业合作的可能性与面临的挑战。

关键词： “一带一路”；中国；哈萨克斯坦；农业合作

一、引言

进入21世纪后，随着世界经济全球化和区域经济一体化的加速推进，2013年，中国国家主席习近平先后提出了共建“丝绸之路经济带”和“21世纪海上丝绸之路”（简称“一带一路”）的重大倡议，希望实现“政策沟通、设施联通、贸易畅通、资金融通、民心相通”（简称“五通”）等主要目标，打造“一带一路”沿线国家的利益共同体、责任共同体和命运共同体。农业作为国家经济命脉，自古以来就是丝绸之路的重要合作领域；在新时期，农业合作仍是“一带一路”沿线国家经济发展的基础。加强农业合作，对推动“一带一路”倡议、维护沿线国家粮食安全和经济发展具有重大意义。

哈萨克斯坦作为中亚地区经济基础最好、农业资源条件相对丰富的国家，与中国国土接壤、边界线长、通关口岸多，是中国对中亚及“丝绸之路经济带”沿线国家农业合作的重点和核心区域之一。加强中哈两国之间的农业合作，不仅能提高两国的农业发展水平，也能为“一带一路”沿线其他国家间的农业合作起到示范作用。因此，研究中哈两国的农业合作具有非常重要的现实意义。现有研究已从农业生产、投资和贸易等多个角度对中哈两国的农业合作进行了比较细致的分析，提供了较为丰富的资料信息。

Adilya Baydildina 等人①和蒲开夫、王福、刘艳②分析了哈萨克斯坦独立后的农业生产条件，认

① Adilya Baydildina, Aynur Akshinbay, “Agricultural Policy Reforms and Food Security in Kazakhstan and Turkmenistan”, *Food Policy*, 2000: 12, pp. 733-747.

② 蒲开夫、王福、刘艳《独立后哈萨克斯坦的农业状况》,《俄罗斯中亚东欧市场》2009年第11期。

为哈萨克斯坦具有良好的光热、水资源和农业土地资源，但该国农业长期采取的是粗放经营的生产方式，存在农业基础较差、农业技术落后、农产品结构单一、劳动力稀缺、需要大量依赖进口等问题，不利于该国的粮食安全。

夏咏、王贵荣、阿布克里木[①]和刘昌龙、强始学、李兆伟[②]以及阿不都斯力木·阿布克里木、居来提·色依提[③]对哈萨克斯坦的农业投资环境进行了分析，认为哈萨克斯坦存在着基础设施落后，政府存在腐败现象以及行政工作人员效率和外资利用率较低等问题。这些障碍需要通过完善配套基础设施、完善法律法规、优化外资结构、提升利用外资层次等方式加以解决。

张晓倩、龚新蜀[④]和韩敬敬、魏凤[⑤]以及刘小波、陈彤[⑥]等研究了中哈两国的农产品贸易变化趋势，主要利用显示性比较优势指数和贸易互补性指数等对两国农产品贸易结构进行分析，结果表明，两国农产品贸易正朝着体现两国农业资源禀赋的方向发展，但目前贸易结构的互补性较低且处于波动状态，仍有较大发展空间。

刘乐、马莉莉[⑦]则从哈萨克斯坦经济结构转型的角度，考察了在“丝绸之路经济带”建设下中哈两国合作关系的发展前景。该研究认为，哈萨克斯坦正在进行经济结构转型，需要推进创新工业化发展，以技术引领创新，可以在“丝绸之路经济带”建设下与中国先进技术密切合作，抓住实现可持续发展的重要契机。

本文则在“一带一路”倡议的“五通”框架下，将中哈两国农业生产要素合作细化为农业土地、劳动力、技术和资金合作四个方面，同时综合农业贸易合作，利用相关数据分析了两国农业合作的现状与特点，并总结了合作的可能性与挑战，希望能够促进彼此间的了解，进一步深化两国农业的合作。

二、中哈两国农业合作的现状与特点

中国与哈萨克斯坦在农业土地、劳动力、技术和资金等生产要素方面具有互补性合作基础，而且，两国间的农业贸易是实现双方要素禀赋优势互补的重要途径。近年来，两国的农业生产要素合作及贸易发展较快，但目前仍处于比较低的水平。

（一）中哈两国农业的土地合作

中哈两国土地资源差异较大，具有很强的互补性。一方面，中国土地资源的总体特点是，土地绝对面积大，相对面积小且备用土地资源有限。中国土地总面积居世界第三位，但人均土地面积只有世界平均水平的30%，人均耕地和人均草地面积也比世界平均水平少60%左右。[⑧]土地类型多样、农地分布不均和水土资源不平衡等状况，导致后备土地资源缺乏。另一方面，哈萨克斯坦耕地比较充裕，

① 夏咏、王贵荣、阿布克里木《哈萨克斯坦农业投资软环境调查分析》，《调研世界》2014年第2期，第61—64页。

② 刘昌龙、强始学、李兆伟《投资哈萨克斯坦农业的影响因素、风险及对策研究》，《世界农业》2014年第10期，第49—55、198页。

③ 阿不都斯力木·阿布克里木、居来提·色依提《哈萨克斯坦农业投资环境分析》，《世界农业》2012年第8期，第94—99页。

④ 张晓倩、龚新蜀《中国与哈萨克斯坦农产品贸易结构变化趋势、比较优势及互补性分析》，《世界农业》2014年第10期，第128—135页。

⑤ 韩敬敬、魏凤《中哈农产品贸易比较优势、互补性和增长潜力分析》，《世界农业》2017年第12期，第134—141页。

⑥ 刘小波、陈彤《中国农产品出口哈萨克斯坦的结构与比较优势分析》，《农业经济问题》（月刊）2009年第3期，第81—86页。

⑦ 刘乐、马莉莉《哈萨克斯坦经济转型与“丝绸之路经济带”建设》，《欧亚经济》2016年第1期，第85—96、126、128页。

⑧ 数据来源：根据FAO Database（http://www.fao.org/faostat/en/#data）数据整理。

且拥有大量可以通过滴灌技术获得有效利用的半荒漠化土地，但劳动力相对短缺，人均耕地面积较大。截至 2016 年，哈萨克斯坦有 2939.5 万公顷耕地，人均耕地面积约 1.5 公顷，是中国人均耕地面积（约 0.1 公顷）的 15 倍。① 这为两国间开展土地开发与合作创造了现实条件。中国可以通过在哈萨克斯坦租赁土地，进行农作物生产和农产品加工等农业活动，增加中哈两国粮食供给，传播先进的农业技术，促进哈萨克斯坦农业发展。

在上述基础上，近年来两国尝试进行了一些农业土地合作。目前，主要是中国投资有限责任公司、黑龙江大西江农场等在哈萨克斯坦进行了农业土地租赁，从事农作物种植、农副产品生产和畜牧业养殖等活动（见表 1）。其中，中国投资有限责任公司在哈萨克斯坦的农业土地建设规模和投入的资金规模最大，分别为 8.7 万公顷土地和 3.15 亿美元的资金，进行的农业活动也充分利用了哈萨克斯坦的农业生产条件，如在灌溉区域种植玉米、大豆、蔬菜、苜蓿等，在旱作区种植大麦、小麦等农作物。这些企业所进行的两国农业土地合作的尝试，为未来的发展提供了宝贵经验。

表 1　中哈两国农业土地合作的企业及合作内容

企业名称	企业性质	资金规模	建设规模	合作内容
中国投资有限责任公司	国有	3.15 亿美元	8.7 万公顷耕地和牧草地	灌溉区域种植玉米、大豆、蔬菜等；旱作区种植大麦、小麦等
黑龙江省大西江农场	国有	2000 万美元	1 万公顷土地	农业种植、农产品加工及进出口
吉林粮食集团进出口有限公司	国有	—	试种水稻和大豆 2000 公顷	农业种植、加工、物流等
伊犁阿拉库农工商有限公司	国有	—	0.7 万公顷耕地	农副产品生产加工销售

资料来源：根据中国商务部网站（https://www.mofcom.gov.cn/）资料整理。

从目前的发展情况来看，中哈两国的农业土地合作主要具有以下特点：

1. 大型国有企业是两国农业土地合作的主体

目前，在哈萨克斯坦进行农业土地租赁的企业均为国有企业，很少有民营企业能够参与农地租赁活动。这主要是因为大型国有企业具有规模和资金优势，且拥有大量先进的农业机械设备。然而，民营企业在进行农业土地租赁活动中具有国有企业所不具备的一些优势，例如由于一般不直接受到行政的干扰，机制灵活、产权明晰、经营决策自主高效等。因此如果民营企业参与农业土地合作，将会更进一步激发两国土地合作的活力，有效地发挥哈萨克斯坦的农业土地优势。

2. 两国农业土地合作的建设规模较小

目前，中哈两国的农业土地合作的建设规模仅约为 11 万公顷土地，并未充分利用哈萨克斯坦的土地资源。这主要是因为哈萨克斯坦政府对国内农地租赁活动有比较严格的限制。哈国政府在 2003 年发布了新的《土地法》，将土地私有化以法律形式加以确定，国际组织及个人虽然可以通过土地租赁从事商品性的农业生产，但期限不得超过 10 年。然而，由于粮食生产周期较长，且哈萨克斯坦农业基础设施比较薄弱，10 年的租期上限制约了中国企业从农业商业化种植这一过程中获得的利润，使大量企业缺乏与哈萨克斯坦进行农业土地合作的热情。

---

① 数据来源：根据 FAO Database（http://www.fao.org/faostat/en/#data）数据整理。

这些特点反映中哈两国农业土地合作仍存在租赁限制、合作主体单一等问题，需要两国逐步增进理解，完善农地租赁制度，为企业参与农业土地合作建立指导和支持体系。

（二）中哈两国的农业劳动力合作

中哈两国的劳动力资源禀赋也差异较大，具有很强的互补性。哈萨克斯坦农业劳动力稀缺，且随着国内工业化进程的加速，大量农业劳动力转向工业，导致从事农业生产的人员不足。而中国劳动力资源丰富，拥有掌握现代农业生产技术和管理经验的专业技术人才队伍。中哈两国可以通过多种形式，如中国的基础劳动力前往哈萨克斯坦进行农作物种植、生产加工和销售等活动，或进行高端农业人才交流等合作，优势互补以促进两国农业共同发展。

目前，两国农业劳动力合作以中国向哈萨克斯坦提供高端农业人才培训为主。近年来，中国与哈萨克斯坦多次举办农业技术交流培训班，与来自哈萨克斯坦等国的专家学者、农业技术人员以及官员等进行农业科技交流与培训，内容涉及小麦区划及高产技术培训、现代农业信息技术、农业科技园建设与技术转移、畜牧业疫病防治、海关检验检疫、草原生态保护和农业机械服务等多个方面，承办主体也不限于中国商务部、中国气象局等政府部门，还包括中国科学院植物研究所、新疆维吾尔自治区农业科学院等科研部门，以及石河子大学、西北农林科技大学等高等院校。

表 2　中国与哈萨克斯坦农业人才培训（部分）

类别	承办单位	培训内容	参与人员
种植业	新疆维吾尔自治区科学技术委员会、新疆维吾尔自治区农业科学院	小麦区划及高产栽培技术培训	哈、吉等中亚国家的 16 名学员
	石河子大学	现代农业信息技术、精准灌溉、农作物施肥等技术	俄、哈、吉等国家的 18 名农业技术人员
畜牧业	石河子大学	现代畜禽养殖技术	俄、哈等国 15 名学员
	西北农林科技大学	动物、植物及微生物相关知识	哈 12 名学员
检验检疫	中国商务部	中国与中亚经贸关系、进出口货物检验检疫标准等	俄、哈等国共 24 人
	上海海关学院	中国海关缉私工作及处理办法	哈、格鲁吉亚等国 16 名官员
资源环境	中国科学院植物研究所	草原生态系统保护及合理利用等	哈、塔、乌等国 15 位学者
	中国气象局	对哈国水文气象技术进行培训	—
农业机械	农业部干部管理学院	中国农机社会化服务体系、农机购买补贴政策等	哈、吉等国 8 名农业官员

资料来源：根据中国商务部网站（https://www.mofcom.gov.cn/）、中国驻哈萨克斯坦经济商务参赞处网站（http://kz.mofcom.gov.cn/）资料整理。

这些农业人才培训活动不但发挥了中国的农业技术优势，而且填补了哈萨克斯坦农业高端劳动力的缺口，提升了哈萨克斯坦的农业技术水平和农业管理经验，为两国农业合作提供了人才资源和技术支撑。总体而言，两国农业劳动力合作具有以下特点：

1. 中国在两国农业劳动力合作中相对主动

目前，两国的农业合作以中国培训农业高端人才为主，在“一带一路”倡议实施以后，中国积极主动，科研机构、高等院校和政府部门等均积极参与人才交流活动。相比而言，一方面由于哈萨克斯坦正处于经济结构转型的过程中，对工业和服务业的扶持力度较大，而对农业的重视程度不高，农业国际合作的参与度比较低；另一方面也受到其他国家农业合作的影响，哈萨克斯坦更注重与其关税同盟和独联体经济体的合作。

2. 两国农业劳动力合作规模较小

在目前的人才交流合作项目中，参与人员大多为农业官员、学者等高端人才，很少有基础农业劳动力。同时，每个项目的参与人数较少，都在30人以下，近些年的培训总人数也仅有500余人次，农业合作规模较小。这主要是因为，自2001年起，哈萨克斯坦对引进外国劳务设置了严格的准入壁垒。哈国不仅对劳动者的受教育水平、工龄以及劳务许可申请文件提出了很高的要求，而且每年都要制定外国劳务人员的引进配额。此外，工作签证办理程序复杂，政府人员办事效率较低，使得办理周期很长，一般需要3个月左右。在这些壁垒下，目前的中哈两国农业劳动力合作规模，难以解决哈萨克斯坦劳动力稀缺的困境，也可能出现即使哈国的农业技术水平有了提高，却没有充足劳动力从事农业活动的问题。

这些特点表明，中哈两国农业合作仍需要解决劳务输入壁垒较高制约拓展至更广阔的领域合作的问题。两国还需要对农业劳动力合作多加宣传，逐步降低劳动力流动壁垒，充分发挥两国的劳动力互补优势。

（三）中哈两国的农业技术合作

随着农业科技国际化趋势的不断推进，中国与哈萨克斯坦合作输出成熟的农业技术与产品，是推动双方农业投资、贸易合作的重要力量。哈萨克斯坦的农业技术发展水平较低，难以满足现代化农业发展的需求。一方面，哈萨克斯坦的农业水利技术相对滞后。哈国农业属于灌溉农业，基本上以渠灌、漫灌方式为主，且目前农业水利仍沿用苏联时期建造的水利设施，普遍存在年久失修、功能老化、更新缓慢以及分布不合理等问题。另一方面，哈萨克斯坦农产品加工技术发展水平较低。哈国的粮食加工企业数量少，生产工艺陈旧，耗能大且包装粗糙，难以保障居民需求。而且全国只有5家食糖加工企业，导致90%的国产白糖原料依赖进口，这不利于哈萨克斯坦的粮食安全。哈萨克斯坦亟须引入中国的先进农业技术，提高其国内的农业科技水平与改善创新基础。

近年来，中哈两国通过举办农业科技论坛及会议、建立农业科技合作基地和农业科技示范园区等方式进行了多方面的合作。如举办“中哈环保合作委员会会议”“中哈治蝗联合工作会议”等国际会议与论坛，建立“中国—哈萨克斯坦畜产品合作促进中心”“哈萨克斯坦—中国科学与教育中心”“农业高新技术综合开发园区”以及“中哈国际农业科技示范园区”等科技合作基地与示范园区（见表3），为两国在种植业、畜牧业以及科技普及等方面的合作提供了有力帮助。

表3 中国与哈萨克斯坦建立的农业科技合作基地和园区

基地、园区名称	建设内容	备注
中国—哈萨克斯坦畜产品合作促进中心	畜产品科技合作	国家级国际合作基地
哈萨克斯坦—中国科学与教育中心	科学技术教育	—
中哈生态与环境研究中心	生态与环境研究	示范型国际科技合作基地

续表

基地、园区名称	建设内容	备注
农业高新技术综合开发园区	种植、养殖、示范与推广、科研、教育、培训与服务	2010年启动协议
中哈农牧产业科技示范园区	种植、养殖、涉农加工制造、研发、示范与培训	2015年项目启动招商
中哈国际农业科技示范园区	农作物耕作技术、设施农业、果树栽培等新技术的示范推广	2015年签订协议

资料来源：根据中国驻哈萨克斯坦经济商务参赞处网站（http://kz.mofcom.gov.cn/）资料整理。

总体来看，两国农业技术合作主要具有以下特点：

1. 中哈两国农业技术合作关系呈现多样化趋势

经过多年的合作交流，中国已经与哈萨克斯坦建立了多种形式的农业技术合作关系，逐步形成了以科技会议为平台，以科技合作基地与示范园区为支撑的农业技术合作模式，在种植业、畜牧业、生态环境、资源开发、人员培训等多个领域展开了合作，内容涉及农作物品种交流、现代农业技术示范与推广、水文气象研究等多个方面，科研机构、企业和高校等多类合作主体也积极参与。这些合作不仅对哈萨克斯坦的农业技术发展具有示范作用，对周边其他中亚国家也具有强大的辐射带动作用。

2. 中哈两国农业技术合作的领域尚不全面

目前，两国农业技术合作的重点仅放在农作物耕作和畜牧业养殖方面，整体规模偏小，还未涉及哈萨克斯坦急缺的农业技术。例如，哈萨克斯坦缺乏农作物优质育种、高产栽培等技术，而且在现代化设施农业技术以及节水灌溉技术和旱作技术等方面比较落后。同时，畜牧业是哈萨克斯坦的重要经济部门之一，但由于长期粗放经营，其生产能力和商品率较低，而且畜禽育种改良、疫病综合防控等多个领域对先进技术也有很高需求。然而，两国在这些领域的合作才刚刚起步。虽然2015年启动的“中哈国际农业科技示范园区”项目会在作物栽培、设施农业等领域进行重点合作，但由于建设周期长、资金不够充足等问题，目前仍处于初级阶段。

这些特点表明中哈两国农业技术合作的发展潜力较大，然而其中存在的层次较低、未涉及重点合作领域等问题，还需要加以解决，才能充分发挥中国的农业技术优势，提高哈萨克斯坦农业技术水平和创新能力。

（四）中哈两国的农业资金合作

农业资金是农业发展的引擎，只有拥有充足的资金，农业才能得到迅速发展。然而哈萨克斯坦的农业资金投入，尤其是农业财政投入一直较少。在2009—2015年间，哈国政府对农业的财政支出额从9.94亿美元降低至7.27亿美元，农业支出占比也从4.72%降低至2.40%①，这使得该国的农业技术发展非常缓慢。近年来，哈国政府出台了《哈萨克斯坦——2050战略》和《农业经营——2020战略》等顶层设计，对本国的农业现代化建设和农产品加工领域提供了大量的资金支持。但目前资金水平依旧较低，急需国外资金的支持。中国作为世界最大的发展中国家，对外直接投资规模目前已达世界第

① 根据哈萨克斯坦国家银行网站数据库（http://www.nationalbank.kz/）资料整理得到。

2位，具有较强的农业资金基础。中哈两国可以加强农业资金合作，为双方在农业土地、劳动力和技术等方面的合作奠定基础，提高农业合作的整体水平。

目前，两国的农业资金合作主要包含于中国对哈萨克斯坦的对外直接投资中。中国企业可以通过在哈萨克斯坦进行对外直接投资，获得所有权和区位优势，进行有效的资源配置，规避风险和降低交易成本。同时这些企业还会通过先进生产技术的技术外溢，以及生产示范效应等方式，提高哈萨克斯坦农业劳动力的技术水平，促进哈萨克斯坦的农业技术进步。

从规模上看，2002年以来，中国对哈萨克斯坦的直接投资流量呈现波动上升的趋势。具体而言，2002—2012年，中国对哈国的直接投资流量从0.65亿美元增长至22.46亿美元。然后在2013—2015年间，受世界经济增长乏力以及哈萨克斯坦货币坚戈（KZT）贬值等因素的影响，中国对哈国的直接投资流量大幅下降，2015年仅为5.039亿美元。随着世界经济的复苏以及哈萨克斯坦国内经济的发展，中国对哈国的直接投资流量自2016年起开始逐步恢复，2017年上半年的投资流量已达11.59亿美元（见图1）。

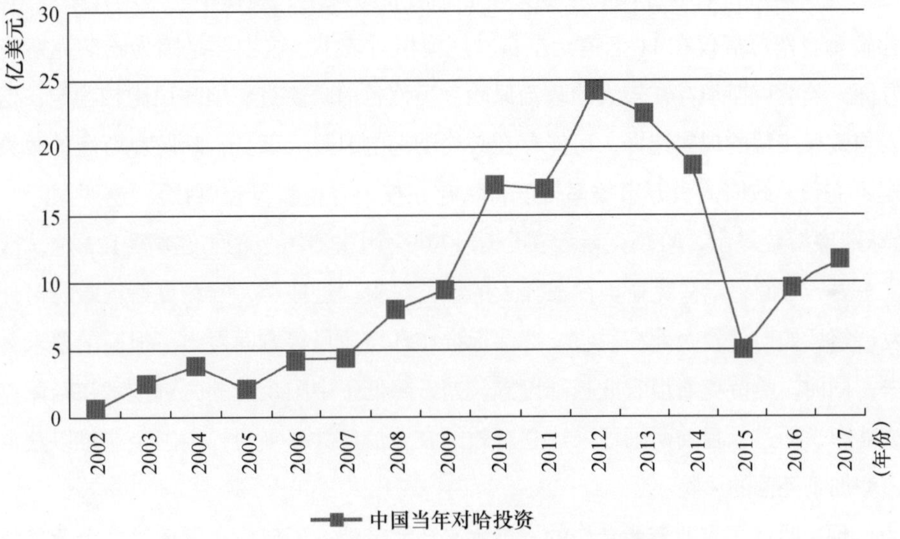

图1　哈萨克斯坦吸引外国直接投资流量变化

资料来源：根据哈萨克斯坦国家银行网站数据库（http://www.nationalbank.kz/）资料整理得到。

虽然中国对哈萨克斯坦直接投资的整体规模呈上升趋势，但对农业领域的投资比重却依然较低。中国对哈国的直接投资集中在矿产资源等领域，对农业的着力非常少，比重仅为1%左右。[1]哈萨克斯坦的农业发展潜力很高，需要充分的资金加以发掘，在"一带一路"倡议下，两国的农业资金合作还有很大的发展空间。目前两国的农业资金合作主要表现以下两方面的特点：

1. 国有企业与民营企业参与的农业资金合作领域差异明显

国有企业和民营企业是两国农业资金合作的主体，在解决哈萨克斯坦当地就业、增加人民收入、传播先进适用农业技术等方面，做出了一定贡献。但二者参与的合作领域差异较大（见表4）。一方面，国有企业参与的主要是农机生产、农产品加工和农资生产等周期长、风险高的领域，共约有10家国有企业或事业单位参与，投入了10亿美元左右的资金。另一方面，民营企业主要参与的是农业

① 数据来源：根据哈萨克斯坦国家银行网站数据库（http://www.nationalbank.kz/）资料整理得到。

销售与贸易这一周期短、见效快的领域，目前共有27家中小型民营企业在哈萨克斯坦从事各类农产品的销售活动，且绝大多数是具有地缘区位优势和语言沟通优势的新疆维吾尔自治区的企业，仅有3家民营企业共投入了约500万美元在农产品加工领域。

表4　中国的国有企业和民营企业在哈萨克斯坦的农业投资情况

投资领域	国有企业数量	民营企业数量	资金总规模	投资合作内容
农机设备	2	0	约5000万美元	生产拖拉机、节水滴灌器材等
农产品加工	5	3	约2000万美元	各类食品加工、纸浆加工等
农资生产	3	0	约10亿美元	生产钾肥、无机肥和除草剂等
销售与贸易	0	27	—	各类农产品销售

资料来源：根据中国商务部网站（https://www.mofcom.gov.cn/）资料整理得到。

2. 哈萨克斯坦的农业投资风险较高

中国在哈萨克斯坦进行农业合作的企业大多面临着资金缺乏、规模小、市场开拓能力低等问题，多年来的农业资金合作总额仅在11亿美元左右，规模相对较小。这主要是因为哈萨克斯坦的投资风险较高。一方面，哈萨克斯坦存在较大的政治风险。虽然目前哈萨克斯坦政局比较稳定，但未来面临着国家领导人与政权接替的现实选择，可能存在政局动荡的风险。而且，哈萨克斯坦的政策透明度不高，政策法规不完善，政府人员办事效率较低，常存在权力寻租和行政腐败。“透明国际”组织发布的2015年全球清廉指数显示，哈萨克斯坦在全球170多个国家中清廉程度排第123位，行政腐败问题比较严重。[①] 另一方面，哈萨克斯坦存在较大的经营风险。近些年，哈萨克斯坦政府对外国投资企业的管控越发严格，如对外资企业在税收、环保标准和环境质量等方面提出了很高的要求，设置了较高的投资壁垒。同时，哈萨克斯坦农业基础设施较差，降低了中国企业的先进技术在哈萨克斯坦进行技术转移的成功率。而且，目前两国还未建立有效的农业信息共享平台，中国企业难以获得实时准确的投资信息，增加了经营的风险。

这些特点体现中哈两国农业资金合作的发展水平还比较低，不仅没有发挥民营企业灵活高效的优势，还缺乏充分的政策、资金支持，面临着较高的投资风险。这些问题急需在“一带一路”倡议下，通过政策沟通和资金支持加以解决。

（五）中哈两国的农业贸易合作

农业贸易可以使中哈两国充分利用各自的要素禀赋，实现优势互补。近年来，中哈两国农业贸易规模不断扩大，贸易额明显增加，并呈现持续增长态势（见图2）。一方面，2001—2016年间，两国农产品贸易总额从0.37亿美元提高到了2.89亿美元，增长了6倍多。其中在2015—2016年，受世界经济增长乏力和哈萨克斯坦经济增速放缓等因素的影响，两国农产品贸易总额有所下降。另一方面，由于中国的农业技术先进，农业生产力高，与哈萨克斯坦相比具有较强的竞争优势，因此，中国在两国的农业贸易中处于相对优势的地位，中国对哈萨克斯坦的农产品出口额约为从哈萨克斯坦进口额的两倍，贸易顺差明显。

---

① 数据来源：姜少敏《中国与“一带一路”相关国家的经贸关系研究——以哈萨克斯坦为例》，《教学与研究》2017年第5期。

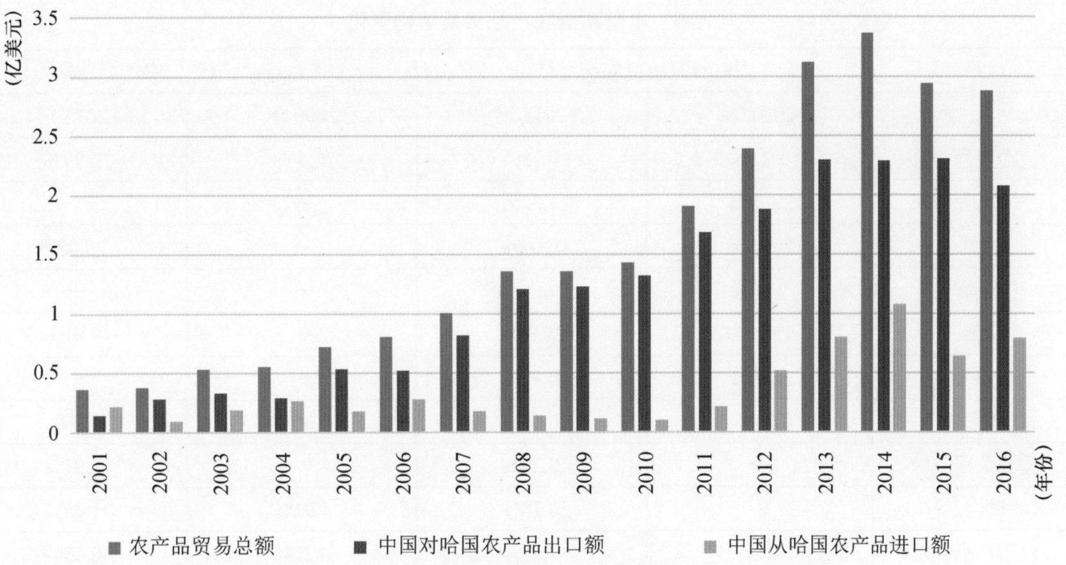

图 2　中哈两国农业贸易规模变化

资料来源：根据 UNCTAD 数据库（https://comtrade.un.org/）资料整理得到。

随着“一带一路”沿线国家之间的合作不断加深，中哈两国的农业贸易合作取得了很大成绩，主要具有以下两方面的特点：

1. 中哈两国农业贸易合作互补性逐渐增强

中哈两国农产品贸易的多样性逐渐增加，逐步体现两国农业生产要素禀赋的互补性优势。中国对哈萨克斯坦出口的主要是具有比较优势的劳动密集型和技术密集型产品，而从哈萨克斯坦进口的主要是粮食作物等土地密集型农产品。

以 2000 年和 2015 年两国的农产品贸易结构变化为例（见表 5）。一方面，在中国对哈萨克斯坦出口的农产品中，水果、蔬菜、粮食制品和其他农产品占主要地位，出口额约占总额的 70% 以上。2000 年这 4 类农产品出口额占总农产品出口额的 7.80%、15.00%、22.76% 和 27.93%，在 2015 年，这些比重则变为 56.28%、20.36%、1.32% 和 18.28%。同时，中国对哈萨克斯坦出口农产品的种类也发生了较大变化，由主要出口谷物、粮食制品、其他农产品等转变为出口水果、蔬菜等劳动密集型产品。另一方面，近年来中国持续增加从哈萨克斯坦的农产品进口，进口农产品的种类发生了较大变化。2000 年以进口畜产品和棉麻丝为主，占当年从哈萨克斯坦进口农产品总额的 90% 以上；而在 2015 年，中国从哈萨克斯坦进口的农产品种类明显增多，包含了谷物、油菜籽等多项农作物。不仅多样化趋势明显，且多转向药材、谷物等农产品，这两项产品在总进口额中的比重达到了 31.55% 和 20.08%，总和超过了 50%。

2. 中哈两国农业贸易合作的壁垒较高

虽然两国的农业贸易合作发展较快，但目前的总体水平仍比较低。2016 年两国的农产品贸易总额为 2.89 亿美元，仅占哈萨克斯坦农业对外贸易总额的 6.4% 左右，也仅占中国农业对外贸易总额的 0.2% 左右。[①] 造成这一现象的原因主要是两国的农业贸易壁垒、非贸易壁垒较高，贸易不够畅通。

① 数据来源：根据 UNCTAD 数据库（https://comtrade.un.org/）整理得到。

表 5 中哈两国农产品贸易结构变化

项目	中国对哈国出口农产品结构		中国从哈国进口农产品结构	
	2000 年	2015 年	2000 年	2015 年
畜产品	1.71%	0.13%	76.46%	6.99%
粮食制品	22.76%	1.32%	—	—
谷物	20.42%	0.04%	—	20.08%
水果	7.80%	56.28%	—	—
蔬菜	15.00%	20.36%	—	0.01%
饮品类	4.38%	0.57%	—	—
坚果	0.003%	0.08%	0.03%	3.96%
油菜籽	—	0.29%	—	1.97%
糖类	—	0.18%	1.91%	1.65%
水产品	—	2.46%	0.20%	0.53%
棉麻丝	—	0.01%	20.53%	3.01%
药材	—	—	0.43%	31.55%
其他农产品	27.93%	18.28%	0.44%	30.25%

数据来源：根据 UNCTAD 数据库（https://comtrade.un.org/）资料整理得到。

一方面，中哈两国的农业贸易壁垒较高。首先，中国对从哈萨克斯坦的农产品进口有一定的限额控制，如限制哈对中输入小麦、禽肉、乳制品、牛羊肉等产品，这制约了哈萨克斯坦发挥粮食出口大国的优势。其次，自俄白哈关税同盟在 2011 年上升为欧亚经济联盟以来，哈萨克斯坦调整了进出口关税、税率优惠和配额政策，由此产生了一系列农业贸易壁垒，其农产品平均关税由 2011 年以前的 6.2% 提高至 2015 年的 14.3%。① 最后，哈萨克斯坦还对进口商品采取从价计税、禁止混装等措施，这些措施加大了中国农产品出口企业的经营成本。

另一方面，哈萨克斯坦的农业非贸易壁垒较高。2015 年 7 月，哈萨克斯坦加入了世界贸易组织（WTO），这使得其国内现行的农业贸易标准正处于与世贸组织接轨的变动过程中，目前尚不稳定，缺乏和中国相一致的农业标准体系。而且，哈萨克斯坦在农产品检验检疫方面要求严格，在短期内对中国农产品进口仍存在较强的技术性贸易壁垒。同时，其检验检疫标准的制定及变更的透明程度较低，中国企业难以获得有效信息，也增加了中国出口农产品的经营风险。

这些特点体现出，中哈两国的农业贸易合作仍存在农业贸易壁垒和非贸易壁垒较高等问题，双方急需提高贸易便利化程度，以拓展农业贸易合作的潜力。

三、“一带一路”倡议下中哈两国农业合作的可能性

中哈两国农业合作的现状与特点表明，虽然两国农业合作发展较快，但目前仍处于较低水平，依然存在土地租赁受限、劳务国际流动困难、农业资金缺乏和贸易壁垒较高等问题。“五通”框架作为“一带一路”倡议的主要发展目标，能够为解决这些问题提供有效的指导，使两国农业合作具有良好

① 数据来源：根据世贸组织网站国际贸易和关税数据库（http://stat.wto.org/）整理得到。

的发展空间，主要体现在以下五个方面：

1. “政策沟通”构建农业政策交流机制

政府间沟通是中哈两国农业合作的前提和有力保障。目前，哈萨克斯坦在土地租赁、劳动力市场准入以及外资企业经营等方面设置了比较严格的壁垒，不仅影响了中国企业在哈萨克斯坦的农业经营活动，还会制约中国先进农业技术在哈萨克斯坦的传播。中哈两国政府可以在“政策沟通”框架下，逐步通过高位推动解决这些问题。一方面，中国与哈萨克斯坦的中央政府可以积极合作，签署如《中哈农业合作谅解备忘录》等高层次、多方面的农业协议，建立高层对话机制，共同协调农业土地使用和劳务流动问题，保障双方农业合作的稳定性。另一方面，中哈两国的各级地方政府可以根据当地农业经济和对外发展的需求，确定农业技术、资金合作的优先领域，制订具体的合作计划，从而发挥各自的比较优势。

2. “设施联通”完善农业生产基础设施

哈萨克斯坦的农业水利基础设施、仓储设施等均比较落后，这不仅使得大量闲置土地无法有效利用，也使很多粮食因仓储技术水平的限制受到损失。而且，随着中哈两国之间的农业贸易运输量不断上升，哈萨克斯坦较为简陋的物流设施条件也将限制双方的贸易规模。这就要求两国利用“设施联通”框架，不断完善哈萨克斯坦的农业水利基础设施，使大量半荒漠化土地通过滴灌技术得以利用，增加哈萨克斯坦的农业土地资源的使用效率。在此基础上，中国可以加强和哈萨克斯坦的农业土地合作，结合“政策沟通”完善农地租赁制度，促进两国农业土地合作的发展。同时，中国可以通过与哈萨克斯坦开展交通、通信等方面的基础设施建设合作，有效解决中国农业“走出去”企业在哈萨克斯坦面临的基础设施障碍，降低农产品物流成本，提高合作的便利程度。

3. “贸易畅通”消除农业贸易壁垒

哈萨克斯坦与其周边国家拥有众多的通商口岸，是中国农业物资走向中亚及东欧市场的重要通道，也是“丝绸之路经济带”沿线国家农产品进入中国的重要物流节点，具有发展成为“一带一路”沿线中亚农业贸易集散中心的潜力。尽管多年来中哈两国农业贸易增长迅速，然而规模还比较小，结构还比较单一，而且两国农产品出口关税波动较大，贸易壁垒和非贸易壁垒凸显。因此，两国可以在“贸易畅通”框架下，重点解决贸易便利化问题，构建区域内良好的营商环境，例如，两国可以商讨逐步取消各自的进口限制，加快农业检验检疫的标准互认，共建农业贸易标准体系。同时结合“设施联通”，完善哈萨克斯坦的海关通关基础设施，为不断扩大中哈两国农业贸易规模提供便利，也能为将哈萨克斯坦打造成中国与“丝绸之路经济带”沿线国家农业贸易的集散中心奠定基础。

4. “资金融通”提供农业合作资金支持

目前，中哈两国的农业资金合作仅处于低水平阶段，不仅合作数额较少、规模不大，而且国有企业和民营企业参与的资金合作领域差异明显，需要借助“一带一路”倡议下的“资金融通”平台，为两国农业合作提供资金支持。一方面，在“资金融通”框架下，中哈两国可以设立农业合作专项基金，并通过亚洲基础设施投资银行、丝路基金等渠道，联合社会资本，集中力量为中国农业技术、产品、装备“走出去”提供资金支持，加大对哈萨克斯坦农业资源开发与市场开拓的力度。另一方面，针对哈萨克斯坦国内基础设施建设资金和农业投资不足的问题，中国可以争取亚洲基础设施投资银行和丝路基金等向哈萨克斯坦项目倾斜，为这些领域提供资金和政策支持，也为中哈两国农业合作提供更良好的投资条件。

5. “民心相通”强化农业合作交流基础

近年来，中国与哈萨克斯坦的农业劳动力合作还不够协调和顺畅，这不利于两国农业合作水平的进一步提高。在“一带一路”倡议的“民心相通”框架下，两国可以加大劳动力合作力度，促进农业技术人才和基础劳动力的沟通交流，提高农业合作水平。例如，目前中国缺乏懂管理、懂技术、懂法律、精通语言的农业国际化复合型人才队伍，可以在“民心相通”框架下扩大中哈两国之间的留学生规模，并通过农业科技中心、技术转移中心、科技示范园区等，为两国留学生提供实习基地，这不仅可以提高农业合作项目的实施水平，还可以提高农业技术人才的实践能力，从而全方位地培养农业复合型人才。同时，两国还可以通过广泛开办农业文化艺术节、电影节、图书展和乡村旅游等活动，增进双方基础劳动力的相互理解和支持，为进一步拓展两国的农业劳动力合作提供民心和民意基础。

四、“一带一路”倡议下中哈两国农业合作的挑战

虽然“一带一路”倡议的“五通”框架可以为中哈两国农业合作提供良好的指导，然而在具体的实施过程中，两国的农业合作仍面临来自各方面的挑战，主要包括以下三点：

1. 中哈两国农业合作机制的不完善将制约合作质量的提高

虽然经过多年的努力，两国为推动农业合作进行了一些有益的探索和创新，然而这些合作机制大多是低层次的、松散的，对推动双方农业长期稳定合作的动力不足，有待进一步完善。例如，一方面，中哈两国还未签订国家层面的农业合作备忘录，这不利于两国在“一带一路”倡议下在农业土地租赁和劳务控制等领域开展“政策沟通”，制约了两国农业合作推进的速度。另一方面，两国农业合作协议内容比较宽泛，实施质量较低。目前两国签订的农业协议较少，而且大多只是宽泛地涉及经贸、科技、交通等方面，不够具体和细化。同时，一些已签订的协议还存在不执行、不完全执行的现象，这会影响两国农业合作质量和层次的提升。因此，中哈两国在实行“政策沟通”时，不仅需要达成一个高层次的框架协议，而且必须注重提高农业协议的具体性和可操作性，加大协议实施力度，使双方的农业合作机制更加完善。

2. 哈萨克斯坦对于中国投资的顾虑可能会影响两国农业合作的成效

哈萨克斯坦希望在中哈两国的合作中得到中国的经济支持，但同时也对来自中国的投资存在一些顾虑。目前，有一种观点认为，中国对中亚地区的投资可能通过土地投资和劳务输出加强对东道国政治、经济和文化的控制。同时，也担心来自中国的大量投资会带来一些负面影响①，如利用先进的生产技术挤压哈国内企业的生存空间，大量外来劳动力抢占国内劳动力的工作岗位，以及部分中国企业环保标准较低导致的环境问题等。这些顾虑可能会使哈国政府无法积极参与两国农业合作活动，进而影响两国农业合作的成效。在这种情况下，中国政府需要加强对自身形象的正面宣传，向哈萨克斯坦政府及其国内居民释放善意和诚意，逐步消减哈萨克斯坦方面的顾虑，真正实现和平发展、互利共赢，这样才能为两国的“政策沟通”“贸易畅通”等提供坚实的民意基础，使两国农业合作政策受到拥护

---

① Chen Ichu, “Trade and economic relations between China and Kazakhstan-shifts, problems and prospects”, *Integration of Kazakhstan into world economy: problems and prospects*, Red.koll.: Kenzheguzin M. B. (edition), 2014.

并充分发挥作用。

3. 多重区域组织的国际竞争会对中哈两国农业合作带来挑战

哈萨克斯坦的矿产资源非常丰富，这使其成为大国角逐的核心和地缘政治的焦点，当今的世界强国都希望主导该国的自然矿产资源以及消费品市场。随着各国对哈萨克斯坦矿产资源的控制力度加大，对该国农业资源的争夺力度也将不断加大，这将对中国开拓哈萨克斯坦农产品市场构成巨大挑战。而且，哈萨克斯坦参与的区域合作组织众多，包括由周边大国发起成立的独联体、欧亚经济共同体、上海合作组织、丝路联盟、中西亚经济合作组织等，以及由哈萨克斯坦主导的“亚信会议”等。这些组织也会对农业提出一定的要求，它们在哈萨克斯坦的交叉运行会加大中哈两国农业合作的协调难度。因此，在“一带一路”倡议下，中国在与哈萨克斯坦加强农业合作的过程中，需要考虑多重区域组织的国际竞争带来的巨大压力，通过政治、经济和军事等多方面的协调合作，为农业合作活动提供良好的氛围与环境。

五、结语

哈萨克斯坦作为“一带一路”建设中中国农业国际合作向西发展的第一站，也是中国农业产品走向中西亚、东欧市场的重要通道，“一带一路”建设将会使哈萨克斯坦在中国与“丝绸之路经济带”沿线国家农业合作中的地位更加突出。在“一带一路”倡议下，“政策沟通、设施联通、贸易畅通、资金融通、民心相通”五大核心目标，能够为充分利用两国农业资源禀赋和实现两国农业的共同发展提供有效的理论指导。如果双方能够在互信互利的基础上克服各种困难，不断扩大双方农业合作的规模、改善农业合作的结构，那么便可能通过中哈两国的农业经济快速发展，辐射推动中亚区域内转型国家经济体的农业经济繁荣，最终实现区域经济一体化发展的目标。

The Possibility and Challenge of Agricultural Cooperation between China and Kazakhstan under the Initiative of "the Belt and Road"

Hu Xia　Guo Rui (Renmin University of China)

Abstract: Agricultural cooperation has been one of the most important fields of cooperation in the initiative of "the Belt and Road", and Kazakhstan is the core country of China's agricultural cooperation with the Central Asian Area as well as along "the Belt and Road". The construction of "the Belt and Road" will provide powerful support for the bilateral agricultural cooperation between China and Kazakhstan, however, the specific implementation still faces some challenges. This paper mainly analyses the current situation and characteristics of agricultural cooperation between China and Kazakhstan from the perspective of agricultural land, labor, technology, capital and trade cooperation. Moreover, based on the analysis, the paper also concludes the possibilities and challenge of agricultural cooperation between China and Kazakhstan under the initiative of "the Belt and Road".

Keywords: "The Belt and Road", China, Kazakhstan, Agricultural cooperation

“一带一路”倡议下中国对中亚五国的直接投资问题研究

——以哈萨克斯坦为例

姜少敏（中国人民大学）

摘 要：2013年中国提出“一带一路”倡议，这个倡议将会促进中国与“一带一路”沿线国家和地区的经贸往来、政治合作和文化交流。中亚五国地处欧亚大陆的核心地带，也是“一带一路”西部大通道的重要地区，中国对中亚五国直接投资无论是从政治还是经济的角度都符合双方的利益。本文在分析描述近年来中国对中亚五国直接投资现状及特点的基础上，探讨了存在的主要障碍，并以哈萨克斯坦为例进行了分析，特别就中国对哈萨克斯坦的农业投资进行了分析，最后提出相应的对策建议。

关键词：“一带一路”倡议；中亚五国；直接投资；哈萨克斯坦

一、引言

“一带一路”倡议提出以来，得到100多个国家以及国际组织的积极响应，已有69个国家和国际组织与中国签署了共建“一带一路”的合作协议。一系列部门间合作协议覆盖“五通”各个领域。中国与“一带一路”沿线国家的贸易规模不断扩大，2016年，进出口总额已经达到了6.3万亿元人民币，增速超过我国对外贸易的总体增速。双向投资也在不断增长，沿线国家和地区已经成为我国对外投资的重要目的地。对“一带一路”沿线国家和地区直接投资达到145亿美元，增速超过中国对外直接投资的总体增速。2017年上半年，中国对“一带一路”沿线47个国家和地区投资66.1亿美元，同比增加6个百分点，与沿线国家和地区的经贸合作范围不断扩大，经济融合程度不断加深。中国与沿线22个国家和地区签署了本币互换协议，总额近1万亿元人民币。中国企业已经在沿线20多个国家和地区建立了56个经贸合作区，涉及多个领域，累计投资超过185亿美元，为东道国增加了近11亿美元的税收和18万个就业岗位。① 中国企业积极走出去参与“一带一路”建设，雅万高铁、中老铁路、瓜达尔港等标志性项目加快建设，亚吉铁路、蒙内铁路等建成投运，中缅原油管道正式运行，“一带一路”互利共赢的结果已经开始显现。

2015年，中国实际使用外资金额1356亿美元，同比增长6%，位列全球第三位。中国对外直接

① 中国人民大学数据库，“一带一路”战略支撑平台，https://vpn.ruc.edu.cn/www/ydyl/,DanaInfo=ydyl.drcnet.com.cn+。

投资（ODI）1456.7 亿美元，较同年吸引外资（FDI）高出 100.7 亿美元，首次实现直接投资项下资本净输出。2016 年，中国实际使用外资金额 1260 亿美元，2016 年中国对外直接投资 1961.5 亿美元，资本净输出额为 701.5 亿美元。① 随着中国综合国力的不断提升，“一带一路”建设和国际产能合作的加快推进，对外投资政策体系的不断完善，多双边务实合作深入推进等因素推动中国企业“走出去”，中国对外投资进入了发展快车道。“一带一路”沿线各国家、地区资源禀赋各异，经济互补性较强，彼此合作潜力和空间很大。因此，该倡议将通过欧亚大通道，将活跃的东亚经济圈与欧洲连接起来，中亚地区是重要的桥梁和纽带，中亚国家和地区也将从中获得更多的发展机遇。

中亚五国② 地处欧亚大陆的腹心地带，与中国西北地区毗邻，无论是从地缘政治、区域经济、地区安全，还是外交、文化和历史的角度，发展与中亚五国的经贸往来都具有重要的战略意义。“一带一路”倡议提出后，受到该地区部分国家官方层面的积极回应。例如，哈萨克斯坦提出“光明大道”与“丝绸之路经济带”对接。但是也有一些国家担心对中国的投资产生依赖，故而持较为谨慎的态度。因此需要我们对中亚国家进行深入研究，从而使“丝绸之路经济带”的建设和中国优质产能与当地对接能够顺利实施。一些学者从不同方面对中亚地区，特别是中国与中亚地区的投资和贸易活动进行了研究。如李悦、杨殿中分析了中国对中亚五国直接投资的现状及存在的问题，并从政府和企业层面提出了对策建议。③ 许云霞、王颂尧对中国在中亚五国的直接投资进行了比较，认为投资国别和行业都过于集中，提出了调整投资领域和投资主体多元化等建议。④

二、中国对中亚五国直接投资现状、特征及问题

中亚地区转型经济体与中国经济具有较强的互补性，加之地缘优势，一直与中国保持密切的经贸往来。中亚五国具有丰富的油气资源及多种矿产资源，中国对中亚地区的投资集中在油气、石化、电力、工程机械、铁路、电信及农业和畜牧业。“一带一路”倡议提出及实施以来，中国与这些国家的贸易和投资均有较大幅度的增加。2015 年，中国对转型经济体⑤ 的直接投资存量为 233.21 亿美元，占中国对外投资存量总额的 2.1%。其中中亚五国的投资存量为 80.9 亿美元，占中国对转型经济体投资存量的 34.69%；哈萨克斯坦 50.95 亿美元，占中国对转型经济体投资存量的 21.85%；吉尔吉斯斯坦 10.71 亿美元，占 4.59%；塔吉克斯坦 9.09 亿美元，占 3.9%；土库曼斯坦 1.33 亿美元，占 0.57%；乌兹别克斯坦 8.82 亿美元，占 3.78%。对转型经济体的投资存量，2015 年比 2014 年增加了 21.33%。但是对中亚五国的投资存量下降了 25.1%，土库曼斯坦降幅最大，为 70.31%；其次是哈萨克斯坦，为 32.44%。有关数据显示，2016 年，中国对中亚五国的直接投资流量为 10.74 亿美元，存量为 91.45 亿

① 数据摘自 2016 年中国对外直接投资公报，商务部网站，http://images.mofcom.gov.cn/fec/201711/20171114083528539.pdf；国家统计局网站，http://data.stats.gov.cn/easyquery.htm?cn=C01。

② 中亚五国包括哈萨克斯坦、吉尔吉斯斯坦、塔吉克斯坦、乌兹别克斯坦和土库曼斯坦。文中提及中亚国家均是狭义的概念，即指中亚五国。

③ 李悦、杨殿中《中国对中亚五国直接投资现状、存在的问题及对策建议》，《经济研究参考资料》2014 年第 21 期。

④ 许云霞、王颂尧《中国对中亚五国直接投资的比较分析》，《新疆财经》2016 年第 4 期。

⑤ 转型经济体包括：东南欧、独联体和土库曼斯坦、格鲁吉亚。东南欧包括：阿尔巴尼亚、波斯尼亚和黑塞哥维那、塞尔维亚、黑山、北马其顿共和国等；独联体包括：亚美尼亚、阿塞拜疆、白俄罗斯、吉尔吉斯斯坦、摩尔多瓦、俄罗斯联邦、乌克兰、塔吉克斯坦、哈萨克斯坦、乌兹别克斯坦。

美元，均较2015年有比较大的增长。

20世纪90年代初，中亚五国独立，中国与中亚五国陆续建交，并逐步建立了战略伙伴关系。中国与哈萨克斯坦、吉尔吉斯斯坦、乌兹别克斯坦、塔吉克斯坦又是上合组织成员国，上合组织在维护地区和平稳定、打击恐怖主义方面发挥了重要的作用，为该地区的经济发展以及中国与中亚国家的经贸往来奠定了良好的基础。

表1 2013—2015年中国对中亚五国投资流量及存量 单位：万美元

	2013年		2014年		2015年		2016年	
	流量	存量	流量	存量	流量	存量	流量	存量
哈萨克斯坦	81149	695669	−4007	754107	−251027	509546	48770	543227
吉尔吉斯斯坦	20339	88582	10783	98419	15155	107059	15874	123872
塔吉克斯坦	7233	59941	10720	72896	21931	90909	27241	116703
土库曼斯坦	−3243	25323	19515	44760	−31457	13304	−2376	24908
乌兹别克斯坦	4417	19782	18059	39209	12789	88204	17887	105771
五国合计	109895	889297	55070	1009391	−232609	809022	107396	914481
“一带一路”沿线国家和地区	—	—	1365594	9246048	1892890	11567891	1533968	12941390

资料来源：据商务部网站，《2016年度中国对外直接投资统计公报》附表1、附表2整理，http://images.mofcom.gov.cn/fec/201711/20171114083528539.pdf。

由于中亚地区国家的经济结构、资源禀赋以及历史传统的差异，中国企业在该地区的投资具有以下特征：

1. 投资规模较小，投资分布不均衡，并且波动较大。相较于东南亚及其他地区，中国企业对中亚地区的直接投资规模还比较小。2014年，中国对中亚五国的直接投资流量为5.51亿美元，占中国企业对“一带一路”沿线国家和地区直接投资流量的4.03%，存量占10.78%；2015年流量减少了23.26亿美元，致使存量占比降为6.99%。从表1中可以看出，哈萨克斯坦得到的中国直接投资最多，2014年投资存量为75.41亿美元，是乌兹别克斯坦的19倍。2015年，中国对哈萨克斯坦的直接投资下降到50.95亿美元；土库曼斯坦的投资存量则由2014年的4.48亿美元下降到1.33亿美元，波动比较剧烈，也体现了中国在该地区投资的不稳定性。2016年，中国对中亚五国的直接投资流量和存量均有较大的增长。

2. 投资结构相对单一，集中在采矿、油气等行业。中国对中亚地区投资集中在石油勘探与开采、交通及通信基础设施建设、化工、农副产品加工等领域。中国的直接投资在五国还是呈现一定的差异性。对哈萨克斯坦直接投资的行业集中在石油勘探开发、哈国石油公司的股权并购和加油站网络经营、农副产品加工、电信、电力、食宿餐饮和贸易皮革加工等。对吉尔吉斯斯坦的直接投资领域相对广泛，集中在矿产资源勘探和开发、农作物种植、金属冶炼、贸易、通信服务、动物养殖、食品和农业产品加工、运输、旅游、娱乐、建材生产、工程承包、房地产开发、餐饮、轻工业、建筑等行业领域。对塔吉克斯坦直接投资集中在矿业、农业、电信、水泥等领域。对土库曼斯坦直接投资主要为油气、化工、交通通信、食品工业和建筑业、农业、纺织等。对乌兹别克斯坦直接投资集中在天然气管道的建设和运营，油气勘探开发，煤矿、铀矿勘探开发，铁路和电信网改造，电站、化工厂建设，泵站、土地改良和制革及制陶等领域。①

3. 投资主体比较单一。统计显示，在该地区的投资主体为大中型国有企业，而在有的国家进行投资的中国小企业数量并不少，但投资额很低，并且十分分散。这和当地的政治经济环境以及我国的投资政策是分不开的。

总体上讲，中国对该地区的投资相对于中国对海外直接投资而言，无论是总量还是比重都比较小，并且也远远不及欧美国家在该地区的投资。仍存在投资领域过度集中，投资主体构成不尽合理等问题。由于多种原因，以往中国对该地区的重视程度不够，调研和资料收集工作也不够充分。作为曾经的苏联加盟共和国，中亚五国与俄罗斯无论是政治还是经济方面的联系都更为密切一些，即使是欧美国家在该地区的影响力也在一定程度上超过了中国。在投资环境方面，中亚地区无论是硬件条件还是软环境都相对较差。例如，从硬件来看，该地区基础设施比较陈旧，公路、铁路运力有限；从软环境来看，中亚地区的腐败和官僚主义比较严重。例如，2016年塔吉克斯坦、土库曼斯坦与乌兹别克斯坦的清廉指数分别是25、22、21，其世界排名则为第151、154、156位，属于腐败程度较高的国家。情况稍好一些的哈萨克斯坦和吉尔吉斯斯坦的清廉指数分别为29、28，其世界排名为第131、136位。另一方面，中亚地区与恐怖主义活动活跃的地区毗邻，个别国家政局不稳或存在潜在动荡的风险。加之中亚地区对于中国投资既欢迎又恐惧的复杂心态，诸多因素交织，在一定程度上增加了中国对该地区投资的风险与难度。下面我们将以哈萨克斯坦为例，分析中国投资存在的问题并提出相应的对策。

三、以哈萨克斯坦为例

在中亚五国中，中国与哈萨克斯坦不仅毗邻，而且双方拥有1780公里的共同边界线和24条跨界河流，还有5个正式开放的边境口岸，包括著名的霍尔果斯口岸和阿拉山口口岸。霍尔果斯口岸是我国西部最大陆路口岸，双方在霍尔果斯口岸建立了跨境经贸合作区——中哈霍尔果斯国际边境合作中心。中国和哈萨克斯坦1992年1月3日建交以来，在短短20多年间实现了从睦邻友好到战略伙伴再到全面战略合作伙伴的“三连跳”，成为国际上睦邻友好、共同发展的典范。随着双边贸易和投资的快速增长，中国和哈萨克斯坦成为彼此越来越重要的贸易和投资伙伴。哈萨克斯坦的“光明大道”新经济政策、与“一带一路”倡议一样，二者都注重发展交通运输潜力，并从整体上相互协调补充，为两国进一步的经济合作提供了有力的支撑。

第一，中国对哈萨克斯坦直接投资的现状。

哈萨克斯坦自独立以来，积极改善投资环境，不断调整投资法，逐渐成为中亚地区吸引外资最多的国家。同时，哈萨克斯坦也具有相对良好的营商环境。在2017年世界银行营商环境报告中，哈萨克斯坦在190个国家和地区中排名居第35位，并在保护中小投资者方面进入世界前三位。统计资料显示，哈萨克斯坦的外资主要来自美国、欧盟和俄罗斯，例如1993年美国投资占哈国引资总额的76.05%（这一比例2013年下降到约10%）。由于种种原因，中国对哈萨克斯坦的直接投资规模一直比较小，2003年以后才开始稳定增长，在哈萨克斯坦所吸引的外资中的比重也逐步提高，由1993年

---

① 详细资料参见中国商务部网站关于中亚五国的直接投资指南。

的 0.39% 升至 2013 年的 9.35%。

在中亚五国中，中国对哈萨克斯坦的直接投资最多（参见表 2）。中国对哈萨克斯坦的直接投资流量由2007年的27992万美元增加到2012年的299599万美元，2014年小幅下降，2015年降幅则比较明显。但这并不能改变中国对哈萨克斯坦直接投资不断增加的走势。表 3 的数据则进一步表明，哈萨克斯坦也是中国在“一带一路”沿线国家和地区中的重要投资对象，2014 年，中国对哈萨克斯坦直接投资存量排在新加坡和俄罗斯联邦之后，位居第三。2015 年虽然投资流量大幅下降，但是存量仍位居第四。

表 2　2008—2016 年中国对哈萨克斯坦投资的流量和存量　　单位：万美元

年份	2008 年	2009 年	2010 年	2011 年	2012 年	2013 年	2014 年	2015 年	2016 年
流量	49643	6681	3606	58160	299599	81149	−4007	−251027	48770
存量	140230	151621	159054	285845	625139	695669	754107	509546	543227

资料来源：《2016 年度中国对外直接投资统计公报》附表 1、附表 2，第 42—51 页，商务部网站，http://images.mofcom.gov.cn/fec/201711/20171114083528539.pdf。

但是根据哈萨克斯坦中央银行的统计数据，截至 2015 年中国对哈萨克斯坦的直接投资存量为 28.5 亿美元①，占哈萨克斯坦全部外国直接投资存量的2.4%。荷兰最高，投资存量为600.2亿美元，占比为 50.1%，美国排在第二位，金额为 209.6 亿美元，占比为 17.5%。我们选取了 2014—2016 年中国企业对“一带一路”沿线部分国家和地区的投资情况的数据（表 3），可以看出中国企业对“一带一路”沿线国家和地区的直接投资流量 2015 年最高，达到 189 亿美元；2016 年因为对以往历史数据进行了调整，数量有所下降。但存量则稳步上升，2014 年为 924.6 亿美元，2015 年增加到 1156.8 亿美元，2016 年增至 1294.1 亿美元，占同年中国对外直接投资存量的 9.5% 左右。

表 3　2014—2016 年中国企业对“一带一路”沿线国家和地区投资情况②　　单位：万美元

国家（地区）	2014 年		2015 年		2016 年	
	流量	存量	流量	存量	流量	存量
新加坡	281363	2063995	1045248	3198491	317186	3344564
俄罗斯联邦	63356	869463	296086	1401963	129307	1297951
哈萨克斯坦	−4007	754107	−251027	509546	48770	543227
印度尼西亚	127198	679350	145057	812514	146088	954554
老挝	102690	449099	51721	484171	32758	550014
阿联酋	70534	233345	126868	460284	−39138	488830
缅甸	34313	392557	33172	425873	28769	462042
蒙古	50261	376246	−2319	376006	7912	383859
巴基斯坦	101426	373682	32074	403593	63294	475911
伊朗	59286	348415	−54966	294919	39037	333081
柬埔寨	43827	322228	41968	367586	62657	436858

① 通过比较，读者可以看到来自中方的数据和来自哈萨克斯坦的数据差距很大，事实上，中方和哈方双边贸易的统计差异也非常明显。

② 我们选取中国企业对“一带一路”沿线国家（地区）直接投资流量及存量排在前列的 10 个国家。

续表

国家（地区）	2014 年		2015 年		2016 年	
	流量	存量	流量	存量	流量	存量
泰国	83946	307947	40724	344012	112169	453348
12 国合计	1014193	7170434	1452885	9078958	948809	9724239
“一带一路”沿线国家和地区合计	1365594	9246048	1892890	11567891	1533968	12941390

资料来源：数据摘自 2014 年、2015 年及 2016 年度中国对外直接投资统计公报，附表 11，中国商务部网站，http://fec.mofcom.gov.cn/article/tjsj/tjgb/。

第二，存在的问题及对策建议。

尽管中国对哈萨克斯坦直接投资额的总体趋势是增加的，并且从长远来讲，这也符合中哈双方利益，但依旧存在较多的障碍和问题。首先，从中国方面来看，主要的问题有：（1）缺乏充分的调研，对当地的资源禀赋、自然环境、政策法规等方面了解不足，企业盲目进行投资，因此遭受一定的损失。（2）投资的领域比较狭窄，投资主体的结构不尽合理。两国的资源禀赋决定了双方最初合作的领域集中在能源、矿产方面，而且赴哈投资的企业也主要是大企业，民间投资规模小，比较分散，抗风险的能力较弱。

哈萨克斯坦的投资环境无论是硬件还是软件也存在一些阻碍中国企业投资的因素，主要体现在以下几个方面：

1. 哈萨克斯坦基础设施陈旧或相对不足，给中国企业的投资带来一定的困难。特别是交通设施，哈萨克斯坦的交通运输以铁路运输、公路运输和管道运输为主，铁路货运占哈萨克斯坦货运总量的 70%，但哈萨克斯坦国内铁路覆盖密度非常低，主要铁路干线之间缺乏联系。哈萨克斯坦公路路况总体条件较差，现有公路中大约只有 37% 的国道和 9% 的地方公路状况良好，大多数为三级公路，其相应的物流和仓储设施也不发达。

2. 政府部门办事效率较低，政策多变，行政干预过多，并存在官员腐败等问题。根据“透明国际”公布的数据，2014 年，哈萨克斯坦的清廉指数 29，世界排名为第 126 位；2015 年哈萨克斯坦的清廉指数为 28，排名为第 123 位；2016 年清廉指数为 29，排名第 131 位，与俄罗斯的排名相同。官僚主义、腐败等问题直接影响了哈萨克斯坦投资的软环境，增加了投资的实际成本，在很大程度上影响了中国企业的投资效率。伊万·沙拉法诺夫和任群罗曾就中资企业对哈萨克斯坦的投资环境满意度进行过调查研究，结果表明大多数被调查对象对哈萨克斯坦的投资环境表示不满意，这些企业普遍认为：哈萨克斯坦政府效率相对较低，行政干预明显，政策多变等。①

3. 哈方对于中国投资既欢迎又担心的复杂心理，在一定程度上阻碍了中国的投资。特别是一些哈萨克斯坦学者既积极评价中国对哈萨克斯坦的投资，同时也担心这种投资可能产生的负面效果，如对当地人就业的影响，对环境潜在的影响和破坏，中国居民以工作为由在哈滞留或移民等。更主要的是担心中国的投资会对当地经济和资源形成控制，民间这种情形更加突出，这成为中国企业赴哈投资

① 伊万·沙拉法诺夫、任群罗《中国企业在哈萨克斯坦投资环境评价及风险研究——基于 69 家中资企业调查研究》，《俄罗斯研究》2016 年第 4 期。

的无形阻碍。出现这种情况的原因是多方面的，主要在于文化、宗教习俗方面的差异以及对中国缺乏了解；哈萨克斯坦本质上是个小国，对大国具有天生的“恐惧”，担心成为“大国的附庸”；夹在中国和俄罗斯两个大国之间，需要进行平衡，从传统认识和产业分工上可能与俄罗斯的关系更紧密些。但由于近年来国际经济形势的变化，特别是石油价格的下跌，俄罗斯经济不景气，哈萨克斯坦又希望加强与中国的经贸往来。诸多因素交织，就形成了对于中国投资的既欢迎又担心的复杂心理，这种情形对中国企业在哈萨克斯坦的投资形成了一定的阻碍作用。

4. 哈萨克斯坦对外资特别是对投向农业、采矿业和服务业的外资设置了较多的限制。哈萨克斯坦规定在哈投资的外国企业要满足政府在产品、管理人员和工人所占比例上的要求。例如，在矿产领域，哈萨克斯坦对企业的股权转让明确规定：注册地不在哈萨克斯坦，但资产在哈国境内的石油天然气公司在转让股份时必须获得哈萨克斯坦政府的批准。同时规定，国家具有优先购买矿产开发企业所转让的开发权或股份的权利。还规定，外国自然人和法人均不能拥有土地，只能租赁土地，并且使用期限也有限制。外资银行的资本份额不得超过国内所有银行总资本的25%等。此外，哈萨克斯坦对使用外国劳务有严格的限制，且获取签证非常困难，也抑制了中方企业的投资和劳务合作。

哈萨克斯坦在中亚五国中政局相对稳定，但是继任者问题所带来的困扰、中亚地区的宗教极端主义及恐怖主义势力对地区稳定的威胁，使赴哈萨克斯坦投资的政治和安全风险大大提高。加之双方民间的交流和沟通相对薄弱，阻碍了中国对哈萨克斯坦的直接投资。为了推动中国企业对哈萨克斯坦的直接投资，中国政府有关部门和企业应注意以下几个方面：

第一，在投资前要进行充分的调查研究及信息情报的收集。大企业在进行投资时一般会委托有关机构或派人实地考察，进行投资可行性分析，大企业有实力和能力进行类似的操作，但中小企业特别是一些民营企业却不具备这样的实力。因此，政府有关职能部门、行业协会在这方面应发挥引导和提供信息服务的作用。“一带一路”倡议提出以来，国家有关职能部门已经开始为企业提供赴哈萨克斯坦投资的报告，一些研究机构及智库也进行了一定程度的研究，这些信息均为企业海外投资提供了有力的支持。但是，国别投资报告及类似的研究报告大都侧重宏观信息，不够具体和细化。应进一步具体和细化到行业、部门以及地区和城镇，数据也要及时更新。可以借鉴美、日等发达国家在信息和情报收集上的做法。

第二，结合中国产业结构调整和升级，在继续投资能源、矿产等初级产品领域的同时，还应开拓更多的投资领域。哈萨克斯坦也试图摆脱对能源和矿产的过度依赖，正在大力推进本国工业化进程，以及进一步挖掘农业的比较优势，发展农业并成为重要的粮食生产和出口国。这给中国企业提供了更多的投资机会。此外，哈萨克斯坦基础设施比较陈旧或不足，因此港口、机场、道路的建设也是双方合作的重要领域。政府决策部门还应结合国家产业政策，引导和规范企业投资的方向。

第三，加强民间的交流，增进双方的沟通、尊重和相互理解。一方面，哈萨克斯坦居民大都为哈萨克族，信奉伊斯兰教，与中国人民在文化、信仰及价值观等方面均存在比较大的差异。因此，中方企业要遵守当地的法律法规，尊重当地人民的文化习惯、宗教信仰。另一方面，积极沟通，使对方了解我们的投资意图，特别是积极与当地政府、高校科研机构交流和沟通，并与地方政府的职能部门保持良好的关系。可以通过政府、行业协会，企业间的贸促会、合作论坛及商务论坛的形式，加强中哈企业间的交流与合作，同时向哈萨克斯坦人民介绍投资与合作成功的案例，改善中国企业投资形象。可以通过民间的文化、旅游交流，消除当地民众对中国企业的不理解甚至敌视心理。可以借助推进“一带一路”建设的契机，开展两国之间的影视、文化、旅游、文艺以及其他各类官方和民间的交流活动。目前中哈两国在高等教育上交流频繁。哈萨克斯坦设有4所孔子学院，有11200名哈萨克斯坦留学生在中国留学。

四、中国对哈萨克斯坦的农业投资

对哈萨克斯坦投资的传统领域例如能源、矿产等我们不再详细分析。经过赴哈调研，笔者认为农业可能是两国未来合作的一个重要领域。虽然，迄今为止，中国在哈萨克斯坦的农业投资数额还很小，但恰恰因为如此，中哈农业合作可能是未来双方具有较大发展空间和前景的领域，这也符合双方的利益。

近年，哈萨克斯坦一直试图摆脱对油气能源产业的依赖，正在实施经济发展战略转型，希望加快工业化的进程。同时希望利用自身的农业资源大力发展农业，尤其是发展农产品加工业来提高其优质农产品的加工和出口，并提出“要使食品成为哈萨克斯坦的主要出口商品之一”。因此，哈萨克斯坦政府高度关注农业发展和粮食生产，已经把扩大种植面积、提高粮食产量列入其中长期发展纲要，明确发布了“必须实现农业大规模现代化”“到2050年农业产值在GDP中所占比重增长4倍”的发展战略目标。[①] 哈萨克斯坦的这种战略转变给中国企业提供了有利的投资机会。

哈萨克斯坦曾是苏联的“粮仓”，具有良好的农业生产自然条件，其实际耕地面积2800万公顷，每年农作物耕种面积在1600万—1800万公顷，哈萨克斯坦农业生产能力可以养活10亿人。苏联解体后，原有的分工体系不复存在，哈萨克斯坦一部分农产品没有了出路，一时出现过剩并最终导致农业生产凋敝的现象。需求下降，资金短缺，导致哈萨克斯坦农业机械缺乏。例如，由于大型收割机的短缺，农场甚至无法按时收割小麦，初步估计每年有接近20%的小麦因为无法及时收割被冰雪掩埋，使农民遭受巨大损失。而收割的小麦也可能因为加工不及时以及仓储设施缺乏等问题，降低了等级，影响了出口。例如，中粮集团每年有30万吨从哈萨克斯坦进口的小麦配额，但由于哈萨克斯坦的小麦等级达不到要求，往往用不满配额。哈萨克斯坦希望通过引进国外投资发展农业生产，特别是发展农产品加工，例如乳制品、肉类制品的加工等。哈萨克斯坦由于得天独厚的自然条件，农作物品质高。哈萨克斯坦的牛羊肉品质优良，大部分为生态或有机肉类，价格比新疆维吾尔自治区的肉类低30%左右，具有非常强的竞争力。中国目前已经取消了从哈萨克斯坦进口肉类的限制，哈萨克斯坦2016年底已决定每年向中国供应5万—6万吨牛肉和30万吨羊肉。

哈萨克斯坦缺乏农业发展和农产品加工的资金、技术和设备，而中国过剩产能促使企业“走出去”，双方的合作各取所需，具有比较坚实的基础。从长远来看，中国和哈萨克斯坦农业合作具有广阔的前景。需要指出的是，农业合作并不一定意味着直接在哈萨克斯坦种植农作物或发展畜牧业。由于哈萨克斯坦不允许外国人购买土地，只能租用土地，并且外国人租用土地期限最多10年。哈方一般不会提供较好的土地，而且俄罗斯、欧美、日本及以色列等国家已经租用了较好的土地。据哈国家经济部数

---

① 徐海燕《构建丝路粮食通道的若干思考》，《国际问题研究》2016年第4期。

据[①]，哈萨克斯坦土地超过2.7亿公顷，其中农业用地1.008亿公顷，外籍土地使用者承租的农用土地总面积为6.53万公顷，占0.024%。俄罗斯是哈萨克斯坦农用土地最大的承租国，租用面积为10236公顷，中国排在第五位，租用的农用土地面积为282公顷。租用土地并投资农产品加工、仓储、物流对我们而言更有利，这也与哈萨克斯坦的农业发展战略相吻合，实施起来容易得到哈萨克斯坦政府及人民的支持。因此，可以收购当地的农产品（畜牧产品），并在当地进行农产品的加工、仓储、物流投资。这样既可避免因土地租用问题带来的麻烦，收购粮食、牲畜等农牧产品也容易被当地农民接受。

国家应该鼓励和支持具有实力的企业在哈萨克斯坦进行农业投资。一方面有利于中国企业走出去，使富余的产能转移出去，促进国内产业结构的调整和产业升级。更重要的是，中国在经济发展及工业化取得成效的同时，耕地数量下降，土地肥力和土壤墒情也逐年下降，环境形势也日益严峻。在治理环境污染的同时，推行退耕还林、退耕还牧，并在一定条件下实行土地休耕，已成为当务之急。中国是个人口大国，粮食问题始终是关系国计民生及国家稳定的重要问题，休耕带来的粮食产量的下降，这一缺口无法完全依靠国际市场，进口部分粮食短期内是可行的，但是进口可能无法保证粮食来源的安全性和稳定性。如能通过海外农业投资与合作的方式，获得相对稳定且优质的农产品，既有利于企业开拓海外市场，也可以部分保障国内的粮食需求，同时也减轻国内耕地减少及环境保护的压力。因此通过海外投资寻求和建立稳定安全的粮食来源，符合中国的长远利益，哈萨克斯坦是中国企业农业投资较好的选择之一。

随着对哈萨克斯坦农业资源及比较优势了解的增强，中国企业也在逐步加大对哈萨克斯坦的农业投资。据中国驻哈使馆经济商务参赞处消息，中国企业正在就向哈萨克斯坦19个农业项目投资19亿美元进行谈判。哈萨克斯坦农业部和中国中材集团签署了一项将哈农产品推向中国市场的联合行动计划，2016年中国企业在哈采购18万吨油菜籽和9万吨植物油。中材集团每年都将在哈采购葵花籽5万吨、亚麻籽8万吨、油菜籽10万吨和植物油9万吨。此外，中材集团还将在哈投资现代化的农产品加工厂，首先将投资兴建年加工能力为4万吨的植物油加工厂。中富投资集团计划向油料作物加工项目投资12亿美元，日发投资公司计划为牛肉、羊肉和马肉生产项目投资2亿美元，中粮集团则计划为番茄和番茄酱生产项目投资8000万美元。

中国企业对哈萨克斯坦农业投资是中国企业拓宽对哈投资领域的积极尝试，当投资成果逐步显现时，也会对中国企业拓展对中亚地区其他国家的投资特别是农业投资，起到良好的示范作用。中国与中亚地区的经贸往来从经济上讲具有重要的意义，可以使双方更好地发挥各自的比较优势，从而达到共同发展的目的。从战略上讲，中国对中亚五国的经贸往来，特别是投资活动，在推动经济发展的同时，也使地区间的合作进一步增强，有利于地区的和平、安全与稳定。

---

① 数据来自中国驻哈萨克斯坦经济商务参赞处网站，http://kz.mofcom.gov.cn。

A Study on China's Direct Investment in Central Asian Countries

—Taking Kazakhstan as an Example

Jiang Shaomin (Renmin University of China)

Abstract: China Proposed "the Belt and Road" Initiative in 2013, this initiative draws much attention of the countries and regions along "the Belt and Road". Since the initiative was implemented, it has made great progress. Located at the heartland of Eurasian continent, the five countries of Central Asia are also important areas along the Belt and Road. China's direct investment to these five countries benefits both side not only from economical but also from political view. Analyzing the main characteristics and obstacles of China's direct investment in the areas, this paper makes further arguments in more details and put forward corresponding suggestions by taking Kazakhstan as an example.

Keywords: "The Belt and Road" initiative, Central Asian countries, Direct Investment, Kazakhstan

“中巴经济走廊”对民间交流的影响

[巴基斯坦]拉希德·艾哈迈德·汗[①]撰 陈 宸 译

摘 要：迄今为止，基于国防及安全领域的牢固关系，中巴两国的友谊被两国人民赞誉为“比喜马拉雅山还高，比海洋还深，比蜂蜜还甜”。过去10年间，两国进行战略转移，将重点方向转到扩大和促进双边贸易、投资及经济合作上。“中巴经济走廊”协议象征着两国在加强投资、提升贸易额及经济合作等方面迈入新阶段。双方加强双边经贸往来，伴随而来的是两国民间交流的迫切需求，这也是中巴战略合作的重要组成部分。基于双方具有深厚的历史文化关联，以及鉴于很大程度上两国根据“中巴经济走廊”协议在铁路网络、基础设施、工业园区的建设已在多个项目上扩大投资等方面取得实质性进展，本文将评估在上述背景下，“中巴经济走廊”对民间交流产生的影响。

关键词：“中巴经济走廊”；贸易；人文交流；文化关系

简介

2015年4月20日，巴基斯坦与中国签署了一份具有重大影响的协议。该协议旨在促进一项价值达460亿美元的双边合作项目，即“中巴经济走廊”协议。该项目主要目的在于通过公路、铁路运输网络以及油气管线连接坐落于巴方靠近阿拉伯海俾路支省的瓜达尔港和中方西北部新疆维吾尔自治区的喀什市。“中巴经济走廊”是对两国在过去10年间培养/加强和深化传统友谊、促进经贸关系的政策延续。它旨在将中国希望与周边扩大实质性和商业化联系的举措成型，从而达到促进亚洲广阔地区一体化的目标。从其对各类项目分配的资金来看，很明显该项目的重点是促进能源领域和基础设施的发展，这两个领域分别获得了338亿和118亿美元的投资。[②]在突出双方实际利益的同时，“中巴经济走廊”强调的不仅是经济维度，也存在着文化维度。

本文讨论“中巴经济走廊”的文化维度，重点评估不同领域人文交流的前景。“中巴经济走廊”的文化维度对中巴人文交流的影响可以通过两国在历史进程中扮演的角色探究，如历史上东西方世界在文化、宗教及艺术交流时曾产生一条贸易之路，即起源于中国，并通过其广泛传播且几乎贯穿整个世界的举世闻名的丝绸之路，在那个时期，这条贸易之路连接了多个重大文明，中巴两国在这条贸易之路上扮演了重要的角色。

---

① 本文作者是萨戈达（Sargoda）大学国际关系与政治学系教授。

② Mehreen-Zehra Malik《中国承诺向巴基斯坦经济走廊投资290亿英镑资金》，路透社，“雅虎新闻”，2014年11月21日。

贸易路线和文化发展

远程的贸易路线在文化交融、思想交流与新技术的发展过程中扮演重要角色。自远古时期起，它的作用往往在不同地区人们在文化、宗教以及艺术领域的交流不断体现出来。几个世纪以来，这些贸易航路通过驼马和船舶运输货物，是古代帝国之间相互联系的动脉。这一古老的商业陆路及海洋高速通道中有两个最显著的例子。一个是古代丝绸之路，它通过中亚、伊朗和美索不达米亚地区将中国和西方世界联系起来；另一个则是在西方与南亚地区穿梭往来的“香料之路”。

陆路网络和贸易路线的一个重要的特征就是大量富饶而繁荣的城市在其周边兴起，这些城市不仅仅是为商人及旅行者提供服务的贸易中心地，更是那些来自不同文化背景，拥有不同民族渊源以及不同语言的人们的集散地。这些路线是古代世界文化交流的高速路，促进了货物贸易运动大发展，也促使了与新发明有关的新思想、新知识的交流，更促进了宗教信仰、艺术风格、语言和社会习俗的流通。这条道路上的商人们则是这些思想和文化的主要传播者。因此，贸易路线，字面意思上可理解为商人及商队为了经济目的通过陆路或海路进行活动的道路，它实际上也是政治与经济发展的催化剂。不论什么商品通过这些路线运输，都对古代地中海帝国的形成有着重要意义。它们不仅仅是货物资源，也是人文交流和思想交流的源泉。

古代丝绸之路

丝绸之路这一说法由费迪南德·冯·李希霍芬（Ferdinand von Richtafen）男爵于 1877 年首次提出。然而那时候的丝绸之路是一个误称，因为它不仅仅是一条路，更是商人们用来携带商品穿行于当时人们所认知的世界中的两个角落的贸易路线网络。而丝绸仅仅是这一贸易路线中众多商品的一种，商人通过这条道路运输的商品远远不止丝绸。① 这条古老的贸易路线不仅仅是将贸易货物运往其他地区，更是来自世界各地的新思想、宗教、医学知识、科学技术革新运动的使者。丝绸之路成为当时世界的动脉，携带着各个国家之所需穿梭在世界各个角落。②

它的本质是国际化的，使得古代世界的各个部分发生联系，不仅仅是为了贸易和货物往来，更促成了不同文明、人们和区域之间的交流。由于广泛的交流融合，佛教、基督教、伊斯兰教、摩尼教、琐罗亚斯德教在丝绸之路沿线传播开来。根据艾哈迈德·哈桑·达尼（Ahmad Hasan Dani）的观点，丝绸之路将世界东方大国印度和中国同西方帝国罗马连接起来，这一无与伦比的文化活动，使得东西方之间产生了密集而频繁的合作。③

---

① Jonathan Tucker《丝绸之路》（New York: I.B Taurus, 2015）。丝绸之路是人类历史上延续时间最长的贸易通道。它起始于中原地区，拓展至北部与西部地区，通过敦煌、戈壁沙漠进入中亚，直达欧洲。或者向南穿过喜马拉雅山到达巴基斯坦，连接了印度次大陆的港口通向阿拉伯海与非洲东海岸，南线还通过公路运输穿过中东地区到达地中海东岸的港口。

② 同上书。

③ 艾哈迈德·哈桑·达尼《丝绸之路对人类文明的意义：文化维度》，《亚洲文明期刊》第 25 卷第 1 期，2002 年（伊斯兰堡：亚洲文明塔克西拉学院，真纳大学，伊斯兰堡）。在描述丝绸之路对文化活动及人文交流的促进作用时，达尼进一步论证道：当时远程贸易运输由于缺乏良好的运输条件，是一件危险而不便的事，丝绸之路的开启，不仅为丝绸的陆路运输带来广泛前景，也促进了丝绸生产技术的传播。这一运动由若干个因部落移民和群落发展而形成的国家领头。这些国家促进了人文一体化、当地资源的勘探与开采，也帮助完成了商品市场的分享。它带来的好处直接促成了人文和物质的极大交流。为了持续这样的交流，和平进程逐渐加速。人们从一个地区进入另一个地区，并参与相互之间的社会发展。

丝绸之路输入欧洲的珍贵商品之一就是伊本·希娜的医学百科全书，它被认为是正典。这本著作被当作标准参考使用达500年之久。另一个与丝绸之路相关的名字是比鲁尼（Rehan al Bairuni，973—1048），一位伟大的数学家、天文学家、物理学家和自然科学家。他出生在希瓦（Khiva），跟随着伽色尼（Ghazna）的马哈茂德苏丹（Sultan Mahmud）参与他们的印度运动。① 无论如何，它促进了不同地区间的人文交流。马可·波罗（Marco Polo）和伊本·白图泰（Ibn Battuta，1304—1377）的游记证实了这一点。后者于1325年出发，用24年时间游历埃及、伊朗、中亚和印度北部并在印度待了8年，在那之后，他乘船去中国，途中在爪哇岛和苏门答腊岛停留。②

沿着贸易路线游历是古丝绸之路的印记之一，这一传统甚至在蒙古人统治时期依旧在延续。为了促进蒙古帝国广大疆土上人们的往来，蒙古人引进了一种特殊的旅行文件（护照），叫作Paizi。虽然蒙古人的入侵给中国至地中海东岸地区带来毁灭性破坏，导致当地人民大量死亡，成吉思汗却特别关注这一路线上和平与安全的重建。当时有一个广为流传的传说：“在成吉思汗统治时期，所有在伊朗和土耳其之间的国家都享有一份特殊的和平，这些国家的人只要将一块金盘（即前文提到的护照）戴在头上，就可以从日出之地走到日落之地且不会受到任何暴力威胁。”③

在古代丝绸之路上，印度是最重要的集客区。主要的贸易路线经过塔克西拉（Taxila）、开伯尔山口（Khyber Pass）到达巴米扬（Bamiyan），且穿过兴都库什山脉（Hindu Kush）到达巴尔赫（Balkh，今阿富汗省份）。从巴尔赫开始，贸易路线通向东方，沿着瓦罕（Wakhan）走廊，穿过帕米尔高原进入中国，再向北到铁尔梅兹（Termez）直通向中亚。丝绸之路这条分支的东部重点就是开伯尔通道，45公里长的通道是印度现代史的大门。④ 丝绸之路的另一条分支——南线，穿过现今巴基斯坦东北部地区开伯尔-普什图省（Khyber Pakhtunkhw）和俾路支省（Balochistan）与中国西部地区和伊朗、美索不达米亚地区连接，最终到达地中海东部的港口以及穿越喀喇昆仑（Karakorum）区域内第二高山后到达今新疆维吾尔自治区。现今的“中巴经济走廊”正是对这条路线的再现。

“中巴经济走廊”与人文交流

传统意义上说，中巴两国之间的交往绝大部分情况下都表现为官方访问的形式，包括两国政府首脑、军方高层、负责合资公司项目的政府部门官员以及正式得到资助的商业与贸易团体、艺术家和文化界人士。这一层面的交流最早可追溯到20世纪50年代，60年代早期两国签署边界与空中协议后交流趋于活跃。自那时起，中巴两国的政府首脑几乎没有错失任何一个访问对方国家的机会。

巴基斯坦总统阿西夫·阿里·扎尔达里在其5年的任期内（2008—2013）访问中国九次。⑤ 这些访问的象征意义不仅在于出访的频率高，更在于其时机恰到好处。例如，李克强总理于2013年5月前往巴基斯坦进行正式访问，并与谢里夫展开会谈，当时谢里夫刚刚赢得总理大选还未正式宣誓就职。同样中国也是谢里夫总理2013年6月正式上任后首个出访的国家。

① 《丝绸之路对人类文明的意义：文化维度》。

② 同上。

③ 在其条约中的Abu Ghazi Bahadur Khan of Khiva (1603-63)，Shajra-e-Turk. 34。

④ 同上。

⑤ 《每日时报》（拉合尔）2012年2月，“区域新闻节选”，第31期，第3卷。

中巴两国高层的频繁互访富有成效，签署了多个经济合作、加强双边贸易及促进两国投资的协定。例如，2013 年 5 月李克强总理访问巴基斯坦期间，两国签署了包括经济、技术合作、边境管控系统、边防哨所、海事合作和“中巴经济走廊”长期计划等 11 个领域在内的合作协议。①而谢里夫总理于同年 6 月的回访中发布了题为《关于新时期深化中巴战略合作伙伴关系的共同展望》联合声明，双方签署了 8 个合作协议，旨在扩大金融合作，共同践行在农业、海洋、太空、公共健康和教育领域的合作，并推动两国文化交流合作。

“中巴经济走廊”的建立由中国总理李克强正式提议。在伊斯兰堡举行的媒体见面会上，他指出：“双方应当将精力集中于实施互通领域、能源和发电站领域的重点工程项目的建设，并推动建设中巴经济走廊。”②建立经济走廊的提议在此次访问中列入两国的政府备忘录中。这份计划提到了修建公路、铁路以及建立中国城市喀什到瓜达尔港的航线。由中国总理提出的这份提议在谢里夫总理访问中国期间有了重大推进：双方发布联合声明要建立一条长达 3000 公里的运输线路保障这一计划的实施。根据分析，这份联合声明标志着中巴关系的提升，此前两国关系主要由外交和国防事务主导，现在两国走向了经济和商业利益的联合。③双边贸易额出现较大幅度的增长，由 2012 年的 120 亿美元，在“中巴经济走廊”新形势的带动下，增长到 2015 年的 150 亿美元。早在 2010 年，中巴经贸科技合作委员会制订了一个 5 年计划，囊括了 36 个大型战略项目来促进双边经贸与投资，如今这一目标已经圆满达成。④

双方的协议聚焦于扩大双边经贸关系的举措，随之而来的是在文化领域和人文交流层面的重视。（这一趋势被认为是两国战略关系中的重要提升？）⑤李克强总理在 2013 年 5 月的访问中，签署了两国在经济、科学技术、文化交流领域的一系列合作文件。根据媒体报道，李克强总理指出他将继续努力促进在巴进行汉语教学并派出 1000 名老师向巴基斯坦学生教授中文，此外，他还指出要提高巴在中国接受高等教育的留学生的奖学金。⑥

谢里夫总理的访问奠定了“中巴经济走廊”的基础，最终 2015 年 4 月由中国国家主席习近平在巴基斯坦正式宣布实施。这份宣言同时也确认了两国要促进人文交流以继续加强已有领域的战略关系，并通过“中巴经济走廊”下的经济合作和贸易联动机制确保双方最大利益。中巴两国为此提出了未来合作的“三步走”战略。民间友好交流及人文交流是第一步。中国驻巴基斯坦大使孙卫东指出，中巴两国决定在全领域包括民间友好交流和人文交流领域建立坚实的合作。在确认中国和巴基斯坦未来合作的重点领域时，他说：“首先要全方位、多层次促进民间交流。我们要继续加强高层沟通和战略合作并分享国家发展过程中的经验。我们将促进政治党派议会、地方政府、智库、青年群体和媒体

① 《晨报》（拉合尔）2013 年 5 月 23 日。

② 《中国总理提倡帮助结束巴基斯坦能源危机》,《晨报》（拉合尔）2013 年 5 月 23 日。

③ 《执行与中国签署的合作项目备忘录》,《国际新闻》（拉合尔）2013 年 7 月 13 日。

④ 《中国和巴基斯坦建立新五年计划》,《晨报》（伊斯兰堡）2010 年 12 月 3 日，“区域新闻节选”，第 29 期，23 卷，2010 年 12 月 1—15 期。

⑤ 《每日时报》（拉合尔）2010 年 7 月 9 日，时任总统扎尔达里在其 2010 年 7 月对中国的访问中与中国领导人谈到加强人文交流的方式，以及如何细化教授中国学生、工人及巴基斯坦人乌尔都语的制度安排。

⑥ 《国际新闻》（伊斯兰堡）2013 年 5 月 24 日。

层面的互动，持续加固中巴友谊，使得两国关系更加牢固、健康。”①

在概括加强中巴在新战略下的蓝图，2013 年 12 月，孙卫东会见伊斯兰堡的一个记者团时指出，中国渴望保持两国传统的高级别交流，继续支持两国都给予重大问题的关切。他还指出，推进未来 5 年内向巴基斯坦派遣 1000 名中国教师这一举措时，李克强总理强调的是中巴两国促进民间交流的迫切需要。他将继续鼓励青年团体间的访问，邀请更多的中国文化团体来到巴基斯坦，中国也正计划在伊斯兰堡建立一座文化中心。②

中巴文化关系

历史上，古代中国和古代巴基斯坦地区（现今巴基斯坦所在区域）的民间交流达 2000 年之久。穿过巴国西北部和俾路支省著名的丝绸之路南线不仅促进了货物贸易，更促进了印度和中国人民之间往来。中国古代旅行家法显和玄奘，是中印两国文化纽带联系的见证者。当新中国 1949 年成立时，中巴外交关系随即建立，两国的政治、军事、文化纽带和民间友谊关系更加紧密。

1965 年 3 月 26 日，巴基斯坦和中国签署了一份双边文化协议，旨在加强两国人民在文化、艺术和科学领域的友谊。该协议为两国教育家、科学家、专家学者、艺术家、记者以及从事播音、电视、电影等相关行业工作的文化界人士创造了有利的交流氛围。③ 在该文化协议框架下，中国广电总局以及巴基斯坦信息与播音部门于 1983 年 2 月 26 日就两国广播电视领域的交流签署了一份单独协议。1988 年 4 月 30 日两国政府就旅游合作签署另一份协议，旨在促进双方人民相互了解以及扩大旅游业合作。④

自这些文件签署后，中巴两国在文化领域的友好交流和民间交流保持着紧密合作。两国文化界高级代表团在接下来的 60 年中实现多次互访。此外，两国在艺术、文学、教育、信息、体育、青年事务、文化遗产、档案管理、著作发表、医疗健康和妇女事务等合作交流方面成果颇丰。在过去的 5 年间，中国艺术团体多次访问巴基斯坦，在电视电影领域的交流也稳步加强。中巴两国在文化与民间交流事务上越来越关注青年一代的发展。

过去 10 年间，中国稳步提高巴基斯坦在中国留学生的奖学金。巴基斯坦高等教育委员会也于 2003 年启动一个项目，在国内遴选优秀学生由政府资助赴中国攻读医学学位。除此之外，前往中国攻读电子与工程技术相关专业的学生数量也在逐年增加。同样也有相当数量的中国学生在巴基斯坦的教育机构里学习。⑤

中巴两国将扩大贸易和经济合作的方向转移调整后，两国的文化交流代表团，囊括了艺术界、学术界、体育界、文化界等多个领域，双方之间的交流较之前更加紧密。⑥

日益增长的互访频率，覆盖了两国文化合作领域的多个方面。中巴两国深信，如果没有文化合作

① 《每日时报》（拉合尔）2013 年 7 月 17 日，“区域新闻节选”，第 32 期，第 14 卷，2013 年 7 月 16—31 日。

② 《2014 年中国披露与巴基斯坦的合作计划》，《每日时报》（拉合尔）2013 年 12 月 31 日，“区域新闻节选”，第 32 期，2013 年 12 月 16—31 日。

③ 《中华人民共和国与巴基斯坦伊斯兰共和国文化协议》，《中巴两国重要文件与关系》。

④ 《中华人民共和国与巴基斯坦伊斯兰共和国旅游协议》。

⑤ 《中巴文化交流与合作调查》，见中国驻卡拉奇总领馆网站：http://karachi.chineseconsulate.org/eng/whiy/1264642.htm。

⑥ 2004 年两国访问与交流的细节，见《近期中巴文化交流与合作》，据中国驻巴基斯坦大使馆网站：http://pk.chineseembassy.org/engcultureservice/t179960.htm。

和高级别民间交流，就不会在已有的经济合作和贸易纽带关系中大有裨益。2013 年李克强总理访问巴基斯坦时在巴基斯坦参议院发表演讲，他指出，要承认两国源远流长的友好关系，也要看到双方在能源、科学技术、农业等领域有着迫切的扩大合作的战略需要，此外更应推动经济和贸易联系。他还强调要继续加大两国国民间的互动。“巴基斯坦与中国”的关系，他告诉巴基斯坦上议院的议员们，“将达到历史以来的新高度”。为了使这个关系持续发展，有必要让两国人民在文化和民间交流的层面互通有无。① 通过两国在文化、体育和旅游业上日益增长的联络与互通，中巴友谊不仅会更加牢固，而且会促进整个地区的和平与稳定。正如塔拉儿（Tarar）所说：“与邻国公民之间的互动，如果建立在已经形成的多元文化实践和审美传统的理解上，就会产生文化互渗，在该地区的地缘文化继承上推动跨国界认同。”②

由于双方都意识到语言不同是促进文化合作和民间交流的壁垒，两国合力建立语言学习中心，教授中文和乌尔都语。坐落在伊斯兰堡的国家现代语言大学（NUML）提供汉语学习课程。李克强总理承诺派遣 1000 名中国教师到巴基斯坦教授中文，他们给 NUML 的中文课程提供教材参考。扎尔达里总统 2012 年对中国客人说，汉语已经被辛格学校引入成为选修课程。③

在巴基斯坦有 8122 名中国工人参与到项目执行与开展事业中，据估计还有 7000 名中国工人将在“中巴经济走廊”协议的影响下来到巴基斯坦。也就是说未来几年将会有超过 15000 名中国员工工作在巴基斯坦的各个项目中。④ 同样，大量巴基斯坦官员、专家、商人、工程师也将会去中国参与“中巴经济走廊”项目。这将极大地促进两国民间交流。

中国尤其迫切地希望增进两国、尤其是青年一代的民间交流。除了在巴基斯坦教授中文外，中国政府与巴基斯坦政府还在巴基斯坦多个大学成立中国研究中心和孔子学院。目前，NUML、卡拉奇大学和费萨尔巴德大学都设立了孔子学院，而中国研究中心则在政府学院大学、拉合尔大学以及 COMSATS、伊斯兰堡大学和白沙瓦大学成立。

中巴两国都为其在对方国家攻读高等教育的留学生提供奖学金，这一举措使得越来越多的中国和巴基斯坦学生走出国门留学。2013 年，约有 8000 名巴基斯坦学生在中国的教育机构学习，中国方面则是 6000 余人。⑤ 尽管目前巴基斯坦学生在中国深造的人数远比在美国和欧洲大学的少，但随着汉语的广泛流行和越来越多的中国研究项目在巴基斯坦成立，在中国留学的人数一定会增长。

旅游业因素

旅游业是世界上增长最为迅速的行业之一。旅游也是促进民间交流最有效的方式。根据世界旅游组织（UNWTO）的数据，2002 年全世界的旅游收入达到 4740 亿美元，2010 年有望超过 15 万亿美元。就地区而言，欧洲占据了世界旅游收入的 50%，美洲地区占第二位，达到 26%，与之相比，南亚地区的旅游收入只占到 1%。⑥

① 《国际新闻》（拉合尔）2013 年 5 月 24 日。

② Nadeem, Omar Tarar,《夯实友谊基础：中巴文化联络》，ISPR,《新月杂志》2015 年 10 月。

③ 《每日时报》（拉合尔）2012 年 2 月 2 日，“区域新闻节选”，第 31 期，第 3 卷，2012 年 2 月 1—15 日。

④ 《新闻论坛》（伊斯兰堡）2015 年 4 月 21 日。

⑤ 《新闻论坛》（伊斯兰堡）2013 年 3 月 8 日。

⑥ 《巴基斯坦旅游业前景与问题》，*The Fact-A* 杂志的调查报告，发行号 8，2014 年 5 月，见 http://www.fact.com.pk。

旅游被认为是促进民间交流最直接最有效的方式，任何一个国家都将旅游业当作主要产业发展。中国日益成为世界上最具旅游吸引力的国家之一。最近几年入境中国的游客数量突飞猛进，根据一项估算，在2015年上半年，中国就接收了65364900人次的入境游客（包括外国游客和来自中国香港、澳门和台湾地区的游客）。亚洲地区中，中国是入境游客数量最多的国家，占世界的64.92%，随后是欧洲地区（18.33%）。南亚国家里，只有印度排到了中国游客来源国排名的前25名。[①]

过去10年间，中国出境旅客数量也呈稳步上升态势。2004年，大约有2900万中国人出境旅游。过去10年中国现象级的经济增长造就了大量消费者，在他们之中许多人都对探索外国充满兴趣。许多亚洲和欧洲国家提升其旅游基础设施并对中国游客简化签证手续以吸引他们入境。这是促使中国过去10年间出境游客数量大增的根本原因。例如，根据中国旅游研究院的研究，2014年上半年中国出境游客创造的旅游收入达到5410万美元，占全部旅游收入700亿美元的18.7%。根据世界旅游组织的数据，中国游客的数量将在2020年前达到1亿人。[②]

中国迫切希望与南亚国家加强旅游合作。为此，他们表达了自己已经准备通过多种方式帮助南亚地区国家实现发展旅游产业的意愿，其中包括直接投资。例如，在尼泊尔，中国对其旅游业的投资稳步上升。[③]冲突结束后，尼泊尔旅游业获得飞速发展，根据尼泊尔旅游部门的一份报告，对尼泊尔旅游业的外国直接投资在当地反对派活动结束后翻了四番，大量投资者对尼泊尔旅游业产生浓厚兴趣。旅游投资从2011年的8370万尼泊尔卢比飞涨到2012—2013年的38.9亿尼泊尔卢比，使得尼泊尔旅游业成为服务业和制造业之后国外直接投资第三多的产业。尼泊尔政府采取一系列措施，包括在休闲旅游之外计划推动商业和企业旅游。根据尼泊尔旅游部门一位高官讲，在所有领域内，旅游业是最吸引外国投资者的。[④]巴基斯坦可以成为中国-尼泊尔旅游航线上的直接受益者，中国游客可以通过尼泊尔进入巴基斯坦东北部，尤其是通过中国西藏进入吉尔吉特-伯尔蒂斯坦、查谟和克什米尔地区。

目前，中国四大航空公司——中国国际航空公司、中国南方航空公司、中国东方航空公司和祥龙航空正运营从中国的各大城市飞往加德满都的航线。值得一提的是，早在10年前中国就指出尼泊尔为中国游客至南亚旅游的首选目的地。[⑤]中国游客们很喜欢狩猎，参观文化、宗教景点，以及参与冒险运动（比如滑翔伞）。这些旅游项目及旅游名胜大多集中在巴基斯坦东北部。

吉尔吉特-伯尔蒂斯坦地区风景优美，地平线景观壮丽唯美，战略位置优越，因此有望成为区域内的游客集散中心。它与克什米尔地区、中国西藏和新疆、塔吉克斯坦以及巴基斯坦东北省份开伯尔-普什图省接壤。在中国新疆维吾尔自治区与吉尔吉特-伯尔蒂斯坦地区有一条公路，它经喀喇昆仑高速路穿过红其拉甫将两地连接起来。这条连接吉尔吉特-伯尔蒂斯坦和克什米尔地区的道路早在1947年印巴分治克什米尔地区前就已经存在，现在可以被重新利用起来。吉尔吉特-伯尔蒂斯坦机场扩建计划和加德满都—吉尔吉特-伯尔蒂斯坦的直线航班不仅可以吸引中国游客，还能吸引其他国家

① 2015年上半年中国入境旅游数据，http://www.travelchinaguide.com/tourism2915statistics/inbound.htm。

② 中国网络观测，《中国出境旅游的飞跃》，http://chinainternetwatch.com/5832/outbound-travelers/，2015年11月9日。

③ 尼泊尔工业部旅游局官方声明，《加德满都邮报》2013年8月19日，“区域新闻节选”，第32期，第6卷，8月15—31日。

④ 同上。

⑤ Ballav, Dahal，《尼泊尔需要关注中国旅游市场》，Rising Nepal（加德满都），2012年5月7日。

的游客前往巴基斯坦，甚至阿富汗和中东地区。

巴基斯坦的旅游资源不仅仅局限在东北部，实际上，因其古老、深厚的历史底蕴，多元文化、地缘战略位置和壮美的景观，整个国家都有巨大的旅游潜力。宗教旅游也是一大特色，巴基斯坦不仅可以吸引印度教和锡克教游客，还能吸引佛教游客。古代佛教王国犍陀罗国就位于如今白沙瓦城、斯瓦特地区和伯德瓦尔地区。考古遗址所在地塔克西拉和塔赫特巴希（Takhtbai）时刻提醒着这个发达的文明曾有过的辉煌，这里曾吸引着来自当时世界各地的游客，包括中国游客。通过这些地区，佛教传入中亚和中国，并延续数个世纪直至成为人们精神世界的源泉，对中国的艺术、生活方式、政治、哲学、医学和物质文化都产生了影响。中国信仰佛教的人数达到 2500 万人之多，占全国人口的 1.8%。因此，巴基斯坦东北部吉尔吉特 - 伯尔蒂斯坦地区、白沙瓦城和斯瓦特地区都具有吸引中国佛教游客的巨大潜力。①

在意识到旅游互通是加强友好关系和促进双方人民互相了解的重要举措后，中巴两国于 1988 年签署了旅游合作双边协议。协议提倡两国政府采取措施促进双方旅游业发展，具体措施有交换旅游信息和旅游业发展经验及数据，提供人员培训等。协议还规定了两国将共同努力鼓励第三国游客前来旅游。② 由于中国的出境游客数量在未来将有显著增长，巴基斯坦希望能够接纳更多的中国游客，也希望在“中巴经济走廊”联通性日益提升的影响下，接纳更多的外国游客。

目前，巴基斯坦的世界旅游收入排名靠后。2002 年世界旅游收入总计 5140 亿美元，南亚占据其中的 54 亿美元，包括巴基斯坦的 1.35 亿美元（占世界的 0.03%，南亚地区的 2.5%）。而每年全世界游客的数量大约在 6.94 亿人次，巴基斯坦每年仅有 50 万人次。③ 巴基斯坦必须移除旅游发展道路上的障碍以吸引更多的外国游客，包括中国游客，因为这是促进两国民间交流的最有效的方式。

结论

“中巴经济走廊”背景下，两国经贸与投资合作的扩大，不仅将巩固中巴战略伙伴关系，也将给两国人民创造更大的福祉。两国都意识到双方的民间联络与进一步的交流是当下发展的迫切需要，目前正在将更多的精力投入到建立民间交流的制度上。

双方民间的直接交流受制于许多因素，其中主要是语言障碍。由于民间交流不仅仅是加强中巴友好关系的重要因素，更是“中巴经济走廊”背景下双方加深经济领域发展的砝码，中巴两国政府已经推出多项举措加强双方文化意识、社会生活方式和改善双方商业环境。基于此目的，在中方帮助下，巴基斯坦政府已经在国内多所大学开设教授汉语的课程。

旅游业为提升文化合作创造出巨大的空间，也是民间交流的另一个重要领域。然而，如同其他领域民间交流一样，目前两国旅游业合作水平还不高。中国是一个新兴的旅游大国，其入境和出境游客数量相当可观，对于巴基斯坦的政策制定者来说这必须成为一个考量因素。甚至与其他南亚国家，如尼泊尔、印度和斯里兰卡一道，加强与中国游客的联系。考虑到旅游业的宗教因素和娱乐因素具有相当大的潜力，巴基斯坦如果能够建立起游客需要的基础设施，加强国内法制和秩序建设，改善旅游环

① Tarar,op.cit.

② 《中华人民共和国与巴基斯坦伊斯兰共和国旅游协议》。

③ 《旅游业发展》，见巴基斯坦规划与发展部网站：http://www.pc.gov.pk/。

境，将成为吸引中国游客前来观光的目的地。

“中巴经济走廊”的目的就是要建立连接两国交通的铁路与公路网络，在这一举措的影响下两国的物质、商业和文化联动一定会得到发展。巴基斯坦所有地区都可以在“中巴经济走廊”的大环境下分享经济发展带来的红利。在经济领域，大量的合资公司和投资将给两国工人创造大量工作岗位，也给双方人民提供相互交流的机会。中国的新一代仍然更多地将其对未来的展望投向了西方世界，对巴基斯坦了解甚少。同样地，巴基斯坦人民对中国的了解也很有限。只有通过两国不懈努力加强民间交流，这一局面才会有所改善。在“中巴经济走廊”的推进下，两国做出的努力会获得新的发展动力。

《丝绸之路研究》办刊宗旨与稿约

《丝绸之路研究》是由中国人民大学国家发展与战略研究院、中国人民大学国学院与三联书店合办的综合性学术刊物。中国是丝绸之路的起点，在前近代是亚欧大陆文明的中心之一。“一带一路”的构想崛起不仅给沿线国家的共同发展带来巨大的契机，也给相关的学术研究注入了新的活力。本刊以沟通东西方文明交流的丝绸之路为支点，秉承“一带一路”国家构想，挖掘丝路沿线历史文化、探索“一带一路”的内在动力，致力于打造跨学科、多领域、高水平的国际学术平台。

《丝绸之路研究》以“一带一路”的历史、文化、经济和当代政治为主要研究对象，主要栏目包括人文、社科、学术通讯、札记等部分。欢迎海内外学者惠赠佳作（外文稿件请给予本刊首发授权，本刊编辑部负责翻译发表）。

《丝绸之路研究》诚邀中外人士赐稿，同时依托主办单位适时召开相关研究领域的学术研讨会，邀请专家、学者参会讨论，出版专辑。

作者投稿一经采纳发表，即赠样书2册，电子抽印本1份，稿酬酌付。《丝绸之路研究》为半年刊，来稿请参照所附《本刊来稿格式及引文规范》，以电子版形式发至本刊编辑部。来稿请附作者简历与详细通信地址、邮编、电子信箱等联系方式，赐寄至以下地址（收到稿件后即自动发送回执）：

邮编：100872

地址：北京市海淀区中关村59号中国人民大学国学馆234室

李肖　收

邮箱：haidaoqi@ruc.edu.cn

电话：010-62515747　15001371119

《丝绸之路研究》编辑部

2017年5月4日

Research of Silk Roads
Notice to Contributors

Research of Silk Roads, co-hosted by National Academy of Development and Strategy and Chinese Classics in Renmin University of China, is a comprehensive academic journal.

The journal is based on the Silk Roads that communicated the ancient eastern and western civilization and supported by "the Belt and Road" national strategy. The journal aims to build up an interdisciplinary, multi-field, high-level international academic platform for exploring the historical culture along the Silk Roads and internal dynamics of "the Belt and Road". China is the starting point of the Silk Roads and one of the centres of the Eurasian civilizations in pre-modern times. "The Belt and Road" national strategy not only offers great opportunities for the international politics and economics, but also adds new vitality to relevant academic researches.

The journal devotes to researches on the history, culture, economy and contemporary politics of "the Belt and Road". It publishes original research articles on humanities and social science, economics, academic reports and book reviews, etc. Contributions from scholars both at home and abroad are welcome. Manuscripts in non-Chinese languages should not be published or under consideration for publication elsewhere in China. The editorial department will have it translated into Chinese once the paper is accepted.

The journal considers all relevant submissions, and also publishes papers presented to the forums or seminars initiated by the organizers on relevant fields.

Authors will be supplied free of charge with two copies of the relevant issue of the journal and an e-offprints of their contributions. Certain remuneration will be paid to the authors.

The journal will be published biannually. Please prepare your paper according to the format guidelines of the journal. Manuscripts should be submitted in electronic versions, and your brief biographical, full postal and e-mail address should be attached.

For contributions and further information, please contact:

Dr. Li Xiao
School of Chinese Classics
Renmin University of China
Beijing 100872
P. R. China

Tel: (+86) 010-62515747
(+86) 15001371119
E-mail: haidaoqi@ruc.edu.cn